8° R 19447

Paris
1898

Bureau, Paul

*L'Association de l'ouvrier aux profits du
patron et la participation aux bénéfices*

L'ASSOCIATION DE L'OUVRIER

AUX PROFITS DU PATRON,

ET LA

PARTICIPATION AUX BÉNÉFICES

PAR

Paul BUREAU

PROFESSEUR ADJOINT A LA FACULTÉ LIBRE DE DROIT DE PARIS
LAURÉAT DE L'INSTITUT

Ouvrage couronné par le Musée Social (Concours 1896)

PARIS

ARTHUR ROUSSEAU

ÉDITEUR

14, RUE SOUFFLOT, 14

1898

L'ASSOCIATION DE L'OUVRIER

AUX PROFITS DU PATRON

ET LA

PARTICIPATION AUX BÉNÉFICES

BIBLIOTHÈQUE DU MUSÉE SOCIAL

L'ASSOCIATION DE L'OUVRIER

AUX PROFITS DU PATRON

ET LA

PARTICIPATION AUX BÉNÉFICES

PAR

Paul BUREAU

PROFESSEUR ADJOINT A LA FACULTÉ LIBRE DE DROIT DE PARIS
LAURÉAT DE L'INSTITUT

Ouvrage couronné par le Musée Social (Concours 1896)

PARIS

ARTHUR ROUSSEAU

ÉDITEUR

14, RUE SOUFFLOT, 14

1898

PRÉFACE

—

Le Musée Social a ouvert en 1895 un concours sur la Participation aux Bénéfices : l'auteur de cet ouvrage a obtenu le troisième prix (3.000 fr.).

Dans le rapport présenté au nom du jury du concours, par M. Émile Levasseur, Membre de l'Institut, le manuscrit n° 14 était apprécié dans les termes suivants :

Le mémoire n° 14, qui a pour devise : *Il faut juger les institutions économiques avec une grande modération*, est un manuscrit de 499 pages qui contient en tête une bibliographie détaillée du sujet, classée par pays. Il est accompagné d'une annexe contenant les règlements de la participation dans 16 établissements de France, d'Allemagne, de Suisse et de Belgique. L'auteur, conformément à sa devise, se tient en garde contre tout enthousiasme ; il a l'esprit d'un critique et non d'un apôtre. Il dit lui-même, qu'il « veut faire non un plaidoyer doctrinal en faveur de la participation aux bénéfices, mais une étude consciencieuse et impartiale après une enquête minutieuse des faits ». Il possède les connaissances économiques et juridiques qui étaient nécessaires pour l'entreprendre et il a, en effet, non seulement étudié les écrits publiés sur la matière en France, en Angleterre, en Allemagne, aux États-Unis, mais procédé, ainsi que plusieurs autres concurrents, à une enquête personnelle, visant les établissements et interrogeant les hommes.

Il commence par établir la légitimité du salariat, en établissant que l'ouvrier est à la fois partie contractante et objet du contrat (1). Il démontre une fois de plus l'erreur de la théorie marxiste, et fait voir le changement que le développement de la grande industrie a amené dans le débat relatif à la fixation du salaire. Il accepte la théorie que tout le bénéfice appartient au patron dont l'intelligence a créé la plus-value, comme renfermant une grande part de vérité, mais non la vérité tout entière parce que le bénéfice peut provenir de circonstances du marché indépendantes de la volonté du patron ou des qualités de l'ouvrier. Dans ce dernier cas l'ouvrier a des titres, et l'équation peut être établie soit par une augmentation de salaire après grève ou sans grève, soit par un partage du produit, comme dans le métayage, soit par des primes spéciales accordées au salarié, soit par une part sur le profit global de l'entreprise ; de là, la division de son travail en trois parties : métayage, primes, et participation aux bénéfices, questions que le programme du concours invitait à traiter.

Le métayage, dont le « colonus partiarius » des Romains et le « colonus ad medietatem » du Polyptyque de l'abbé Irminon étaient des types, a eu en France une fortune diverse suivant les temps. Très pratiqué dans certaines régions jusqu'à la Révolution, il a été critiqué par les économistes et il a décliné ; puis, depuis trente-cinq ans, il a repris faveur, et il est encore dominant dans l'Ouest et

___

(1) « Si l'on tient absolument, dit-il, à affirmer que le travail est une marchandise, du moins, doit-on reconnaître que cette marchandise est d'une nature très spéciale, capable de penser, de souffrir si elle est vendue à trop bas prix, capable de se plaindre et de s'organiser en vue de sa défense... L'ouvrier est à la fois partie contractante et objet du contrat. »

dans les départements situés entre la Loire et les Pyrénées, les vignobles exceptés : Léonce de Lavergne le recommandait. C'est moins un bail qu'une société, dans laquelle il est bon, d'une part, que le métayer apporte, outre ses bras, un certain capital qui est une garantie de zèle et de stabilité, et une certaine docilité pour se plier aux idées de son maître, d'autre part que le propriétaire surveille lui-même son exploitation au lieu de s'en remettre à un intendant. L'auteur a trouvé dans toutes ses visites l'accord régnant entre le propriétaire et son métayer. Il donne de bons conseils pour la pratique du métayage dont il énumère les avantages économiques et moraux : mais il ne l'exalte pas, et il fait observer qu'il ne convient pas aux fermiers du Nord qui possèdent des capitaux et même que les métayers enrichis du Bocage tendent à devenir fermiers. Le partage des produits est en principe un type idéal de répartition, puisqu'il y a partage du gain et de la perte ; en réalité, les conditions dans lesquelles ce partage s'opère sont très variables et ne sont pas également avantageuses ; l'auteur cite en exemple les équipes de mineurs du Cornouailles qui prennent aux enchères un filon à exploiter, le « khammès » arabe et le « farmer » ou « sharer » des États-Unis, la pêche maritime dans laquelle le partage, avec des stipulations très diverses d'ailleurs, a été la règle chez presque tous les peuples jusqu'au jour où la vapeur a changé les conditions du métier.

Les primes sont un encouragement à bien travailler : A fair day's work for a fair day's wage ! Le travail à la tâche en est la forme la plus usitée. Étant donné, dit l'auteur, un métier où la journée vaille 6 francs et où l'ouvrier produise en moyenne 10 pièces par jour ; si le patron offre 0 fr. 50 par pièce et que l'ouvrier en fasse 14, il y aura avantage pour l'un et pour l'autre ; c'est sur cette donnée qu'est fondé le travail aux pièces, mode de répartition louable quand il est pratiqué loyalement. Ces patrons peuvent avoir une tendance à le faire dégénérer en « sweating system » ; le syndicat est pour l'ouvrier un moyen de résister à cette tendance. Le salaire progressif consiste dans une augmentation de salaire pour l'ouvrier à la journée ou aux pièces, qui a fait plus que la tâche ordinaire : ainsi tel filateur allemand donne 1 0/0 de prime aux ouvriers qui, étant à leurs pièces, gagnent plus de 10 marcs par semaine, 3 0/0 à ceux qui en gagnent 30 ; tel entrepreneur de bâtiment donne à ses ouvriers une prime si le bâtiment est achevé avant la date fixée ; il est certain que, quand la prime est calculée raisonnablement, il y a là aussi avantage pour les deux parties.

L'auteur expose avec la même clarté la prime à l'économie des matières, la prime à la qualité du produit dont la contre-partie est la retenue pour malfaçon, la prime au progrès des méthodes et de l'outillage, la prime à l'assiduité, la prime à l'ancienneté, le salaire collectif à la tâche dans les travaux qui sont exécutés par une équipe et qui peut consister soit dans un tarif aux pièces, soit dans une prime supplémentaire accordée suivant certaines conditions, le forfait qui est beaucoup plus souvent collectif qu'individuel. Ce dernier système a été employé par l'Amirauté anglaise qui, grâce à des forfaits passés avec des équipes de 600 à 700 ouvriers, a obtenu une économie de 25 0/0, pendant que les ouvriers gagnaient 6 à 25 0/0 de plus que le salaire ordinaire. L'auteur cite un constructeur des bords de la Tamise qui, après avoir essayé de la participation, lui a préféré un autre système : calculant minutieusement ce que nécessiterait de jours de travail

et de dépense de main-d'œuvre une tâche déterminée, il
paie à ses ouvriers le salaire intégral, aussitôt que le travail est achevé.

Ce système a eu pour résultat une sélection, les ouvriers ayant eux-mêmes demandé le renvoi des collaborateurs qu'ils jugeaient insuffisants et, par conséquent, nui-
sibles à leurs intérêts. Lorsque le choix des auxiliaires
est laissé au chef d'équipe, celui-ci devient un véritable
marchandeur, « Contractor » et peut abuser parfois de la
situation. L'auteur cite les « Shipbuilders » anglais qui,
étant fortement organisés, exploitaient ainsi leurs auxiliaires, « Helpers » : ceux-ci se sont syndiqués à leur tour
pour résister. Ces divers modes de sursalaire, sans être
à proprement parler de la participation, visent à peu près
le même but : obtenir une production plus avantageuse
pour l'entrepreneur par le moyen d'une rémunération
croissant avec le résultat.

Toutefois, s'ils rémunèrent les qualités productives de
l'ouvrier, ils ne le font pas bénéficier des circonstances
extérieures qui font le succès plus ou moins grand de l'entreprise. Il faut pour cela recourir à d'autres modes. En
premier lieu, l'action mise à la portée de l'ouvrier, système
que recommandait M. Godin, que quelques établissements
pratiquent, mais qui n'est à la portée que d'un très petit
nombre d'ouvriers et dont beaucoup de patrons paraissent
se défier ; en second lieu, l'échelle mobile, « Sliding scale », c'est-à-dire le salaire qui, ayant pour base un salaire
étalon à la pièce, fixé d'après un certain prix moyen du
produit, varie suivant la hausse ou la baisse du prix de ce
produit, système qui n'est praticable que si le produit est
simple et a un cours bien connu. Les « Trade unionistes »
anglais le goûtent peu, car ils craignent de voir sous son

influence s'abaisser les salaires — le patron étant moins
intéressé à défendre les hauts prix — et les syndicats
se désagréger. « Que serait-il advenu, disaient-ils à l'auteur, si le taux du salaire avait été indissolublement lié
au prix de l'acier ou du calicot ? »

L'auteur arrive en dernier lieu, par une gradation logique, à la participation proprement dite, qu'il considère non
comme une panacée, mais comme la forme la plus élevée
de l'équation du travail salarié et de la rémunération dont
il expose d'abord l'histoire, puis la théorie, les modes
d'application, la jurisprudence et les résultats. Comme les
autres concurrents, il fait commencer à M. Leclaire
l'histoire dont il se contente d'esquisser les traits essentiels
en indiquant plutôt les efforts théoriques et les projets de
loi que les résultats pratiques. L'ouvrier, même quand il
a un gros salaire, est tenté de faire grève s'il croit le profit
plus gros encore ; la participation changerait ses dispositions. Elle peut être introduite dans les industries où la
main-d'œuvre a le rôle principal et où existent, de part et
d'autre, la confiance et les conditions morales. Quoiqu'il
ne soit pas impossible que l'ouvrier participe aux pertes,
il vaut mieux qu'il n'y participe pas : le contrat n'en est
pas moins légal et, quand il y a contrat, il ne faut pas
dire que la participation soit une simple libéralité. Les
sociétés anonymes prouvent que la publicité des comptes
n'est pas non plus une objection sans réponse ; toutefois
dans les entreprises industrielles il peut y avoir, d'un
côté, des indiscrétions fâcheuses, pour le patron, et, de
l'autre côté, des suspicions malveillantes de l'ouvrier.

Relativement au quantum, l'auteur est d'avis que le
mieux est de répartir le bénéfice également au prorata de
la totalité du capital social et de la totalité des salaires

payés dans l'année ; quant à l'admission, qu'il est bon d'exiger un certain stage ; quant à la répartition entre les salariés, qu'elle peut être faite par atelier, comme dans la papeterie d'Angoulême, ou individuellement suivant les salaires payés, suivant l'ancienneté, l'emploi ou d'autres coefficients ; il cite l'exemple d'un libraire de Leipzig qui donne plus aux gens mariés qu'aux célibataires. Relativement au mode d'emploi, il dit que l'ouvrier aime mieux le paiement immédiat en espèces que le placement à une caisse de prévoyance, mais que les deux modes ont leurs inconvénients, le premier facilitant l'imprévoyance et pouvant amener comme conséquence une baisse du salaire fixe, le second étant une épargne forcée qui émousse le sentiment de la prévoyance personnelle. La déchéance est une question délicate parce que le droit accordé à l'ouvrier peut exciter celui-ci à quitter la maison, et que l'attribution à la masse peut empêcher un employé d'accepter des propositions avantageuses qui lui seraient faites ailleurs. L'auteur approuve la création d'un comité consultatif et en donne plusieurs exemples.

Au point de vue juridique, la participation est un contrat accessoire au contrat de louage de services et non un contrat de société ; l'ouvrier peut être renvoyé et ne peut jamais agir vis-à-vis des tiers comme un associé. C'est un contrat onéreux ; car le patron doit le boni même quand il n'a pas fixé de quantum et, s'il avait un bénéfice réel, il se mettrait dans le cas de fraude ou de dol en ne le donnant pas.

La participation a été louée par les uns, critiquée par les autres, et en somme, quel que soit le nombre, très incertain, des établissements qui l'ont vraiment pratiquée avec continuité, ce nombre n'est qu'une fraction infinitésimale dans l'industrie. Dans les compagnies d'assurances, le système a été assez bien accueilli, parce que le personnel est familiarisé avec des combinaisons de ce genre. Pour la petite industrie il peut réussir, malgré les tracasseries des syndicats, quand le genre de travail est simple et que le personnel est connu du patron par un long contact ; dans la grande industrie où les ouvriers sont trop nombreux pour se surveiller réciproquement, le succès est plus difficile ; plusieurs patrons, qui s'en étaient épris, y ont renoncé.

L'auteur cite cependant des exemples de réussite. Il ajoute qu'en Angleterre, il a remarqué que les ouvriers y étaient en majorité opposés, ne voulant pas être dupes et fournir un travail excessif qui procure au patron de gros profits et ne leur donne à eux-mêmes qu'un supplément de 2 à 3 0/0. Le secrétaire du syndicat des gaziers à Londres déclarait que le « Profit sharing » était un système pourri, que les ouvriers de la compagnie (la compagnie pratique la participation depuis 1889) étaient des traîtres et des nigauds, profitant des hauts salaires que le syndicat avait créés et donnant par un zèle maladroit un travail double.

L'auteur a placé à la fin de son manuscrit un chapitre sur la participation dans les sociétés coopératives de consommation et de production. Selon lui, elles seraient la plupart opposées à la participation ; le jury n'admet pas cette affirmation absolue. L'auteur pense que la propagande faite récemment par l'Alliance coopérative universelle n'a pas encore abouti, qu'aux yeux de la plupart des coopérateurs la participation n'est pas un devoir de justice, que la participation même est souvent injuste, car elle répartit le bénéfice sans discerner l'efficacité des services rendus dans l'année, et qu'elle est pour l'entrepreneur une perte sèche, surtout quand le travail est à la tâche. L'auteur a visité les ateliers de la « Wholesale cooperative association » d'Angleterre, laquelle n'a pas adopté le système, et ceux de la « Wholesale » d'Écosse, laquelle l'a adopté, et il affirme que la tenue n'est pas moins bonne dans les premiers que dans les seconds.

Il ne voit pas d'ailleurs la nécessité de faire participer l'ouvrier dans les entreprises où les qualités personnelles de l'entrepreneur ont l'influence prépondérante. Il croit que l'ouvrier est mieux stimulé par le sursalaire qui ne relève que de son action personnelle. Il craint que l'extension de la participation n'amène un abaissement du salaire fixe et que, sous la pression de la concurrence réduisant les profits, la participation elle-même ne se trouve réduite.

La tendance est au développement de la grande industrie qu'il prétend être moins propre que la petite à l'application du système. Et, en face de la grande industrie, s'organise le syndicat ouvrier qui s'efforce de grossir le salaire, indépendamment de toute autre considération, et repousse la participation. Il faut tenir compte de cette double tendance qui n'est pas l'effet du hasard pour juger des probabilités futures. « Je crois, disait à l'auteur un « leader » ouvrier anglais, aux associations fortes de patrons et aux associations fortes d'ouvriers. Il peut en résulter la guerre. Ne peut-il pas en résulter la paix, comme sur un marché bien organisé? »

L'auteur accumule peut-être ici avec trop de complaisance les obstacles sur la route de la participation ; mais il éclaire assurément cette route par la nouveauté des témoignages qu'il a recueillis, par sa dialectique, par sa science en matière juridique et économique et même par ses appréhensions. Son mémoire est distingué et instructif par les enseignements positifs qu'il contient et par les réflexions critiques qu'il provoque.

AVANT-PROPOS

Le régime du salariat est, à notre époque, l'objet de critiques très vives. Ces critiques, qui gagneraient à être suivies d'un exposé précis des institutions qui pourraient remplacer le louage de services, ont eu du moins pour résultat d'attirer l'attention des économistes sur les améliorations qui pourraient être apportées au mode de fixation du salaire. On comprend l'importance du moindre perfectionnement apporté en pareille matière : il aurait aussitôt une répercussion bienfaisante sur la condition de plusieurs millions de familles.

Parmi les améliorations proposées, la participation aux bénéfices a spécialement attiré l'attention ; de nombreux ouvrages en ont expliqué les avantages, et l'hostilité de ses adversaires en a signalé avec complaisance les inconvénients et les échecs.

Ce livre n'est pas un plaidoyer en faveur de la participation aux bénéfices : il ne donne pas davantage un exposé complet des griefs que plusieurs publicistes ont élevés contre elle. Une étude de ce genre risquerait d'être peu intéressante ; après les travaux de MM. Charles Robert, de Courcy, Trombert, Sedley Taylor, Böhmert, Gilman, la théorie des avantages du partage des profits n'est plus à faire, on a chance de tomber dans les redites et l'écho est toujours plus faible que le son originaire. Aussi bien le Musée Social avait-il eu la prudence de solliciter surtout « les informations neuves et des études originales faites sur place ».

Habitué par les leçons d'un maître affectueusement respecté et par plusieurs séjours en Angleterre et aux États-Unis à n'attacher que peu d'importance aux raisonnements abstraits, nous avons ouvert, avec l'assistance de M. Félix Dupré la Tour, une vaste enquête sur la question.

Près de quatre mois ont été consacrés à interroger en France et en Angleterre, en Belgique, en Allemagne et en Suisse tous ceux qui pouvaient nous fournir quelque renseignement utile, des patrons et des ouvriers, des professeurs d'économie politique et des *leaders* des groupes ouvriers; nous avons écouté avec un égal intérêt les partisans de l'institution que nous venions étudier et ceux qui lui étaient opposés, accordant surtout une attention spéciale aux paroles des hommes dont le témoignage était appuyé sur une expérience personnelle.

Comme cette étude concerne surtout une question de salaires et de rapports entre patrons et ouvriers, nous avons cru devoir faire, dans notre enquête, une large place à l'Angleterre : dans ce pays, plus avancé qu'aucun autre dans la voie de l'évolution économique, cette question se pose avec une acuité plus vive, et les solutions peuvent être contrôlées par l'examen des résultats obtenus (1).

Voici le résultat de cette enquête, faite avec le plus

---

(1) Les exemples les plus notoires de la participation aux bénéfices que l'on rencontre dans notre pays et dont quelques-uns sont célèbres dans le monde entier et ont déjà fait l'objet d'études approfondies : un bulletin périodique tient le public au courant de l'état et du mécanisme de la participation aux bénéfices en France ; nous nous contenterons donc d'y renvoyer le lecteur, car une transcription abrégée serait sans profit pour lui et sans mérite pour nous.

loyal désir de constater tous les phénomènes économiques
qui existent réellement. Nous devons, sans plus tarder,
témoigner notre reconnaissance à tous ceux, patrons, ouvriers, fonctionnaires, qui nous ont aidé dans nos recherches et les ont rendues plus faciles ou plus fructueuses. Le
malheur veut que les personnes qui, par leurs loisirs,
seraient le mieux en état de se prêter aux *interviews* soient
aussi les moins intéressantes à consulter et on doit souvent fatiguer de ses questions un homme déjà surchargé
d'occupations et de soucis. Nous devons donc une gratitude spéciale à tous ceux que nous avons importunés de
nos questions et qui ont bien voulu y répondre (1). Mais
il est surtout juste d'inscrire spécialement ici le nom de
M. Félix Dupré la Tour qui a bien voulu se charger de
l'enquête à faire en Suisse, en Allemagne et en Belgique
et dont la collaboration nous a été si précieuse.

(1) Nous devons nommer MM. Llevelyn Smith, Burnett et David
Schloss, membres du Labour department de Londres, Tangyes de Birmingham, Peacock et Crossley de Manchester, Denny de Glasgow, Mac
Vitie d'Édimbourg; et parmi les *leaders* ouvriers MM. Albert Stanley,
Charles Fenwick, W. Johnson et Common, MM. Sullivan et Strasser, dé-
légués des Trades Unions américaines. En Belgique, M. Bertrand, directeur
du journal *Les coopérateurs belges*, MM. Bollincks, le directeur des charbonnages de Bois du Luc, et de Naeyer; en Suisse, MM. Deucher, président
du conseil fédéral de la République; Balland, les directeurs de la maison
Orel-Fussli, les inspecteurs fédéraux du travail de Schaffouse, Claris,
Lausanne; en Allemagne, Monseigneur Korum, évêque de Trèves,
MM. Böhmert, Hirsch, secrétaire de l'association des industriels, Hintz-
chke, secrétaire des associations Schulze-Delitzsch, à Berlin; les secrétaires
des chambres de commerce et d'industrie, à Chemnitz, Dortmund, Bar-
men et Leipzig, Frauberger, directeur du Musée industriel de Dusseldorf,
le directeur de la Compagnie de Saint-Gobain à Stolberg, le professeur
Hitze, René de Boch, Freese, Stier, Winckler, le député Moller, le professeur Schmoller; en France, MM. Piguet, Cindre de Lyon; Tulen, Delalande, Thuillier, de Paris; Kolb-Bernard, du Nord, Biétrix de Saint-
Étienne, de Calan en Bretagne, enfin M. Paul Jordan, ingénieur des
mines, au retour d'un voyage aux Etats-Unis. Tous nous ont fourni une
assistance dont nous sommes très heureux de les remercier.

CHAPITRE PRÉLIMINAIRE

LES BÉNÉFICES : LEUR ORIGINE ET LES MOYENS DIVERS D'Y FAIRE PARTICIPER L'OUVRIER.

Dans un sens général, on appelle bénéfice l'excédent de la recette sur la dépense qu'un homme réalise à l'occasion d'une opération déterminée : ainsi, quand une personne achète cent francs un objet qu'elle revend cent cinquante, on dit, en tenant compte des dépenses diverses qu'elle a pu encourir et que nous supposerons s'élever à dix francs, qu'elle réalise un bénéfice de quarante francs.

Lorsque cette opération est isolée, elle ne présente aucun intérêt spécial ; mais il existe dans la société un grand nombre d'hommes qui, sous leur responsabilité personnelle, se consacrent à la production d'objets déterminés, et qui font profession de ne vivre que sur les bénéfices aléatoires qu'ils en attendent : le plus souvent, le travail auquel ils se livrent exige une certaine mise de fonds, et en tous cas ils courent le risque d'avoir dépensé inutilement leur peine ; mais il importe peu, ces hommes prétendent « avoir bien calculé leur affaire », ils sont prêts à courir ces risques et ils n'attendent la rémunération de leurs efforts et leurs moyens de subsistance que de l'excédent sur la dépense du prix auquel ils pourront vendre l'objet produit. L'économie politique appelle ces hommes des entrepreneurs ; la langue courante leur donne, suivant les hypothèses, les noms de fermiers, de commerçants, d'industriels, de négociants, de patrons, etc...

Lorsque ces hommes exercent leur industrie seuls ou avec le concours des membres de leur famille, sans faire appel à la collaboration d'aucune tierce personne, tous les bénéfices leur appartiennent sans conteste, et aucune difficulté ne s'élève. La solution est simple aussi dans l'hypothèse où l'entrepreneur, ayant besoin d'un aide, a pu faire de son collaborateur un associé ; celui-ci, exécutant le même travail que son collègue, partageant ses soucis, ses préoccupations et ses risques, sera rémunéré de la même manière. Mais il est rare que la nature du travail à accomplir et les qualités de l'auxiliaire qu'il s'est attaché autorisent le patron à faire de lui un associé et le plus souvent l'entrepreneur aura besoin d'un subalterne dont il dirigera le travail : ce subalterne est un ouvrier, un commis, un employé, « une main », *a hand*, comme disent les Anglais.

Il semble qu'on devrait pouvoir rétribuer cet employé de la même manière que l'associé, sauf à ne lui donner qu'un pourcentage inférieur des bénéfices, puisque son rôle serait moins important : et cependant une pratique universelle atteste qu'il n'en peut être ainsi. Les raisons de cette impossibilité sont multiples : cet auxiliaire n'aura presque jamais le moyen d'attendre le résultat final de l'année ; suivant l'énergique expression anglaise, il porte directement à sa bouche le produit de ses mains, *from hand to mouth*, et il lui faut une rémunération immédiate ; moins encore peut-il courir des risques et cette rémunération quotidienne, hebdomadaire ou mensuelle, ne sera pas pour lui une simple avance : elle lui sera définitivement acquise, quel que soit le résultat global de l'entreprise. Enfin, l'employé entend avoir les avantages d'une situation dont il ressent les inconvénients ; puisqu'il est subalterne et que son contrat de travail porte pour lui l'obligation de suivre les ordres qui lui seront donnés, il se refuse à courir les risques d'une affaire dont la direction lui échappe totalement, et dont il serait probablement le premier à critiquer la marche, si sa voix était écoutée (1).

Pour toutes ces raisons, l'employeur (2) convient avec son employé que celui-ci aura droit à une rémunération fixe et déterminée à l'avance et il achète moyennant un forfait le travail de son auxiliaire ; ce dernier reçoit un « salaire ». L'usage du salaire répond à des besoins si précis qu'on ne peut douter qu'il ne remonte à la plus haute antiquité, mais le contrat de travail entre patron et ouvrier a soulevé à notre époque des difficultés spéciales.

Dans les siècles passés, les collaborateurs subalternes d'un patron entretenaient avec lui des relations personnelles et le plus souvent partageaient sa vie ; l'esclave de la Rome primitive vivait au foyer de son maître et la société romaine admettait si peu que le domestique ou l'ouvrier pût ne pas être étroitement uni à celui qui l'employait, qu'elle avait institué un lien spécial pour les travailleurs de condition libre, *le mancipium*. Au Moyen Age, le maître avait vis-à-vis de son serf des obligations qui n'avaient rien de commun avec le simple paiement d'un salaire en argent et les compagnons qui, sous le ré-

(1) Cette dernière raison nous semble très importante ; elle explique comment, dans les maisons de commerce notamment, des employés qui, par leur fortune personnelle, peuvent fort bien attendre le résultat de l'inventaire annuel, pour toucher la rémunération de leur travail, exigent cependant un salaire fixe.

(2) Nous nous croyons autorisé à nous servir du mot « employeur » ne faisant en cela que suivre l'exemple de plumes autorisées et notamment de la Cour de Toulouse qui en fait usage dans son arrêt sur l'affaire de Carmaux. De même le mot employé n'a dans les pages qui suivent aucun sens exclusif ; il désigne toute personne salariée, sans distinction entre l'ouvrier, le commis ou l'employé proprement dit.

gime des corporations, travaillaient pour le compte d'un maître juré, vivaient à son pot et à son feu. Dans toutes ces hypothèses, la question du partage des profits résultant du travail de production ne se pose pas : il est entendu que le patron doit subvenir aux besoins matériels de ceux qu'il emploie et d'ailleurs les profits sont restreints, car la petite industrie, réduite aux débouchés que lui offre la clientèle locale, ne réalise que de modestes bénéfices.

Mais l'emploi de moteurs hydrauliques puissants vient au XVIII° siècle apporter des changements dont la machine à vapeur devait ensuite accroître la rapidité et l'étendue : « jusqu'alors la location du travail se faisait en détail : dans ce siècle elle commença à se faire en gros (1) ». La grande industrie augmente le nombre et la cohésion des salariés ; la multitude ancienne des petits patrons va sans cesse diminuant, au moins dans les pays où l'évolution économique est le plus avancée ; et le salarié, n'ayant plus la perspective de s'établir un jour, attache plus d'importance à cette rémunération, la seule qu'il doive connaître pendant toute sa vie ; le régime industriel contemporain établit désormais une distinction très précise entre les intérêts de l'ouvrier et ceux du patron. Payer à un homme, que l'on emploie pendant un laps de temps plus ou moins long, une somme d'argent, en échange de son travail et professer que celui-ci devra chaque soir s'en retourner à son foyer et organiser comme il l'entendra ou comme il le pourra sa vie individuelle ou familiale, est une idée toute moderne. Aussi bien le contrat de salaire devient-il l'occasion de conflits dont l'acuité était précédemment inconnue.

(1) *Principles of Economics*, p. 41, par Marshall.

L'ouvrier dont toute la vie repose sur ce forfait veillera avec un soin jaloux à en porter le taux aussi haut que possible et d'autre part le patron, pressé par la concurrence, sera conduit à résister aux prétentions de son collaborateur.

Le prix du travail humain ne dépend pas seulement des qualités ou des besoins de celui qui le fournit, il dépend aussi des avantages que ce louage de services procure au patron ; ce prix doit donc hausser si l'entreprise donne des bénéfices. En fait on a vu souvent les ouvriers s'efforcer de distraire à leur profit la plus grande part possible des bénéfices de l'employeur.

Cette prétention est-elle légitime ? est-il vrai que les ouvriers aient droit au partage des profits de leur patron et ce droit existe-t-il, quelle que soit l'origine de ces profits ? Dans une étude sur la participation aux bénéfices, l'examen d'une pareille question s'impose et on ne peut y répondre qu'en analysant avec précision la nature et l'origine des profits.

On connait la thèse célèbre de Karl Marx sur les bénéfices ; pour l'auteur du *Capital* ceux-ci représentent la portion non rétribuée du travail de l'ouvrier. Lorsqu'un patron loue les services d'un employé, il achète à forfait les fruits du travail de cet employé, pendant un temps déterminé ; seulement il ne lui paie qu'une partie de ces fruits ; l'autre partie lui est acquise gratuitement et elle constitue précisément les bénéfices qui sont du travail non rémunéré. Les conséquences de cette doctrine sont connues et de nombreux journaux et revues les exposent chaque jour ; puisque le patron est un escroc professionnel, il importe d'organiser la société de telle manière qu'il disparaisse ; il ne s'agit plus de faire participer l'ouvrier aux bénéfices de son patron ; celui-là doit les toucher intégralement et comme l'universalité des fortunes a été acquise par des hommes qui directement ou indirectement ont fait appel au concours d'employés salariés, on ne doit pas reculer devant une confiscation générale qui ne sera que la restitution à la masse laborieuse des fruits du travail de ses ancêtres.

On a depuis longtemps démontré la fausseté de cette théorie ; s'il est vrai que les bénéfices dérivent mathématiquement de ce seul fait qu'un homme fait travailler d'autres hommes sous sa direction, comment se fait-il que tant d'entreprises périclitent et que sur cent d'entre elles, trente font faillite, cinquante-cinq végètent et quinze environ donnent des bénéfices ? Comment se fait-il que tant de sociétés coopératives de production, où l'on avait réussi à se débarrasser du patron, aient échoué et n'aient pas été capables de payer à leurs membres un salaire équivalent à celui payé dans les établissements patronaux ? Qu'il y ait eu quelques cas isolés dans lesquels un employeur grossissait ses bénéfices des réductions abusives qu'il faisait subir aux salaires de ses ouvriers, personne ne le nie, mais il est étrange de généraliser une constatation aussi exceptionnelle.

Comme antithèse à la doctrine de Karl Marx, nous rencontrons la théorie des économistes ; pour eux, les bénéfices proviennent uniquement des qualités de combinaison et d'organisation du patron, de la perspicacité avec laquelle il a discerné les besoins du marché et les désirs du consommateur, de l'habileté avec laquelle il a su mettre en œuvre les moyens de satisfaire sa clientèle. Dans cette théorie, tous les bénéfices doivent appartenir au patron, puisque ses facultés suffisent à les produire et, comme le disent les Allemands, ils sont le salaire de l'entrepreneur *Unternehmerslohn.*

Ce système contient certainement une grande part de vérité : il explique bien comment dans des industries similaires et avec un personnel ouvrier d'une égale habileté, les bénéfices varient d'un établissement à un autre : mais nous doutons qu'il contienne la vérité tout entière, et il nous semble qu'on peut lui reprocher, d'abord de ne pas tenir compte des bénéfices dont l'origine se trouve dans des événements *externes*, dans les conditions générales du marché ou des inventions, et ensuite de méconnaître la part importante qui peut revenir à l'ouvrier dans la production des bénéfices.

Il peut y avoir en effet dans une industrie — et le plus souvent il y a — un quantum de bénéfices qui ne doit être attribué, ni aux qualités du patron, ni à celles des ouvriers, mais dont l'origine ne se rencontre que dans des circonstances extérieures.

Ainsi, un industriel fabrique un produit dont la matière première est tombée à vil prix sans que la valeur de l'objet manufacturé ait baissé proportionnellement ; ou bien un inventeur découvre une machine nouvelle qu'il est facile d'adopter et qui permet à cet industriel de réaliser pendant un laps de temps, assez court d'ordinaire, des bénéfices importants ; ou encore une onde de prospérité succédant à une période de crise et de liquidation, se répand dans le monde et, sans que l'on sache pourquoi, le mouvement des transactions commerciales se développe soudainement ; dans toutes ces hypothèses, les bénéfices augmentent, sans que ceux qui les recueillent aient fait un effort spécial qui explique cette hausse (1).

____

(1) Ainsi nous connaissons un industriel qui, il y a quelques années,

D'autre part, il convient de tenir compte de la contribution importante de l'ouvrier dans la production des bénéfices ; sans doute l'ouvrier reçoit un salaire pour son travail, et s'il accomplit sa tâche de manière que l'employeur puisse réaliser un bénéfice, il ne fait que justifier l'attente de son patron. Ce raisonnement est exact, toutefois les forces musculaires et intellectuelles d'un homme ne ressemblent pas aux machines que les cultivateurs louent pour le battage des récoltes. A côté du taux normal de labeur et d'efforts que le salaire moyen peut approximativement rémunérer, il existe un large champ où peuvent se manifester librement les qualités spéciales d'un ouvrier, son habileté technique, la rapidité de son travail, son désir d'économiser les matières premières ; et aucun patron ne contestera que la bonne volonté et la capacité technique de ses auxiliaires salariés ne puissent dans une large mesure accroître le montant de ses bénéfices.

La théorie des profits nous paraît donc moins simple que les économistes n'ont coutume de le dire et, à notre avis, ils sont le produit de trois éléments réunis : d'abord la faculté de combinaison et d'organisation de l'entrepreneur, puis les qualités techniques et morales de l'ouvrier, enfin les circonstances favorables du marché et les conditions économiques. Il est impossible de fixer *a priori* la part relative de chacun de ces éléments par rapport aux autres et il est certain que cette part varie suivant les

construisit une seconde usine pour la fabrication d'un produit chimique vendu alors 80 francs la tonne ; à ce prix, la marge des bénéfices était belle, mais pendant le temps que dura la construction de cette usine, le produit baissa à 40 francs, et le profit était presque nul ; récemment cette marchandise est remontée au cours de 70 francs, aussi cet industriel s'est-il remis à fabriquer plus activement et il réalise des bénéfices importants.

industries et dans une même industrie suivant les établissements ; il suffit en ce moment d'indiquer que chacun de ces éléments a une part et de tirer la conclusion.

Voici cette conclusion : les bénéfices qui dérivent des qualités du patron doivent revenir au patron, ceux qui dérivent des aptitudes spéciales de l'ouvrier doivent revenir à l'ouvrier, et ceux enfin qui ont une autre origine sont un don de la fortune et doivent être partagés entre tous ceux qui concourent à la production, l'employeur et les employés.

Telle est la théorie abstraite qui nous semble résulter de l'observation des faits. Son exactitude nous semble démontrée si on veut bien remarquer trois choses : d'abord l'ouvrier qui, par une plus grande habitude technique ou une plus grande activité, procure à son patron une réduction du coût de la production, ne manque jamais de demander un salaire plus élevé qui absorbe la presque totalité de l'économie réalisée ; en second lieu lorsque les conditions générales du marché laissent au patron une marge plus grande des bénéfices ou que l'introduction d'une machine nouvelle réduit le prix de revient, l'ouvrier demande à participer à ces profits dus à d'heureuses circonstances ; enfin à l'inverse, lorsque dans un genre d'industrie tel patron réalise des bénéfices exceptionnels, supérieurs à ceux de ses concurrents, les ouvriers ne demandent pas, n'ayant aucune chance de l'obtenir, un surcroît de salaire qui priverait illégitimement l'employeur du profit que lui assurent ses qualités personnelles éminentes.

Si cette triple constatation est exacte, comme elle nous paraît l'être, il est donc vrai que les praticiens, patrons et ouvriers, discernent trois variétés différentes de profits.

Lorsqu'on examine les moyens divers qui sont usités dans le monde industriel pour satisfaire à cette réclamation légitime de l'ouvrier, on s'aperçoit que ces moyens peuvent être classés en quatre catégories.

Le premier, le plus empirique et le plus universellement pratiqué, consiste dans une hausse de salaires : à des intervalles variables, on réajuste le taux de salaire et on le proportionne soit aux qualités spéciales de l'ouvrier, soit aux conditions économiques du moment. Comme ces conditions économiques changent fréquemment et que rien ne garantit que la rétribution convenue au mois de juin soit encore au mois de septembre une rémunération convenable, l'ouvrier ou le patron seraient en théorie autorisés à demander de fréquentes révisions ; en fait un cours moyen s'établit pour un certain temps. Même avec ce tempérament, ce système amène trop souvent des conflits entre les parties contractantes.

Le second procédé employé pour faire participer l'auxiliaire salarié aux bénéfices de son patron consiste à l'admettre, dans des proportions variables, au *partage des produits.*

Ce mode de participation de l'ouvrier aux bénéfices du patron a de grands avantages, car il excite l'ouvrier à produire plus et mieux, et en même temps, il l'associe de plein droit aux fluctuations bonnes ou mauvaises qui affectent la marchandise à la production de laquelle il collabore. Cette méthode est surtout employée dans l'agriculture sous la forme du métayage.

Mais le partage du produit n'est pas toujours possible et notamment il est impraticable dans la grande industrie ; comme celle-ci étend chaque jour le champ de son activité, l'ingéniosité des patrons et des ouvriers a dû inventer d'autres méthodes.

Le troisième moyen consiste dans l'allocation à l'ouvrier de primes spéciales, à l'effet de récompenser son activité, son habileté, son économie, ses facultés d'invention, etc. ; le patron ne tient compte à l'ouvrier que des bénéfices qui résultent des qualités spéciales de celui-ci.

Ce système que nous appellerons le système des primes spéciales à la production est très largement appliqué : il est précieux en ce qu'il récompense *individuellement* chaque ouvrier suivant ses mérites *personnels*, mais il a l'inconvé-nient de ne pas l'associer aux bénéfices qui peuvent provenir des conditions générales du marché : aussi a-t-on proposé un quatrième système connu sous le nom de participation aux bénéfices proprement dite et dans lequel l'ouvrier en plus de son salaire reçoit sur le profit *global* de l'entreprise,[*tel qu'il est attesté par l'inventaire semestriel ou annuel*, une portion déterminée de ce profit : au surplus cette participation peut fort bien se combiner avec la précédente et toutes deux, loin de s'exclure, se complètent mutuellement.

Tels sont les quatre moyens contractuels qui existent pour faire participer un ouvrier aux bénéfices de son patron. A l'exception du premier, dont l'examen ne rentre pas dans le cadre de cette étude et qui sera seulement visé dans notre conclusion, chacun de ces moyens sera étudié avec détails dans les pages qui vont suivre : le troisième retiendra surtout notre attention.

PREMIÈRE PARTIE

LE PARTAGE DES PRODUITS DANS LA PÊCHE ET DANS L'AGRICULTURE. — LE MÉTAYAGE.

La forme la plus ancienne de la participation aux bénéfices est certainement celle dans laquelle l'employé partage avec l'employeur les produits bruts de son travail. Dans ce système, l'ouvrier n'a droit à aucune rémunération fixe, il ne traite pas à forfait avec son patron, il consent au contraire à courir les risques de l'entreprise et à ne recevoir d'autre rémunération que la somme représentée par sa part dans les produits futurs.

On a contesté que ce partage des produits constituât une des formes de la participation aux bénéfices ; en effet, a-t-on dit, puisque le partage porte sur le produit brut, il est possible que l'une des parties recueille un gain, au moment même où l'autre se trouverait en perte : ainsi le patron peut ne pas retrouver l'intérêt de son argent dans une affaire qui rapporterait néanmoins à l'ouvrier une somme sensiblement supérieure au salaire que celui-ci eût pu normalement gagner au service d'un patron ordinaire, et à l'inverse, il est possible que le patron réalise un bénéfice important alors que son auxiliaire subalterne n'obtiendrait qu'une maigre rémunération. Les économistes anglais et américains ont spécialement insisté sur ces considérations et ils distinguent avec soin le partage des produits (*product sharing*) et le partage des profits (*profit sharing*).

Ces observations n'ont pas toute l'importance que leur ont attachée leurs auteurs, car elles visent un danger théorique que la pratique ne connaît guère ; si, en effet, la convention a été faite de telle sorte que l'ouvrier puisse réaliser un bénéfice alors que son patron subirait une perte, ou réciproquement, ce résultat atteste seulement que la convention a été mal faite et une modification dans le taux de répartition des produits suffira à remettre les choses au point. Il est possible, il est même facile, lorsqu'on connaît la moyenne des produits bruts d'une entreprise déterminée, d'adopter un taux de répartition tel que les deux parties en présence partagent le même sort et la pratique, aidée d'ailleurs de la coutume, résout aisément ce problème.

Loin de se refuser à voir dans le partage des produits un des modes de la participation aux bénéfices, on doit au contraire le considérer comme une des meilleures formes de cette participation, puisque l'ouvrier est associé dans les pertes comme il l'est dans les gains ; ici, en effet, il devient véritablement l'égal, le *partner* de celui qui l'emploie (1).

Si l'on néglige quelques applications de détail peu intéressantes (2), la rémunération de l'ouvrier au moyen

---

(1) On fait souvent à la participation aux bénéfices proprement dite un grief de ne pas associer l'ouvrier aux pertes de son patron. *Vide infrà*.

(2) Il conviendrait pourtant de signaler un système célèbre auprès des économistes anglais, pratiqué autrefois en Angleterre dans les mines métalliques de Cornouailles et connu sous le nom de système du tribut. Voici en quoi il consiste : la richesse métallique des gisements et la difficulté du travail d'extraction sont soumises à des variations très grandes, suivant la nature du terrain. Des propriétaires de mines mettent aux enchères l'exploitation de telle veine déterminée : les ouvriers groupés par équipes de

d'une portion des produits de son travail est usitée dans deux grandes industries, l'industrie de la pêche et l'industrie agricole. Nous ne parlerons que de cette dernière.

LE MÉTAYAGE.

Le seul mot « *métayage* » rappelle à la mémoire des esprits cultivés le souvenir d'anciennes querelles sur la valeur comparative du faire valoir, du métayage et du fermage, et à une époque, où la mise en valeur de pays neufs rend chaque année plus difficile la culture des terres anciennement exploitées, c'est avec une sorte de passion toujours rajeunie que l'on étudie « cette vieille question du métayage ».

§ 1er. — Historique.

Le métayage est une institution très ancienne et probablement contemporaine des premiers temps où des pro-

12, 20, 30 et 36 personnes, examinent le terrain et enchérissent par l'intermédiaire de leur chef ; leur salaire consiste en un tant pour cent sur le prix du minerai extrait et le chef ouvrier qui propose le taux le plus bas est le preneur (*taker*). Le taux de ce tribut varie beaucoup : on cite des exemples d'un tribut de 30 centimes par £ de minerai et dans d'autres cas ce tribut s'est élevé jusqu'à 17 et 18 francs. Aussi bien le gain de l'ouvrier est-il très aléatoire, car une veine qui parait pauvre peut devenir riche et réciproquement ; cet aléa séduit d'ailleurs les ouvriers et on le conçoit, car il parait que, dans certains cas, chaque ouvrier d'une équipe a pu toucher pour sa part individuelle 100 £ en deux mois. Le tribut semblait favorable aux intérêts des patrons et des ouvriers car en même temps qu'il stimulait leur ardeur au travail, il excitait aussi leur perspicacité et leur « flair » ; et dans une industrie de ce genre, ce dernier avantage est très précieux. Le tribut tend à disparaitre de la Cornouailles, car les mines de cuivre et d'étain n'ont pu soutenir la concurrence des mines étrangères plus riches.

priétaires fonciers se trouvèrent assez riches pour pouvoir se dispenser de cultiver leurs terres de leurs bras ; la Rome primitive dans laquelle les travaux agricoles tenaient une grande place, pratiquait déjà le métayage qui se retrouvait en fait, sinon en droit, dans les contrats passés entre les maîtres et certains de leurs esclaves préposés à la culture d'un fonds de terre ; l'esclave prélevait une part des fruits récoltés et si, après avoir pourvu à son entretien, il réalisait des économies, celles-ci formaient le pécule qui devait servir au rachat de sa liberté.

Plus tard apparut le véritable métayer, homme libre et capable de se lier par des contrats : ce fut le *colonus partiarius* dont les droits et les obligations sont analysés et réglés par le droit romain avec une telle précision et une telle minutie que les textes du Digeste sont même aujourd'hui le meilleur commentaire des articles 1821 et suivants de notre Code civil (1).

Au Bas-Empire, les Gallo-Romains louaient aux Barbares leurs terres incultes, non défrichées, moyennant un tiers des récoltes.

Au Moyen âge, le développement d'une classe plus riche, le manque de capitaux, combiné avec l'abondance des terres à cultiver, enfin la rareté relative des métaux précieux

(1) Aussi bien Pline résume-t-il en praticien retors les devoirs du bailleur à moitié, lorsqu'il écrit : « que le propriétaire surveille d'une manière sévère, les vignes, les terres, les arbres et les cultures qu'il laisse en métayage. Il abandonnera au colon les fourrages nécessaires à l'entretien des bœufs que réclament les travaux, tout le reste sera partagé sans distinction » (Pline à Paulin).

Cet habile administrateur écrit plus loin : « Pendant les cinq dernières années, mes fermiers sont demeurés fort en retard, malgré les grandes remises que je leur ai faites, aussi la plupart négligent de diminuer leurs dettes, désespérant de pouvoir les acquitter entièrement ; ils arrachent et consomment tout ce qui est déjà sur la terre, persuadés que ce ne serait pas pour eux qu'ils épargneraient. »

contribuèrent à développer le métayage ; le fermage à prix d'argent ne fut pratiqué que plus tard ; mais, jusqu'au XIII⁰ siècle, on préférait soit le système d'une redevance *fixe en nature*, soit plutôt le système du partage des fruits récoltés. La célèbre abbaye de St-Germain-des-Prés avait le métayage comme mode de culture de ses terres et le Polyptique d'Irminon nous parle de ces hommes *qui arant et laborant ad medietatem*.

Ce mode de tenure semble s'être étendu encore par la suite, bien qu'il soit difficile d'indiquer la portion du territoire de la France qui était en 1789 soumise à ce régime. Arthur Yung l'évalue aux 7/8ᵉˢ ; Adam Smith aux 5/6ᵉˢ et Gasparin à la moitié ; cette dernière proportion nous semble la plus exacte, car il convient de laisser une marge étendue au bail à rente perpétuelle qui était aussi très commun. La France suivait donc sur ce point, comme sur beaucoup d'autres, une évolution inverse de l'Angleterre où le métayage qui avait atteint l'apogée de son développement vers la fin du XIV⁰ siècle disparaissait de bonne heure devant le fermage et l'exploitation directe (1).

Si les chiffres qui viennent d'être indiqués pour l'année 1789 sont exacts, il faut admettre que le métayage aurait singulièrement décliné pendant la dernière décade du XVIII⁰ siècle et pendant les quarante années qui suivaient. En effet, M. Sullin estimait en 1842 que, sur 43 millions d'hectares cultivés, 8.470.000 étaient exploités par des fermiers, 14.530.000 par des métayers et 20.000.000 par les propriétaires eux-mêmes. Les causes de cette décadence du métayage sont très diverses ; l'en-

___

(1) Suivant le savant professeur Thorold Rogers, la grande amélioration du sort des classes laborieuses anglaises qui fut la conséquence de la grande peste de 1348 fut l'introduction du système du métayage.

richissement des classes inférieures semble la plus importante. Et il est probable qu'il n'y a rien d'exceptionnel dans
le curieux récit que nous faisait un propriétaire des Deux-
Sèvres, qui nous racontait que sous son arrière-grand-père,
avant 1789, ses terres étaient exploitées à moitié ; pendant
la Révolution le propriétaire, qui était noble, fut obligé de
prendre la fuite et pendant son absence ses métayers s'en-
richirent et économisèrent une somme suffisante pour le
rembourser de sa moitié du cheptel ; à son retour le besoin d'argent lui fit accepter avec joie ce remboursement
et ainsi fut converti en fermage à prix fait le métayage
ancien (1).

Depuis cette époque, jusqu'en 1875, il semble que le
colonat partiaire ait plutôt décliné encore, surtout dans
la Franche-Comté, la Bourgogne, le Nivernais et le Berry,
provinces qui séparent la région du métayage au sud de
celle du fermage au nord. Dans ces deux dernières notamment, de gros fermiers disposant de capitaux importants
ont loué « à prix fait » de vastes domaines ; leurs avances
leur permettent d'affronter les risques des mauvaises années et ils estiment qu'il vaut mieux acheter à ce prix le
droit de garder pour eux seuls les profits des années prospères.

Ce déclin du métayage en France ne doit pas surprendre, car les mêmes forces économiques amenaient en Belgique sa disparition complète ; de leur côté les économistes et les publicistes ne perdaient aucune occasion de lui
manifester leur hostilité. Turgot, J.-B. Say et Rossi s'é-

(1) L'abstentéisme des propriétaires fonciers ne semble pas devoir être
assigné comme une des causes du déclin du métayage ; et ce mal, lorsqu'il
existe, a plutôt pour effet de faire dévier le métayage et de le transformer
en une méthode de culture dont les publicistes ont à bon droit stigmatisé
les habitudes routinières et apathiques.

taient montrés spécialement durs à son égard, suivant en
cela l'exemple de l'économie politique anglaise.

Ainsi s'était fondée parmi les économistes une tradition
à peu près intangible. Il y a quelque trente-cinq ans, le
régime du métayage était encore pour beaucoup d'esprits
théoriciens et cultivés synonyme de routine et de misère,
d'ineptie et de paresse, souvent même de ruse et de vol (1).

M. Léonce de Lavergne, dans son bel ouvrage sur l'*E-
conomie rurale de la France*, eut l'honneur d'être l'un des
premiers à établir une distinction depuis longtemps nécessaire et nota les différentes espèces de métayage en
France.

« Le métayage, écrivait-il, a une très mauvaise réputation, nous le verrons en effet sur d'autres points de la
France, coïncider avec une extrême pauvreté rurale ; ici
(le Maine et l'Anjou) c'est le contraire qui arrive ; le bail
à moitié fruits est une association véritable qui, réunissant l'intelligence et le capital du maître avec l'expérience
et le travail de l'ouvrier, amène des résultats de plus en
plus profitables aux deux et entretient la solidarité des intérêts, l'affection et la confiance réciproques (2). »

(1) Cette opinion sévère ne semblait pas, il est vrai, s'appuyer toujours
sur une observation méthodique des faits : ainsi en 1848, M. Victor de
Tracy publiait dans le *Journal des Economistes* une série de lettres sur l'a-
griculture et, examinant incidemment le métayage, il se montrait très
opposé à ce mode d'exploitation : en 1865, il publiait une seconde édition,
son opinion s'était modifiée dans l'intervalle ; il était devenu agriculteur
et il apercevait mieux ce que peut donner l'association de deux hommes,
qui mettent en commun leurs qualités personnelles.

(2) Les régions dans lesquelles le colonat partiaire est le plus usité sont :
à l'ouest la Bretagne, le Maine et en descendant vers le sud, le Poitou à
travers lequel on arrive dans la Gatine, la Vendée, le Limousin et le Périgord qui sont les terres d'élection du métayage. Toute la région vinicole
du sud-ouest de la France ne fournit à peu près aucun exemple de métayage, car dans le Bordelais comme dans l'Hérault et le Gard, on est unanime à déclarer que la culture de la vigne ne peut pas se prêter avec

Un revirement se produisait dans l'opinion des publicistes et on allait se départir d'une sévérité qui touchait à l'injustice.

En Angleterre, John Stuart-Mill portait sur le métayage un jugement plus favorable et plus juste, et en France si plusieurs économistes lui adressèrent encore des reproches, d'autres virent en lui un mode de culture souvent efficace.

En fait, le métayage se trouve aujourd'hui à des degrés divers en Espagne et en Italie, en Allemagne et aux États-Unis, et surtout en France.

Pour ce dernier pays, la connaissance des régions sur lesquelles s'étend le métayage, ne donne que des indications insuffisantes sur les causes qui portent les populations agricoles au rejet ou à l'adoption de ce mode d'exploitation. S'il est facile de voir pourquoi les riches fermiers de la Beauce ou de la Brie ne pourraient s'en accommoder et pourquoi ce régime ne pourrait convenir non plus aux cultures industrielles du Nord et de l'Est, la Normandie au contraire est, en certaines de ses parties du moins, dans des conditions *matérielles* peu différentes de celles du Bas-Maine ou du Limousin ; et pourtant l'une repousse un système de culture que les autres acceptent. L'étude de la Bretagne est, à ce point de vue, spécialement instructive. Cette province peut être divisée en trois parties : 1° la côte, qui ne comprend que des petits propriétaires et des fermiers à prix d'argent ; 2° la partie centrale, cou-

avantage à ce mode de culture ; l'exploitation à moitié fruits se retrouve aux pieds des Pyrénées et on la rencontre de ci de là, dans toute la vallée du Rhône où les propriétaires de vignes notamment s'en déclarent très satisfaits.

Tel est à grands traits la délimitation des territoires sur lesquels s'étend en France le métayage ; au contraire, toute la région du Nord et de l'Est, la Normandie et la Beauce, toute la contrée vinicole du Sud-Ouest ne connaissent guère que le faire valoir direct ou le fermage.

verte par la montagne, sorte d'épine dorsale du pays ;
cette région est pauvre et on y rencontre de grandes fermes
à prix d'argent ; les propriétaires ne résident pas sur leurs
terres et se contentent de toucher leurs fermages ; 3° entre
ces deux parties est une zone intermédiaire qui, dans la
Bretagne française (à peu près le département d'Ille-et-
Vilaine), est en partie à métayage. Le système du partage
des fruits y est d'ailleurs très inégalement réparti, sans
que les conditions économiques expliquent bien ces difficultés : le pays de Redon qui est pauvre pratique le métayage et le pays de Lamballe qui est riche le pratique
également.

Il faut donc retenir de ces observations que le développement ou le déclin du métayage ne subissent pas seulement l'action des forces économiques : *l'influence des causes morales est considérable* (1).

§ 2. — Mode de fonctionnement.

Un propriétaire des Deux-Sèvres, très au courant des
choses de l'agriculture, nous a donné cette définition du
métayage : le métayage est un contrat de société entre le
cultivateur et le propriétaire, dans lequel, en général, le
premier apporte la main-d'œuvre et les instruments de
travail, le second le sol et chacun par moitié la garniture
en animaux ; les fruits et récoltes à provenir de l'exploitation seront partagés par portions égales.

Il existe parmi les jurisconsultes une vieille controverse

---

(1) L'étude qui va suivre porte surtout sur le métayage dans le Bocage
(sud de la Loire-Inférieure et du nord des départements des Deux-Sèvres
et de la Vendée); cette région en offre en effet le type le plus caractérisé, et
il est toujours plus scientifique de faire porter son examen sur les milieux
qui fournissent le modèle le plus pur et le plus développé.

sur le caractère juridique du métayage (1) ; les uns le rapprochent davantage du louage, du bail à ferme, comme l'a fait notre Code civil qui en a posé les règles dans le titre consacré au louage ; d'autres, avec Gaius, le déclarent plus voisin de la société. Cette discussion n'est pas oiseuse et on aurait tort d'y voir une des manifestations de cette subtilité qu'on a souvent reprochées aux juristes ; nous dirons en effet plus loin que ce contrat peut s'adapter à des procédés de culture réellement très différents. Mais si l'on prend la forme du métayage la plus normale, celle qui donne les meilleurs résultats économiques, on doit dire que le métayage est vraiment une société ; la définition qui vient d'être donnée est juste, et l'*observation démontre* que ses effets sont d'autant plus satisfaisants que les deux parties en cause sont mieux convaincues de leur qualité d'associés et se rendent mieux compte qu'elles collaborent à une œuvre commune : le métayage normal est donc bien une association.

Comme dans toute société, chaque associé doit fournir un apport. En principe le propriétaire, l'*employeur*, apporte le sol, c'est-à-dire les facultés productives de son fonds et les capitaux fixes qui ont été immobilisés en constructions, bâtiments, moulins, travaux de drainage et d'irrigation, etc. ; et le métayer, l'*employé* fournit son travail et les instruments aratoires.

Tel est le principe auquel la pratique apporte de très nombreuses dérogations, suivant les circonstances (2).

---

(1) Sur cette controverse, *vide infrà*, p. 33.

(2) Ainsi dans le Limousin, pays d'élevage de bestiaux, le cheptel vif est souvent très important ; le propriétaire fournit d'ordinaire ce cheptel tout entier. Et on trouve que ce surcroit d'apport est légitime, car les animaux exigent des soins constants et vigilants et la tâche du métayer est plus labo-

Il n'est pas rare, surtout depuis vingt années, que le métayer soit incapable de verser son apport : ses bras constituant son seul capital. Comme en ce temps de dépression agricole (1) il est souvent impossible de rencontrer des fermiers disposant de capitaux suffisants, le propriétaire est obligé d'accepter le métayer qu'il trouve ; dans cette hypothèse le propriétaire fournit à lui seul la totalité du cheptel vif et tous les instruments aratoires. Chaque année au moment du partage des fruits, le maître (2) retient sur la part du métayer une certaine somme affectée à l'amortissement de l'avance faite et, grâce à cette retenue, celle-ci se trouve remboursée en quelques années. Malheureusement cet amortissement n'est possible que dans les bonnes années, car il faut toujours laisser au métayer de quoi vivre pendant l'année suivante. M. H.....a donc raison de nous dire que ces avances sont dangereuses et elles le sont d'autant plus que le métayer, qui n'a fait aucun apport, est moins intéressé au succès de l'exploitation (3).

rieuse ; puisque le partage des fruits doit se faire par moitié, il convient d'égaliser les apports.

(1) Nous préférons ce mot à l'expression de crise agricole plus fréquemment employée. Les souffrances dont se plaint notre agriculture n'ont point le caractère accidentel et spasmodique d'une crise et les mouvements économiques se développent ici avec calme et continuité ; seule l'inexpérience de nos yeux, qui regardent plutôt l'effet que la cause, nous fait prendre pour un assaut brusque ce qui n'est que la poussée d'une force très puissante.

(2) Dans les provinces de l'ouest, le propriétaire, qui a des métayers, est appelé « maître », la femme du « maître » reçoit le nom de « dame », et le métayer prend plutôt celui de colon, qui est d'ailleurs le terme dont se sert notre Code civil.

(3) Bien plus si le métayer est déshonnête, son maître court un risque spécial. Voici en effet le récit qui nous a été fait par un propriétaire du Périgord. Dans ce pays totalement ruiné par le phylloxéra, il est très rare que les métayers puissent verser aucun apport et même ils n'ont pas les ressources suffisantes pour subvenir à leur entretien jusqu'à la première récolte ; cette charge incombe donc par surcroît au « maître ». Parfois,

Un propriétaire prudent peut néanmoins retirer de cette pratique de grands avantages, en même temps qu'elle contribue à l'élévation de certains ouvriers agricoles qui deviennent en quelques années possesseurs d'un petit capital qu'ils n'auraient jamais amassé autrement : « j'ai pris trois métayers dans ces conditions, nous dit M. H., et j'espère m'en trouver bien. M. de J., mon voisin en a fait autant ; en six années, son métayer lui a remboursé son avance. Exploiter moi-même directement est chose impossible, car la main-d'œuvre est si chère que je perdrais certainement de l'argent et puisqu'il faut faire des avances, il vaut mieux les faire à un métayer qu'à un fermier, car je tiens mieux mon affaire dans la main et je conserve un droit de contrôle et de direction. »

Les travaux de culture sont bien entendu exécutés par le métayer qui est aussi obligé, par les clauses du contrat, de prendre des domestiques de ferme qu'il nourrit et dont il supporte les gages (1) ; rarement il y a plus d'un domestique par métairie, car nous verrons que le métayage ne donne tous les résultats qu'on peut en attendre que si l'exploitation est de modeste étendue (2).

les métayers malhonnêtes se contentent de se laisser ainsi nourrir pendant plusieurs mois, travaillent le moins possible et lorsqu'ils doivent 700 à 800 francs au maître, ils déménagent un matin en fermant les portes dont ils déposent les clefs en un endroit caché ; puis ils envoient le plus jeune garçon de la famille qui vient déclarer naïvement au maître : « Monsieur, ce matin, mon père m'envoie vous dire que nous sommes *bougés* ; vous trouverez les clés à telle place ». Aussitôt le maître se hâte d'envoyer un domestique soigner les bestiaux restés seuls à l'étable.

(1) Parfois le propriétaire paie les gages de ces domestiques.

(2) Généralement 30 hectares environ. Tous les frais de cette culture incombent au métayer qui doit aussi fournir les semences ; pourtant les dépenses pour achat d'engrais artificiels sont souvent partagées et il en est quelquefois de même pour les frais de battage à la mécanique depuis que ce système a remplacé partout l'ancien battage au fléau. Tous les

Le partage des fruits se fait de la manière suivante : chacun prend en nature la moitié des grains, froment, avoine, féverole, etc. ; pour la paille, les foins et les fumiers presque tous les baux portent l'interdiction d'en distraire de la ferme aucune portion. Lorsque, exceptionnellement, il y a lieu de vendre des foins ou des pailles le prix est partagé par moitié. Enfin le prix de vente des animaux se partage aussi par moitié.

On comprend combien il est important pour le maître que ces différents partages soient faits loyalement puisque, s'il ne peut frauder son associé, celui-ci au contraire a toute facilité de le frustrer. La substitution du battage à la mécanique au battage à la main a été un grand bienfait pour le propriétaire qui, prévenu du moment où doit commencer ce battage, n'est astreint qu'à une surveillance de deux ou trois jours au plus.

Mais cette amélioration ne concerne que les grains. Pour les bestiaux il importe que le contrôle du maître soit vigilant, il doit toujours connaître le nombre et la qualité des têtes de bétail qui se trouvent sur sa ferme, il faut aussi qu'il soit exactement renseigné sur les cours du marché. S'il manque à ces différents devoirs, le colon pourra le tromper sur le prix réel de vente des bestiaux.

Ces précautions seraient encore insuffisantes, si une jurisprudence prévoyante ne lui prêtait son secours. Un métayer infidèle pourrait en effet vendre en un jour tous les bestiaux qui garnissent la ferme et disparaître en en gardant le prix. Dans les régions où ce danger est devenu

impôts sont aussi à la charge du colon ; quant aux réparations le métayer les effectue à son compte et une clause du bail stipule souvent l'obligation pour lui d'apporter à pied d'œuvre les matériaux nécessaires aux constructions nouvelles que le propriétaire voudrait édifier.

réel par la malhonnêteté de quelques métayers, l'usage exige que l'acheteur d'une paire de vaches ou de bœufs verse au maître le prix de vente ; s'il néglige de le faire et que le métayer détourne l'argent, le juge de paix n'hésite jamais à le condamner à payer une seconde fois ; on considère qu'il a eu tort de s'acquitter entre les mains d'une personne qu'il savait n'être pas propriétaire unique de la chose vendue (1).

Pour certains produits, le contrôle du maître serait impossible ; comment par exemple connaître les revenus de la vacherie et de la basse-cour ; en pratique on évite les tracasseries et les contestations en convenant que ces produits appartiendront intégralement au métayer, moyennant une redevance fixe. Cette redevance est parfois en nature, comme dans une ferme des environs de Parthenay où le métayer donne au maître deux livres de beurre par semaine et par vache (2).

Dans les fermes où l'élevage des bestiaux est très restreint, le propriétaire qui ne veut pas s'astreindre à une

______

(1) Le maître, il est vrai, n'est pas non plus le propriétaire unique du bétail vendu et il n'a pas plus de droits que le colon ; seulement il est normalement plus solvable, sa qualité de propriétaire foncier lui donne « plus de surface ».

Cette jurisprudence serait elle-même inefficace si elle n'était soutenue à son tour par une autre. En effet l'acheteur peut ignorer que son vendeur est colon et il est trop facile à celui-ci de ne pas le déclarer ou de le nier. La pratique résout encore cette difficulté ; en fait les métayers sont ordinairement connus de leurs acheteurs ; lorsqu'ils ne le sont pas, la première question qui leur est posée est celle-ci : « quel est ton maître », si le paysan répond : « je n'en ai pas, je suis mon maître », « c'est bon réplique l'autre, trouve moi trois personnes sur le marché qui attestent que tu es ton maître ». Cet usage rend les fraudes impossibles et les juges de paix obligent les acheteurs à s'y conformer.

(2) Ce droit pour le métayer de percevoir seul tous les produits de la basse-cour, de la vacherie et du jardin, s'appelle dans le Bocage « le tour du village ». Cette expression vient probablement du droit qu'elle confère au métayer de vendre ces produits aux habitants du village voisin.

surveillance improductive transforme aussi parfois en une redevance fixe en argent son droit au partage des animaux ; nous avons observé cette pratique dans une ferme des environs de Redon.

Telles sont les règles les plus ordinaires pour la culture du sol et le partage des fruits ; mais il ne faut pas oublier que les variétés du métayage sont innombrables et que notamment telle partie pourra supporter une part plus grande des frais de culture ou avoir droit à une part moindre des fruits, lorsque son apport sera considéré comme moins important.

Ainsi, en Vendée, nous avons visité un domaine de 170 hectares qui est loué moyennant une somme fixe à un fermier qui le fait valoir par métayers. « Le grand fermier » fournit tout le bétail (bœufs, moutons, chevaux) et tout le matériel agricole, et le colon n'apporte que son travail : aussi celui-ci ne touche-t-il que le quart des récoltes et des produits des animaux ; il partage par moitié les revenus de la porcherie et de la basse-cour et il garde pour lui seul la totalité des revenus de la laiterie, de sorte que, dans une même ferme, on trouve simultanément usitées trois méthodes de répartition.

Il faudrait aussi se garder d'établir une ligne séparative bien tranchée entre le métayage et le fermage, car, sans parler de la similitude que peuvent présenter dans certaines circonstances, les effets économiques sociaux de l'un et de l'autre, ces deux systèmes se trouvent souvent réunis et l'exploitant est un métayer pour certains produits et un fermier pour d'autres. Suivant les circonstances, l'une ou l'autre qualité dominera ; ainsi dans la vallée du Rhône, les fermes sont le plus souvent louées « à prix fait » et l'on stipule le partage par moitié des fruits des arbres,

La raison d'un métayage restreint uniquement à un produit spécial, est l'aléa de la récolte des fruits. Le propriétaire craint d'aliéner pour une trop faible redevance le droit à cette récolte et le fermier redoute de payer trop cher (1).

La variabilité extrême du rendement semble aussi être une des principales causes qui font adopter le métayage en Italie pour la culture de l'olivier et en Suisse, en Italie et en Asie Mineure pour la culture du raisin. Il est curieux, à ce propos, de constater que, dans la vallée du Rhône, les vignes sont souvent exploitées à moitié (2), tandis que tous les viticulteurs du Sud-Ouest et notamment de la Gironde, se déclarent résolument hostiles à ce mode d'exploitation.

Lorsque la variabilité du produit est excessive, elle peut éloigner du métayage et contribuer au maintien du salariat. Ainsi M. Bœhmert atteste qu'en Suisse les vignerons peu aisés refusent de se soumettre aux fluctuations d'une culture si aléatoire et ils préfèrent un salaire fixe. Il paraît en effet, qu'en raison du climat, l'aléa est, dans ce pays, plus grand qu'en aucun autre et tel vigneron du Vaud et du Valais qui gagne en une année 1.000 et 1.250 francs par hectare, peut, l'année suivante, ne pas récolter un grain de raisin ; aussi, ces vignerons préfèrent-ils un salaire fixe et en cela leur choix est bien tel qu'on doit

(1) On veut ainsi encourager le propriétaire à planter de nouveaux arbres, en lui donnant l'assurance de recevoir une rétribution proportionnelle à la dépense encourue.

(2) Le vigneron prend la moitié, s'il fournit l'engrais, sinon il en prend que le tiers.

« Il est impossible, nous disait un viticulteur de Bordeaux, d'exploiter la vigne autrement que par le faire-valoir direct, car le fermier et le métayer auraient intérêt à forcer nos vignes et à leur faire produire beaucoup en peu d'années ; comme il est facile d'obtenir ce résultat au moyen d'une taille appropriée, nos vignes seraient bien vite épuisées. »

l'attendre de ces montagnards, c'est-à-dire d'hommes appartenant à un type social dans lequel l'individu doué d'une grande puissance de travail et d'épargne, n'a pas le tempérament ni l'allure nécessaires pour affronter les risques d'une entreprise très aléatoire.

Le métayage peut donc, lorsque le milieu social est favorable, s'étendre aux cultures les plus diverses (1) et il peut aussi, détail plus curieux, se greffer à volonté soit sur un fermage, comme dans cette grande exploitation vendéenne dont il a été parlé plus haut, soit sur un autre métayage. Dans le Marais, la fève en féverolle se sème au mois de février, époque à laquelle les terres argileuses de cette région ne se peuvent cultiver qu'à la bêche ; ce travail, qui ressemble à du jardinage, rappelle la culture chinoise. Dans certaines métairies, on engage un ouvrier qui exécute cette tâche et fournit la semence et qui, en guise de salaire, reçoit la moitié de la récolte future ; l'autre moitié se partage entre le métayer et le propriétaire (2).

(1) En Vendée, les exemples de « bail à cheptel à moitié » sont très nombreux ; on loue des vaches pour lesquelles le preneur donne au maître 10 à 20 francs par vache et la moitié du veau à huit ou à quinze jours. Il se loue aussi des brebis par bail à cheptel : ce serait, nous dit un agriculteur, métier d'usurier, si d'ordinaire ce n'était un mode de placement pour les domestiques économes. Enfin, on voit encore quelquefois des personnes traire pendant l'été des vaches à moitié prix, à condition que le preneur participera pour moitié dans la nourriture de l'animal.

(2) Il faut se garder de confondre ces manières de procéder avec d'autres similaires qui ne sont en réalité que l'application du salaire à la tâche : ainsi la moisson est souvent faite au 10e ou au 11e, la fauchaison des foins se fait au sixième si le faucheur doit, en outre, faner et mettre en meulons ; malgré l'introduction des râteaux à cheval on trouve encore des métayers et des propriétaires qui fauchent eux-mêmes leurs foins et donnent au 13e le fanage et la mise en meulons. Dans tous ces cas, la rémunération de l'employé n'est pas aléatoire et elle est proportionnelle

§ 3. — Conditions morales requises.

Il ne suffit pas d'indiquer les clauses ordinaires du contrat de métayage et de connaître son fonctionnement extérieur, matériel en quelque sorte ; il faut aussi apprécier ses avantages ou ses inconvénients économiques et sociaux et porter un jugement sur cette institution.

Éliminons de suite un cas de métayage qui devient de plus en plus rare. Au XVIIe et au XVIIIe siècles, les grands propriétaires, **désireux de se soustraire** aux soucis d'une exploitation directe et ne pouvant, dans certaines contrées pauvres, trouver des fermiers disposant de capitaux suffisants, choisissaient un régisseur, un sous-intendant qui surveillait la culture des terres : souvent au bout de quelques années ce régisseur, qui connaissait bien le rendement moyen du domaine, proposait à son maître de prendre l'exploitation à forfait de tout le domaine moyennant un loyer fixe en argent, et ce gros fermier faisait cultiver par des métayers, à qui il fournissait toute la garniture nécessaire. Ce système, qui dans les deux premiers tiers de ce siècle était encore fréquent dans la Gâtine, est devenu exceptionnel ; et des propriétaires fonciers très riches ou adonnés à la politique sont aujourd'hui les seuls qui en fassent usage.

Ses inconvénients sont multiples : la présence d'un intermédiaire inutile grève d'un poids mort la production agricole, et le propriétaire reçoit moins, bien que le métayer donne davantage. Les « petits employeurs » dont la seule chance de gain consiste dans l'habileté avec laquelle

au travail accompli : il y a donc salaire à la tâche et en nature et non pas partage des fruits.

ils tireront d'un ouvrier la plus grande somme de travail pour le salaire le plus bas, sont trop souvent « la peste de la classe ouvrière » et parfois le grand fermier trouvera naturel d'exercer une surveillance tracassière. La situation sera meilleure, si, par hasard, le grand propriétaire est assez riche pour se contenter d'un loyer très bas ; alors le grand fermier pourra se trouver satisfait de la part normale de bénéfices qui lui est dévolue (1), le propriétaire supportant seul en définitive le contre-coup d'une mauvaise organisation économique. Mais en principe cette pratique est funeste et doit être condamnée ; il importait donc de mettre de côté ce cas spécial.

Lorsqu'on demande à un propriétaire qui pratique le métayage quelles raisons l'ont déterminé à recourir à ce mode d'exploitation de ses terres, on obtient d'ordinaire l'une ou l'autre de ces deux réponses : « je pratique le métayage parce que j'y trouve avantage tant au point de vue du revenu qu'à celui du bon entretien de la terre » ; ou bien : « je pratique le métayage, parce que je ne puis faire autrement, faute de pouvoir trouver des fermiers ».

Si l'on adresse au contraire la même question à un propriétaire qui n'a que des fermiers, il répond en général ou « qu'il est bien plus tranquille ainsi » ou que « dans son pays il ne trouverait pas de paysans qui voulussent être métayers ».

Ces réponses nous indiquent que le contrat de métayage peut exister entre personnes animées de dispositions diffé-

(1) Tel est précisément le cas de cette ferme vendéenne de 170 hectares dont il a été parlé dans les pages qui précèdent : fermier et colon se trouvent bien du régime qu'ils ont adopté, puisque le bail, récemment échu, vient d'être renouvelé.

rentes : il n'est, en lui-même, qu'une forme extérieure sous laquelle se cachent des organismes très divers ; et ceux qui désirent porter sur lui un jugement exact doivent distinguer avec soin les différentes variétés de cette institution.

Il y a certainement, il faut le dire bien haut, un type de métayage qui ne mérite que la réprobation : il est le résultat d'une alliance entre deux dispositions également funestes : d'un côté un propriétaire, en général assez riche et presque toujours bienveillant, n'a pas l'énergie ou la capacité ou le loisir de s'occuper de la culture de ses terres ; il les afferme à un métayer, parce que « c'est la coutume dans le pays et que cela est plus juste ». Il est entendu que le propriétaire ne surveillera rien, ne dirigera rien et que le colon agira à peu près à sa guise. Ce système donne toujours des résultats déplorables et on peut être sûr que le paysan qui l'accepte, à moins qu'il ne soit malhonnête ou inintelligent, n'est pas de ceux qui comptent, par un labeur opiniâtre, obtenir un surcroît de produits ; autrement il eût préféré une location à prix fait. Ici le régime du métayage aboutit à *un louage à redevance variable en nature*, et il est le pire de tous les régimes, car il donne une prime à l'incurie et à la routine, en même temps qu'il impose une taxe sur la vigilance et l'activité dans le travail : en effet ce colon ne subira que la moitié des pertes dont sa mauvaise exploitation sera la cause et au contraire il ne recueillera que la moitié des gains que produirait un surcroît d'efforts. Ce louage à redevance variable en nature est inférieur au faire-valoir direct qui peut assurer une direction plus intelligente et au fermage qui excite l'intérêt personnel de l'exploitant (1).

(1) A l'époque où les économistes formulaient sur le métayage leurs

Une question se pose : dans quelle proportion convient-il de ranger dans cette première catégorie les différents exemples de métayage que l'on observe ? Quelle est la fréquence relative de ce type ? Nous croyons pouvoir répondre, d'après nos observations personnelles, que ce type est rare et qu'il constitue une exception. Voici pourquoi : il y a, il est vrai, un grand nombre de propriétaires fonciers qui ne seraient guère capables de s'occuper de l'exploitation de leurs terres, mais, ils préfèrent généralement les louer à prix fait ; d'autre part, l'influence des bonnes relations traditionnelles qui unissaient autrefois les propriétaires ruraux aux familles des paysans voisins va sans cesse diminuant ; de plus en plus on préfère, dans tous les milieux, donner aux relations économiques et juridiques une forme contractuelle précise. Aussi, les cas, autrefois si nombreux, de métayage, que la tradition ou un sentiment patriarcal suffisait à maintenir, deviennent rares ; leur nombre est peu important relativement au nombre total des métairies, et la dépression agricole, en obligeant beaucoup de propriétaires appauvris à se montrer plus soucieux de la rentrée de leurs revenus, a contribué à le diminuer encore.

À côté de ce métayage, qui est en réalité *un louage à redevance variable* et par suite un type inférieur de louage, il existe une autre variété de métayage qui est une association, une *société* (1) et dans laquelle nous avons vu

jugements les plus sévères (1840-1870), cette variété de métayage était beaucoup plus fréquente qu'aujourd'hui : c'était le temps d'une grande prospérité agricole et le malheur n'avait pas aiguillonné l'intelligence des uns et les efforts laborieux des autres.

(1) Ces lignes nous donnent la raison de cette querelle, vieille de plus de vingt siècles, qui divise les jurisconsultes : les uns considèrent le métayage comme une variété de louage, d'autres le rapprochent de la société. Les uns et les autres ont raison, mais dans des hypothèses diverses.

deux hommes mettre en commun leurs facultés de travail musculaire et intellectuel et arriver par ce moyen à d'excellents résultats. De cette seconde variété de métayage dont nous avons rencontré beaucoup d'exemples on n'a qu'à se féliciter et on doit espérer qu'elle sera dans l'avenir mieux appréciée qu'elle ne l'a été dans le passé.

Quelle est donc la différence qui la sépare de l'autre? Elle n'est pas dans la forme extérieure, car les conditions et les clauses du contrat sont les mêmes, elle réside dans les qualités spéciales du colon, et surtout du maître. En étudiant ces qualités nous apprendrons à connaître les conditions préalables à l'établissement du bon métayage.

Nous avons d'abord remarqué, dans ces cas de métayage prospère, une disposition sérieuse et précise du maître à s'occuper de l'exploitation de son fonds ; or cette condition fait très souvent défaut et nous connaissons un grand nombre de propriétaires fonciers qui ne peuvent se faire à l'idée qu'ils ont à s'occuper d'agriculture. Être obligé de se renseigner du prix des bœufs et des cours des grains leur paraît une tâche fastidieuse et insupportable ; à leurs yeux leur qualité de propriétaire ne leur confère d'autre droit que celui de réclamer périodiquement une somme fixe, ni d'autre obligation que celle de ne pas exiger un fermage trop élevé et d'accorder des délais et même des remises partielles dans les mauvaises années. Certains propriétaires acceptent de leurs nouveaux locataires, *quand ils en trouvent*, des réductions de loyer vraiment extraordinaires et d'autres s'en vont chercher au loin des fermiers, les uns et les autres sont prêts à tout supporter, pourvu qu'ils ne soient point obligés de s'occuper de l'exploitation de leur ferme.

Nous avons entendu quelquefois des propriétaires manifester le désir de remplacer leurs fermiers par des colons partiaires travaillant sous leur direction ; ils reconnaissaient les avantages de ce mode d'exploitation, mais ils se proclamaient en même temps incapables de remplir cette nouvelle tâche.

Sans suspecter la bonne foi de ceux qui expriment ce regret, il nous sera pourtant permis de dire que ce qui manque en réalité à ces hommes, c'est moins la connaissance des choses agricoles, que la volonté bien arrêtée de consacrer à la culture de leurs terres leur intelligence et leur activité. Même après les progrès considérables réalisés depuis cinquante années dans l'art du cultivateur, l'exploitation du sol est encore un travail relativement simple. On y peut, par de petites expériences, faire son apprentissage à peu de frais et la situation de l'agriculteur novice est singulièrement moins difficile que celle du commerçant et de l'industriel qui exposent souvent de gros capitaux et ont à deviner les secrets soigneusement gardés de leurs concurrents. En agriculture, plus qu'ailleurs, l'ignorance peut être corrigée, surtout par des hommes qui ont de longs loisirs : ici encore on peut invoquer l'expérience d'un grand nombre de propriétaires, autrefois très peu versés dans l'art agricole, et qui sont devenus aujourd'hui d'excellents agriculteurs.

Plus sérieuse est la difficulté que peut présenter, pour certains propriétaires fonciers, l'apport du capital nécessaire à l'achat du cheptel mort et vif qui doit garnir la ferme ; et la pauvreté d'un grand nombre de métayers incapables de fournir leur moitié de ce cheptel accroît encore cette difficulté. On estime dans la Gatine que la garniture d'une ferme équivaut à peu près à cinq fois le montant du fermage annuel. On voit que pour certains propriétaires fonciers l'adoption du métayage exigerait une mise importante de capitaux.

Il est impossible de contester la réalité de cet obstacle, les propriétaires fonciers ont été loin de s'enrichir en France depuis vingt années et u n grand nombre d'entre eux ne possèdent que peu de capitaux mobiliers ou même n'en possèdent point.

A ceux-là on ne peut donner aucun conseil et il faut seulement leur souhaiter, sans leur en donner la certitude, de trouver toujours des fermiers solvables. A côté de cette catégorie de propriétaires, combien d'autres pourraient disposer de capitaux nécessaires et redoutent de les affecter à l'exploitation de leurs terres ; ils préfèrent les titres de rentes sur l'Etat, ou les obligations de chemin de fer jusqu'au jour où ils se laissent séduire par les mines d'or. La baisse du taux de l'intérêt pourra contribuer à rendre plus entreprenants, dans le sens sérieux du mot, ces capitalistes timorés, et par là elle pourrait concourir au relèvement de notre agriculture.

S'il faut au propriétaire des capitaux et une volonté constante de s'occuper de l'exploitation de sa terre, le paysan doit aussi réunir certaines qualités. De toutes ces qualités, aucune n'est plus nécessaire qu'une disposition bienveillante de la part du paysan à accepter l'intervention d'une tierce personne, disons le mot, d'un supérieur dans la direction de son travail. En notre temps d'égalité démocratique et d'indépendance, cette objection est certainement un obstacle sérieux au développement du métayage et si, dans certaines contrées, les paysans acceptent sans réserve l'ingérance de « Notre Maître », cette immixtion serait choquante pour beaucoup d'autres et le mot seul sonnerait mal à leurs oreilles. Cette difficulté est d'autant plus délicate que l'employeur n'est pas seulement ici un directeur du travail, il est aussi un contrôleur des produits, il surveille les mouvements de caisse et dans ce rôle, bien plus encore que dans l'autre, il risque de blesser la susceptibilité de son collaborateur.

Cet obstacle n'est pas insurmontable et si l'ouvrier des villes a pu concilier son indépendance avec le régime du salariat, on ne voit pas pourquoi l'ouvrier agricole ne pourrait concilier la sienne avec un régime d'association. A côté de l'enfant qui obéit à une autorité dont il ne comprend pas les ordres, il y a place pour l'homme qui suit librement la direction d'un patron dont il apprécie les lumières et avec lequel il examine et il discute le plan à suivre.

De son côté, le propriétaire devra faire preuve de beaucoup de tact et éviter ce qui, dans son attitude ou dans son langage, pourrait froisser son métayer. Suivant la belle parole d'un panégyriste, « il dirigera et il inspirera toujours, il ne commandera jamais » et à plus forte raison le propriétaire devra-t-il dépouiller toute idée de prédominance d'une classe sur l'autre et s'inspirer plutôt du sentiment d'égalité qui doit unir deux associés : et de fait nous avons constaté que les propriétaires qui avaient les meilleurs métayers et qui obtenaient d'eux la plus grande somme de travail et de soin étaient ceux qui s'inspiraient plus de ces idées.

Telles sont les conditions générales auxquelles est soumise l'adoption du métayage et moyennant lesquelles ce régime de culture peut donner et donne effectivement d'excellents résultats. Il ne faut pas craindre en effet de dire que ses résultats peuvent être excellents et nous ne parlons pas ici d'une possibilité théorique mais de réalités tangibles que nous avons constatées.

Dans bien des cas l'exploitation à moitié fruits est le seul moyen d'assurer à la terre trois éléments précieux : des capitaux, une direction intelligente, une main-d'œuvre économique et vigilante.

Les transformations des méthodes, la nécessité de se livrer à des cultures différentes et de faire usage d'un outillage plus coûteux, exigent de nos jours des capitaux plus considérables et par une coïncidence fâcheuse, cette exigence s'adresse précisément à des paysans appauvris par la dépression agricole. En outre dans bien des cas l'ouvrier agricole n'a pas les connaissances techniques suffisantes pour discerner et obtenir le produit le plus avantageux : trop souvent enlisé dans la routine, il s'attache à des procédés surannés et ne connaît les méthodes ou les cultures nouvelles qu'à l'époque où elles cessent d'être productives.

De même qu'il faut se servir des remèdes pendant qu'ils guérissent, de même il faut se hâter de produire certaines denrées pendant qu'elles sont lucratives et sur tous ces points le concours d'un patron éclairé est singulièrement précieux. Ici comme ailleurs certains hommes se plaisent à dénigrer la fonction du patron et à insister sur son inutilité ; les faits leur donnent un démenti et lorsque cette action directrice fait défaut, les efforts des travailleurs manuels deviennent trop souvent stériles (1).

Il n'est pas rare qu'un fermier ruiné fasse un excellent métayer et prospère dans cette qualité nouvelle. Il y a huit ans, M. H..., fatigué de ne plus trouver de fermiers

(1) Cette remarque explique aussi comment la négligence du « maître » fait du métayage la méthode de culture la plus mauvaise ; le colon qui se montrerait très laborieux et très vigilant aurait fait un marché de dupe et dès lors une telle combinaison ne peut séduire qu'un cultivateur apathique et négligent.

solvables, installa dans sa ferme un métayer; voici les résultats obtenus depuis cette époque: le colon qui n'avait aucun capital a remboursé à son « maître » les avances que celui-ci lui avait faites pour sa moitié de la garniture de la ferme. M. H... touche un revenu double de celui qu'il eût *dû* toucher comme prix de fermage — en fait il ne pouvait se faire payer régulièrement; — sa terre, sur laquelle on élève beaucoup de bestiaux, est plus fertile et mieux cultivée. On pourrait citer beaucoup d'autres exemples. Ajoutons d'ailleurs que cette direction du propriétaire sera d'autant plus salutaire que l'esprit pratique du métayer sera là pour en exclure les conceptions trop théoriques et rappeler au patron qu'il ne s'agit pas seulement de produire mais de produire dans des conditions rémunératrices.

Par les capitaux et la bonne direction qu'il est capable d'assurer, le métayage peut être supérieur au fermage; il l'emporte aussi sur l'exploitation directe par le bas prix et la qualité de sa main-d'œuvre. Quel est donc, parmi les adversaires les plus résolus de l'absentéisme et de l'oisiveté des propriétaires fonciers, celui qui, au milieu de ses plus belles homélies sur la fonction économique des détenteurs du sol, ne s'est pas trouvé embarrassé, lorsque son interlocuteur lui répondait avec flegme: « Vous avez raison, mais tout cela est bien difficile! Ainsi, mon voisin M. D... avait également un fermier qui ne le payait pas; il s'est mis à exploiter lui-même ses terres; voilà quatre ans que cela dure et chaque année il mange de l'argent; il ne peut même pas joindre les deux bouts et jamais il ne retrouvera les capitaux qu'il a enfouis au début dans ses installations nouvelles. » Cette objection est fondée.

L'échec des propriétaires qui ont voulu pratiquer le

faire-valoir direct tient à deux causes : d'une part, ils ont trop souvent donné dans leur organisation une place excessive à la théorie et ils ont péché par un surcroît d'installation, de plans, de combinaisons, etc. ; d'autre part, leurs domestiques de ferme exigent un salaire trop élevé et le travail de ces auxiliaires est trop mou et trop négligent. Nous venons de voir que le métayage peut préserver du premier danger ; il peut aussi faire éviter le second (1).

Les travaux agricoles diffèrent en effet des autres par la variété des tâches qu'une même personne doit successivement accomplir dans une année ; charrier des fumiers à des distances constamment variables, donner pour chaque espèce de culture les façons qui lui sont propres, soigner les bestiaux comme il convient, tous ces travaux se prêtent difficilement à l'évaluation précise du temps nécessaire pour les exécuter et d'autre part, la manière de les accomplir peut varier dans de telles proportions que cette évaluation, fût-elle possible, serait nécessairement vaine (2). Il est donc nécessaire d'intéresser le travailleur manuel au résultat de l'entreprise patronale et rien ne peut remplacer cet aiguillon. Le métayage, par l'intérêt personnel qu'il donne au paysan dans le résultat de son travail doit donc être recommandé et nous sommes persuadé

(1) « Lorsqu'on a une certaine situation et qu'on désire entretenir quelques relations de voisinage, il est impossible, nous dit M. de C... de se lever à quatre heures du matin et d'être toute la journée à surveiller ses domestiques soi-même ; et pourtant, si on ne veut pas le faire, mieux vaudrait s'abstenir de faire valoir ; seul le métayage nous permet de nous occuper utilement de nos terres, en nous déchargeant des rapports directs avec le journalier. »

(2) Il suffit d'observer ces travaux et de visiter ensuite un atelier mécanique où l'on fabrique par exemple chaque semaine dix mille paires de chaussures pour se rendre compte de cette double différence, *qui est essentielle.*

que certaines régions (1) où il est inconnu et où les fermiers riches en capitaux et en savoir technique deviennent chaque jour plus rares auraient avantage à en faire l'essai. Il s'adapte aisément à toutes les variétés de culture et un professeur de l'Institut agronomique de Paris nous disait qu'il réussissait spécialement dans les fermes d'élevage et d'engraissement de bestiaux, car le soin des animaux exige une régularité et une propreté spéciales.

La différence même des milieux sociaux ne doit pas être considérée comme un obstacle à l'adoption du métayage et le sentiment de l'égalité et du respect de l'indépendance de l'individu engendrerait, en Normandie par exemple, la même harmonie que des mœurs plus patriarcales maintiennent entre les maîtres et les colons du Bocage. On constate d'ailleurs que le métayage est une méthode de culture singulièrement souple et ce régime oscille à volonté entre les deux pôles extrêmes du fermage à redevance variable en nature et le faire-valoir direct (2).

(1) Nous visons surtout ici la Normandie que nous connaissons spécialement. Pour que cet avantage d'une main-d'œuvre plus économique et plus soigneuse apparaisse tout entier, il est nécessaire que la métairie soit de modeste étendue, car le métayer, travaillant lui-même, ne peut surveiller utilement plusieurs domestiques ; dans les fermes d'élevage, la superficie des métairies dépasse rarement 50 hectares, et 30 hectares sont jugés suffisants pour les fermes où l'on cultive les céréales. D'ailleurs, la superficie d'une métairie pourra varier suivant le nombre des membres de la famille du colon et nous rencontrons incidemment un des effets curieux du métayage, à savoir la prime qu'il donne aux familles nombreuses. Puisque l'exécution de tous les travaux manuels concerne le métayer et doit se faire à sa charge, celui-ci a grand avantage à avoir des enfants qui l'aident. Dans le Bocage, le colon considère qu'il fait une excellente affaire en ayant beaucoup d'enfants, puisqu'il se procure du travail à bas prix et d'un rendement supérieur ; et ceux qui connaissent cette région savent que *la population du Bocage augmente considérablement, tandis qu'elle diminue dans la Gatine, pays de petite propriété où les familles n'ont qu'un enfant ou même n'en ont pas.*

(2) Ainsi, dans le Maine, M. de C. a plusieurs métairies qu'il visite tous

Il y a place pour les combinaisons les plus diverses et l'intervention du patron peut être dosée comme il convient.

Tels sont les avantages que retirent de l'exploitation à mi-fruits certains départements de la France, tels sont aussi ceux que pourraient en retirer d'autres régions.

Il est certain que les revenus de la terre ont beaucoup moins baissé dans les contrées pauvres comme la Bretagne et la Vendée, que dans les provinces riches comme la Normandie (1) et l'Ile-de-France, et la pratique du métayage peut être considérée comme l'une des causes de cette supériorité. « Il arrive souvent dans les riches pays de fermage que les propriétaires ne trouvent à louer leurs terres qu'à raison de 2 0/0 de la valeur vénale de ces biens fonds, tandis que certaines métairies dans des contrées arriérées

les quatre ou cinq ans ! un homme d'affaires s'en occupe et « cela marche assez bien » ; à l'inverse M. R. dans la Charente est un agriculteur de première capacité et il exploite par métayers quinze fermes de cinquante hectares chacune, dont il est propriétaire. Chaque semaine, il passe trois jours dans les marchés et emploie les trois autres à inspecter ses fermes de telle manière qu'en une journée d'inspection il en visite la moitié ; il fait lui-même toutes les ventes et les achats, et ses métayers ne manient aucune somme d'argent ; aussi bien n'accepte-t-il que des colons qui lui laissent la direction la plus large ; en vérité ses colons ne sont plus des associés, mais de simples journaliers intéressés au rendement. Voilà deux types extrêmes : le premier est dangereux et il donne parfois de modestes résultats, parfois de très mauvais.

Le second doit aussi rester exceptionnel, car si les capacités spéciales et le sens pratique d'un patron tel que M. R. peuvent préserver son associé du danger d'un régime aussi autocratique, souvent le paysan, qui se sent la capacité de devenir métayer, n'accepterait pas de se soumettre à une direction aussi méticuleuse, d'autant plus que sa rétribution personnelle subirait le contre-coup des fautes de son patron.

(1) On évalue d'ordinaire à 30 0/0 environ la baisse des revenus des propriétaires ruraux: ce taux est une moyenne et dans certains cas la baisse est beaucoup plus considérable: nous connaissons près de Dieppe une ferme louée, depuis 1894, 3600 francs: elle était louée auparavant 6000 fr. et il y a vingt ans 9000 francs. Dans le Pas-de-Calais une ferme louée, en 1869, 112 francs l'hectare en vint, après des baisses successives, à n'être plus louée en 1891 que 33 francs l'hectare.

rapportent 10 à 12 0/0 des capitaux qu'on leur confie.....
Ainsi, je connais beaucoup de terres dans l'ouest de la
France, que j'ai vues passer sous différents régimes, sous
l'exploitation directe des propriétaires, sous le fermage et
sous le métayage, et c'est toujours le métayage qui a donné
le revenu net le plus élevé (1) ».

Il y a quelque exagération dans la première de ces phrases d'un ancien directeur de l'école d'agriculture de Granjean, mais il est difficile de contester l'exactitude de la seconde.

Nous n'avons parlé jusqu'ici que des avantages économiques du métayage ; il conviendrait aussi de faire mention de ses avantages sociaux. Ce régime facilite singulièrement l'ascension des petits ouvriers agricoles qui sans lui seraient toujours restés dans leur condition et qui, grâce à lui, pourront s'élever d'abord à la propriété de quelques capitaux mobiliers (bestiaux, matériel agricole dont ils deviennent propriétaires par moitié), puis à la petite propriété foncière, en passant, s'ils le veulent, par la qualité intermédiaire de fermier. On constate en effet de la part des métayers enrichis une disposition très nette à remplacer ce mode de tenure par le bail à prix fait et ce résultat est tout à l'honneur du métayage dont il atteste la vertu éducatrice. Cette tendance est surtout manifeste dans le Bocage où les colons enrichis, s'apercevant que les propriétaires touchent au moyen du métayage un revenu sensiblement supérieur à celui que produirait une location à prix fait, cherchent le plus possible à devenir fermiers (2).

---

(1) M. Rieffel, *Manuel du propriétaire de métairie*, principalement dans les départements de l'Ouest, p. 26.
(2) Ceci démontre qu'il faut examiner avec soin les causes qui, dans une contrée déterminée, amènent le déclin du métayage.

Au contact d'un propriétaire éclairé, ils auront pu apprendre des méthodes de culture plus perfectionnées et il est légitime qu'ils désirent recueillir seuls le bénéfice d'un labeur plus intense.

Ces conclusions peuvent paraître trop favorables au métayage ; il faut d'ailleurs les compléter en observant que ce régime n'a pas en lui-même une vertu capable de produire de bons résultats en dehors du concours des gens qui l'adoptent et c'est pour cette raison que nous avons indiqué en détail les conditions de son bon fonctionnement. Il nous a paru que la dépression agricole de ces vingt années avait réveillé bien des énergies endormies et nous avons seulement signalé le résultat heureux dont nous avons été maintes fois témoin, au cours de notre enquête. Parfois aussi nous avons constaté des résultats fâcheux ; les uns et les autres s'unissent pour nous rappeler cette vérité essentielle, à savoir que les institutions ne valent que par les hommes qui s'en servent.

S'il fallait une nouvelle confirmation de cette vérité, un autre exemple, douloureux celui-là, nous le donnerait. Il y a en effet de par le monde d'autres métayers que ceux dont il a été parlé dans les pages précédentes ; ils portent aux Indes le nom de Ryot, dans l'Afrique septentrionale celui de Khammès, de Péon dans les États du Sud de l'Union américaine (1). Le gouvernement anglais essaye

(1) Le métayage normal se trouve aussi dans les États agricoles de l'ouest de l'Union américaine. Mais la terre est à si bas prix et l'installation si peu coûteuse que le métayer n'est souvent qu'un homme qui n'a *pas encore* assez d'argent pour acheter une ferme, et qui ne manquera pas de s'établir pour son propre compte, dès qu'il le pourra, ou bien un petit *farmer* voisin qui ne trouve pas dans l'exploitation de la ferme dont il est propriétaire une occupation suffisante et loue des terres du voisinage. Lors de notre séjour, il y a trois ans, dans le Minnesota et l'Iowa, nous n'avons jamais rencontré de métayage en dehors de l'une ou de l'autre de ces con-

vainement d'améliorer le sort du premier et notre établissement en Algérie et en Tunisie n'a pas mieux réussi à
l'égard du second. Le Khammès, serf de sa dette n'a droit
qu'au cinquième de la récolte qu'il a préparée, ensemen-
cée et moissonnée, il vit misérablement sous le gourbis
qu'il a construit et il est attaché au domaine de son créancier jusqu'à ce qu'il ait pu le rembourser. Aux Etats-Unis,
la situation des péons métayers du Sud (1) n'est pas meilleure en fait, bien que la législation ne reconnaisse pas le
servage de la dette.

Nous avons, dans un autre ouvrage (2), montré comment
la Guerre de sécession, guerre dévastatrice et épuisante
entre toutes (*devastating and exhausting war*), plongea
toute la population des Etats esclavagistes dans une universelle misère : nègres et blancs, esclaves et planteurs,
également dénués de toutes ressources. ne surent ni produire par leur travail, ni économiser sur leurs gains.
Obligés d'emprunter au début, ils laissèrent leurs dettes

ditions. La quasi-universalité des farmers des Etats de l'ouest sont propriétaires des champs qu'ils cultivent. — Il y a aussi aux Etats-Unis un
exemple connu de métayage exceptionnel, la Dabrymple Farm, d'une con-
tenance de 55.000 acres et exploitée par un grand *farmer* qui ne produit
que du blé et qui verse la moitié de la récolte à la Compagnie du Nor-
thern Pacific qui est propriétaire de la terre : comme la sécheresse rend
la culture très aléatoire dans le Dacotah, les parties ont préféré cette combinaison.

(1) Le mot péon désigne au Mexique le manouvrier agricole qu'emploient les propriétaires des *haciendas*, immenses exploitations qui s'étendent parfois sur plus de 20.000 hectares : la tienda, sorte de magasin établi sur la résidence domaniale, lui fournit à des prix exorbitants les pro-
visions et les effets d'habillement dont il peut avoir besoin et bientôt le
péon est chargé de dettes onéreuses qu'il ne pourra jamais acquitter. Sur
le sort des péons des Etats-Unis, Cf. dans les *Annales of the American of
Academy of the political and social science*, septembre 1893, un article in-
titulé *the Peons of the south*, par M. Georges K. Holmès.

(2) *Le Homestead ou l'insaisissabilité de la petite propriété foncière*, Paris,
Rousseau, 1895.

s'accroître sans cesse et ils tombèrent dans la complète dépendance du marchand (*general merchandiser*). Ces exploitants, qu'ils soient propriétaires — ceux-ci sont de moins en moins nombreux — fermiers ou métayers, partagent tous la même infortune, car chaque année le produit de leurs récoltes est absorbé et au delà par les intérêts de leurs dettes. Dès lors, il est sans intérêt d'indiquer la proportion des fruits qui est attribuée au métayer et les clauses du contrat (1) ; ce *farmer on share* n'est ni un associé, comme dans le métayage normal, ni même un locataire à redevance variable en nature, comme dans les cas où le maître faillit à sa mission directrice ; il est tombé au rang d'un emprunteur insolvable à qui son créancier ordonne de cultiver certains produits dont il sait devoir trouver un écoulement plus facile.

Ce débiteur, certain à l'avance de ne conserver aucune portion de la récolte, est d'ailleurs un pauvre cultivateur et on n'est qu'à moitié surpris d'apprendre, par le témoignage des auteurs américains, que, dans les plantations agricoles de l'Arkansas et du Tennessee les ouvriers s'opposent aux efforts qui tendraient à transformer en salariat ordinaire un système de participation dans les produits qui leur laisse plus d'indépendance, c'est-à-dire plus de latitude à l'incurie et à la paresse.

(1) Le partage se fait de manières différentes suivant la qualité du sol et la nature des cultures : ainsi dans la Caroline du Nord, le propriétaire récolte 1/2 du produit des terres basses et 1/3 de celui des terres hautes : la récolte de coton lui appartient souvent dans la proportion d'un cinquième, celle des céréales et herbages dans la proportion des deux tiers. Dans les plantations de riz, le métayer se charge seulement de l'irrigation des champs pour un tiers, il prend moitié s'il fournit les semences. Dans le Kentucky, le tabac se cultive à moitié fruits. Parfois dans les Etats du Sud baignés par l'Atlantique le bétail et les instruments sont fournis par une tierce personne, qui prend alors une part égale à celle du cultivateur et du propriétaire : chacun reçoit un tiers.

DEUXIÈME PARTIE

DEUXIÈME FORME DE L'ASSOCIATION DE L'OUVRIER AUX BÉNÉFICES DU PATRON.

LES PRIMES A LA PRODUCTION

La méthode du partage des produits établit une association équitable entre le capital et le travail, entre l'effort intellectuel du directeur et l'effort à la fois intellectuel et physique de l'ouvrier.

Mais un pareil système n'est susceptible que d'une application très restreinte et ni l'industrie ni le commerce ne s'en peuvent accommoder. Comment rémunérer au moyen d'une part dans le coton filé l'ouvrier de nos grandes filatures ou d'une part dans le prix des navires construits, l'ouvrier, le *shipbuilder*, des grands ateliers de la Clyde ou de Newcastle ?

Le travail de production devient ici trop complexe, les opérations de vente et d'achat, la conclusion des marchés, le choix de l'outillage le plus perfectionné et de l'emplacement le plus favorable ont une importance trop prédominante pour que l'ouvrier consente à n'attendre sa rémunération que du résultat des affaires ; il sait bien que si son travail peut accroître le produit, trop d'éléments étrangers peuvent annihiler ses efforts, et comme il n'a sur ces éléments aucune action directe, il réclame une rétribution soustraite à l'aléa : c'est le salaire.

On sait que le salaire revêt deux formes : tantôt il est fixé par rapport au temps écoulé ; c'est le salaire à la journée, *time-wage, zeitlohn,* tantôt il est fixé suivant le travail exécuté, quel que soit le temps employé, c'est le salaire à la tâche, *piece-wage, accordlohn.* Qu'il soit à la tâche ou à la journée, le salaire soulève nécessairement, dès le premier instant où il apparaît, une question délicate, celle du taux qu'il doit atteindre.

Une formule anglaise courante synthétise bien le problème à résoudre : « *a fair day's work for a fair day's wage* » : échanger le travail normal d'une journée contre le salaire normal d'une journée. Cette phrase qui peut être renversée montre que la question est double : d'une part, il faut que l'ouvrier reçoive du patron un salaire équivalent à la valeur du travail fourni et, d'autre part, il importe non moins que le patron obtienne de l'ouvrier un travail équivalent au salaire payé.

La loi de l'offre et de la demande est impuissante à assurer sans conflit cette équivalence ; si l'on tient à dire que le travail est une marchandise, du moins doit-on reconnaître que cette marchandise est d'une nature très spéciale, capable de penser, de souffrir si elle est vendue à trop bas prix, capable aussi de se plaindre et de s'organiser en vue de sa défense. Dans le contrat du travail, l'ouvrier est à la fois partie contractante et objet du contrat et cette circonstance établit à elle seule une différence profonde entre cette convention et les opérations ordinaires de vente et d'achat. Le double problème posé tout à l'heure reste donc tout entier. D'une part l'ouvrier prétend qu'il n'obtient pas une rémunération suffisante de son labeur et que, s'il est légitime que le patron réalise un profit, du moins le taux élevé de certains bénéfices démontre que la part du patron est trop forte et que par suite un salaire plus élevé *pourrait et devrait* être payé. Il importe peu que le salaire actuellement payé puisse paraître « honnête » (*fair*), l'ouvrier répond que seul est honnête le salaire qui ne laisse pas au patron des profits excessifs et que l'existence de très larges bénéfices atteste à elle seule que le salaire payé est déshonnête, *unfair*.

De son côté, dans le système actuel, le patron se plaint aussi de ne point obtenir en travail l'équivalent du salaire qu'il paie. Or le travail de l'ouvrier n'est point une marchandise ayant une valeur objective constante. La quantité et la qualité de la chose achetée par le patron varient dans des proportions étendues suivant le talent personnel et la volonté de l'ouvrier, et on a tous les jours des exemples d'ouvriers exécutant leur travail suivant le taux qu'ils estiment équivalent au salaire payé (1).

Un des moyens les plus pratiques de résoudre le double problème consiste dans l'allocation à l'ouvrier d'un salaire calqué le plus possible sur la quantité et la qualité du travail exécuté.

Sur ce terrain en effet les deux parties contractantes sont depuis longtemps prêtes à s'entendre. L'ouvrier est dis-

1) M. Festy, membre de la mission envoyée en Angleterre par le Musée Social, rapporte à ce sujet un fait caractéristique. En 1889, les *dockers* de Glasgow se mirent en grève, ils demandaient une augmentation de salaires de 0 fr. 10 par heure. Les employeurs embauchèrent pour les remplacer des journaliers agricoles, et se déclarèrent satisfaits de leur travail ; les *dockers*, s'avouant vaincus, cessèrent la grève mais ils eurent soin de travailler aussi mal que ceux qu'ils avaient remplacés : au bout de trois jours, les patrons leur proposaient spontanément une augmentation, leur demandant de travailler comme autrefois. C'est la politique du Cacanny ou du : « donnez-en à votre patron pour son argent ».

posé à donner un surcroît d'efforts et d'attention, s'il reçoi
en échange un supplément *proportionné* de salaire ; ras-
suré par cette disposition de l'ouvrier, le patron est de son
côté prêt à le faire participer aux bénéfices qui provien-
dront d'un travail plus actif et plus soigneux.

C'est l'origine du système des primes, qui a reçu de nos
jours une si large application. Ce système réalise une véritable participation aux bénéfices, *non pas à tous les bénéfices de l'entreprise, mais à ceux qui dérivent des aptitudes
spéciales de l'ouvrier.*

Nous allons étudier successivement les différentes variétés de primes. Celles-ci sont en effet très nombreuses,
comme le sont les différentes manifestations de l'activité
de l'ouvrier qui peuvent être utiles au patron. Tantôt ce
dernier recherchera surtout un surcroît de production,
tantôt, désireux de se créer une réputation, il se préoccu-
pera plutôt de la qualité ; parfois, l'économie des matières
premières lui paraîtra le moyen le plus sûr d'accroître ses
bénéfices, ou bien il jugera avantageux de stimuler l'initiative des ouvriers et de récompenser leurs inventions.
Dans toutes ces hypothèses, la prime est susceptible d'être
calculée exactement ; elle récompense un acte extérieur
de l'ouvrier et peut être mathématiquement proportionnée
au mérite.

Mais l'ingéniosité des patrons ne s'arrête pas là.

Parfois ils s'efforceront de saisir les éléments plus sub-
tils de leurs bénéfices ; la durée des services de l'ouvrier,
sa conduite, les qualités morales, qui ont leur répercussion
sur la bonne tenue de l'atelier et rendent la surveillance
moins nécessaire, seront tour à tour des titres à des primes
spéciales.

§ 1er. — Le salaire à la tâche (1)

Le salaire à la tâche est une véritable participation aux bénéfices. On connaît les conditions dans lesquelles il est introduit.

Un ouvrier qui est payé à la journée, fabrique en moyenne 10 objets ; il reçoit un salaire quotidien de 6 fr. Le patron vient lui proposer de substituer le salaire à la tâche au salaire à la journée ; et il lui offre de payer 50 centimes par objet fabriqué. L'ouvrier accepte, et au bout de quelque temps, il arrive à produire sans effort 14 objets : le patron réalise un bénéfice égal à la réduction de 16 0/0 dans le prix de revient ; et l'ouvrier y participe, puisqu'il gagne 7 francs au lieu de 6. Un meilleur agencement de la production a profité aux deux collaborateurs.

L'accroissement de production qui résulte de l'introduction du salaire aux pièces est tellement notoire, qu'il est inutile de citer de nombreux exemples. Un des plus curieux est celui rapporté par M. David Schloss qui, visitant une verrerie en pleine activité, fut surpris de voir deux fours éteints sur cinq : on lui dit que les ouvriers venaient d'être mis à leurs pièces.

Cette rémunération du travail a paru tellement avantageuse aux intéressés (2) qu'on a cherché à l'étendre le

(1) En passant successivement en revue les diverses primes, nous ne nous proposons pas de faire une étude détaillée de chacune d'elles, mais, ce qui est bien différent, de montrer en quoi elles constituent une association de l'employé aux bénéfices de l'employeur ; nous ne signalerons donc que les avantages ou les inconvénients qu'elles peuvent avoir à ce point de vue spécial.

(2) En fait, les syndicats ouvriers se sont souvent déclarés hostiles au salaire à la tâche. Ils lui reprochent de pousser au surmenage, de développer les sentiments individualistes de l'ouvrier, en affaiblissant les liens de la solidarité ouvrière.

plus possible, et elle marque la transformation la plus importante du salaire dans ces vingt dernières années.

Dès que l'expérience permet de calculer empiriquement le prix de chaque unité de travail, on s'empresse de mettre à ses pièces l'ouvrier jusque là rétribué à la journée, et des industries qui semblaient ne se pouvoir accommoder de ce mode de rétribution rentrent peu à peu dans le champ de son application. Ainsi dans l'industrie de la construction des machines, qui exige tant de précision et de soins, les progrès de la division du travail et la précision mathématique des machines ont permis l'abandon du salaire à la journée (1).

L'agriculture elle-même a trouvé dans cette méthode un moyen précieux de mieux proportionner la rémunération à l'effort (2), et le commerce la pratique dans une large mesure ; les commissions sur les ventes qui sont données aux commis-voyageurs et aux employés de magasins (*guelte*), qu'on a trop souvent confondues avec la participation aux bénéfices proprement dite, ne sont autre chose que le salaire à la tâche (3).

Au cours de notre enquête, nous avons rencontré un grand nombre de patrons qui estiment que le salaire aux

---

(1) Des formules calculées d'après la vitesse de l'outil, l'épaisseur et la longueur des pièces à alaiser et à fraiser déterminent le tarif applicable pour chaque petite pièce de la machine.

(2) Le salaire à la tâche est appliqué aujourd'hui à un grand nombre de travaux agricoles qui, il y a vingt ans, eussent semblé ne s'en pouvoir accommoder. Voir *infrà*.

(3) A l'inverse, tous les travaux ne se prêtent pas à la tarification du salaire aux pièces : tels sont les travaux purement intellectuels, ceux des employés aux écritures, des dessinateurs, des ingénieurs, ceux qui demandent un soin très spécial et pour lesquels la machine est peu employée, ceux où des circonstances extérieures modifient le rendement du travail (ainsi dans la photogravure, suivant les conditions atmosphériques, les épreuves sèchent plus ou moins rapidement).

pièces est la méthode de beaucoup la meilleure d'associer leurs ouvriers à leurs bénéfices.

« En effet, nous disait un industriel de Dusseldorff, cette méthode, honnêtement pratiquée, satisfait pleinement toutes les exigences de l'équité. D'abord, ne reçoit un supplément de salaire que l'ouvrier qui le mérite ; la rémunération est individuelle, proportionnée à l'effort de chacun, et je ne risque pas de donner à un ouvrier négligent ou paresseux une part des bénéfices que ses camarades auraient été seuls à produire. Enfin, à un autre point de vue encore, ce système résout le problème qui vous préoccupe ; l'ouvrier n'a pas à craindre qu'on ne calcule son salaire sur un bénéfice inférieur à celui qui résulte de son surcroît de zèle ; il sait que sa rétribution ne cessera pas de croître tant que le profit du patron continuera à s'élever. Or les ouvriers sont très défiants sur ce point ; s'ils sont prêts à travailler davantage, ils redoutent toujours que la rémunération supplémentaire qui leur est offerte, ne soit un stratagème pour obtenir la valeur de deux heures de travail en plus et n'en payer qu'une. »

L'association de l'ouvrier aux profits qui dérivent de son travail plus actif, peut paraître à certains employeurs l'association idéale ; elle ne l'est pas aux yeux des ouvriers qui réclament aussi leur part des bénéfices qui ont une origine différente. Les conditions économiques du marché viennent-elles à s'améliorer, ou la découverte d'une machine nouvelle permet-elle de diminuer le coût de production, les ouvriers estiment que cette bonne fortune doit profiter aux deux parties ; le salaire aux pièces ne fournissant pas en lui-même un moyen de répartir ce gain entre les deux collaborateurs, un conflit s'élève entre eux au sujet de la hausse du tarif (1).

(1) En cas d'introduction d'une machine nouvelle, les ouvriers obtien-

On peut encore adresser d'autres reproches, à ce mode de rémunération qui, dans certains cas, loin de réaliser l'association de l'ouvrier aux bénéfices du patron, peut dégénérer en un régime odieux d'exploitation des forces physiques et intellectuelles d'un homme (1).

dront souvent sans conflit la hausse du tarif sollicitée. En effet 1° le gain du patron est en général trop évident et trop tangible pour qu'il puisse aisément se l'approprier tout entier ; 2° l'employeur a besoin de se concilier la bonne volonté de ses ouvriers, afin qu'ils ne se refusent pas à tirer de la machine nouvelle tout le rendement dont elle est susceptible ; 3° il a intérêt à empêcher les ouvriers qui demeurent dans ses ateliers de faire cause commune avec ceux dont l'outil nouveau a rendu transitoirement les services inutiles. Nous disons transitoirement, car au bout de quelque temps, la baisse du prix de revient développera la consommation, et l'on pourra employer de nouveau les ouvriers renvoyés ; mais pendant un délai plus ou moins long, la découverte d'une machine perfectionnée a pour effet de « mettre à pied » un certain nombre d'ouvriers, et on a parfois le tort de nier cet effet qui a été maintes fois constaté. Ces diverses circonstances conduisent presque toujours le patron à hausser le tarif dans cette hypothèse. Un des exemples les plus frappants que nous connaissions est celui que fournit la découverte du linotype, machine à composer, qui rend inutile le travail à la main du prote. (En France, le syndicat des imprimeurs a réussi jusqu'ici à interdire l'adoption de ce merveilleux outil. Aux États-Unis, il n'en a pas été de même et nous visitions à Chicago en 1893 une imprimerie qui venait de l'introduire : sur trois protes, deux avaient été renvoyés et celui qui avait été maintenu à son poste avait bénéficié d'une hausse de salaire de 35 0/0. Les ouvriers souffleurs de verre sont à la veille d'une crise du même genre, par suite de la découverte d'une machine à fabriquer les bouteilles.

(1) Aux mains de certains patrons, le salaire à la tâche peut certainement devenir un instrument de *sweating*. On a vu des industriels promettre secrètement une gratification à des ouvriers d'élite et établir le tarif en raison de la production obtenue dans des conditions aussi anormales. On a vu surtout des patrons qui, étonnés de constater que leurs ouvriers « se faisaient de trop bonnes journées » ont baissé les tarifs, alors que ces ouvriers, se fiant à la convention et aiguillonnés par le désir du gain, avaient eu l'imprudence de donner toute la somme de travail dont ils étaient capables. Dans les deux cas, on aboutit au salaire de la faim, au *starving wage*.

Lorsque les travailleurs manuels sont désorganisés et impuissants, on peut d'autant plus craindre cette baisse des tarifs qu'elle constitue, semble-t-il, le moyen le plus sûr d'accroître la production ; l'aiguillon de la

Heureusement on constate que ces abus ne sont possibles que dans les milieux désorganisés où le travailleur, *isolé et dénué d'épargne*, est livré sans défense à la cupidité de certains patrons, et, ce qui est beaucoup plus à craindre, — car les patrons cupides sont bien moins nombreux qu'on ne le dit — à l'action d'une concurrence effrénée toujours à la recherche d'une nouvelle baisse du prix de revient. Mais l'association syndicale, *au service d'ouvriers prévoyants et sages*, peut apporter un remède efficace à ces excès et résister à une baisse abusive des tarifs. En présence de cette organisation de leurs ouvriers, les patrons reconnaîtront bien vite qu'il est de leur intérêt bien entendu de ne pas abaisser un tarif sous le fallacieux prétexte qu'il permet à leurs ouvriers de gagner des salaires trop élevés. M. Freese, fabricant de jalousies à Berlin, nous disait qu'il considérait comme une des principales causes de la prospérité de sa maison la longue durée (deux ans) pendant laquelle les tarifs restent invariablement fixés. Les ouvriers ne craignent plus alors de donner toute la somme d'efforts dont ils sont capables, « de se livrer tout entiers » (1).

Chose curieuse, on a adressé au salaire aux pièces un reproche inverse et on lui a presque fait grief de permet-

faim est pour beaucoup d'hommes plus puissant que le désir du gain.

M. Schapengel Thein, ancien directeur des mines à Liége, affirmait que, dans son bassin, la baisse des salaires était régulièrement suivie d'une augmentation de production et on a vu un ministre du commerce prussien recommander énergiquement, dans une circulaire adressée le 26 mars 1875 aux directeurs des mines de l'Etat, la réduction des tarifs comme un excellent stimulant au travail.

(1) Lorsqu'ils n'ont pas cette garantie, on voit parfois le salaire aux pièces amener une réduction de la production ; et un directeur d'un atelier de construction des machines à Saint-Etienne M. Biétrix nous rapportait que ses ouvriers mécaniciens ralentissaient instinctivement leur travail, dès qu'on les mettait à la tâche.

tre à l'ouvrier de gagner trop d'argent. L'appât du gain peut conduire à un surmenage non moins funeste que celui dont un tarif avili serait la cause (1). Ici l'expérience répond que les ouvriers parvenus à un niveau social supérieur et appréciant mieux ce que les Anglais appellent la dignité de l'humanité (*the dignity of mankind*) savent se défendre contre la tentation de salaires élevés acquis au prix de leur santé morale ou physique. La réduction des heures de travail, accompagnée d'un *emploi judicieux des heures de loisir*, modère les fatigues que pourrait entraîner un travail trop intense.

Ces inconvénients, pour réels qu'ils soient, ne sont donc pas irrémédiables et l'homme plus que l'institution en est responsable.

En définitive, il convient de faire l'éloge de ce premier moyen d'associer l'ouvrier aux bénéfices de son patron ; comme il est individuel et proportionné, il est relativement facile de le rendre équitable ; et les bons ouvriers, n'étant plus victimes d'une solidarité abusive avec les mauvais, ont obtenu, grâce à lui, une hausse notable de salaires, qui sans lui eût été impossible.

(1) Cet inconvénient serait d'autant plus grave, au dire des syndicats, qu'il existe sur le marché une quantité déterminée de travail à effectuer, et dès lors il faut sous peine de multiplier les sans-travail, les *unemployed*, répartir cette quantité entre un nombre d'ouvriers le plus grand possible. Cette erreur, si fortement ancrée dans les esprits des ouvriers, est issue directement de la vieille théorie du fonds des salaires. Il est vraiment bizarre d'entendre des ouvriers se plaindre de l'élévation excessive de leurs salaires et on peut dire ici ce qu'un *leader* ouvrier nous disait des heures supplémentaires payées 25 ou 50 0/0 au-dessus du taux normal : « il y a de ces choses que les ouvriers condamnent, dès qu'ils sont en groupes, et qu'ils sont heureux d'accepter individuellement. »

§ 2. — Le salaire progressif.

Le salaire ordinaire à la tâche est parfois susceptible d'un perfectionnement qui proportionne mieux encore l'accroissement de la rétribution de l'ouvrier à l'accroissement des bénéfices du patron. En effet, dans le salaire aux pièces ordinaire, l'ouvrier reçoit autant pour le cinquantième objet produit que pour le premier ou le vingtième. Or, il arrive souvent que le bénéfice du patron par chaque unité s'élève en raison du nombre des unités fabriquées.

Le prix de revient de chaque objet diminue, lorsque les frais généraux (frais de bureau, d'éclairage, impôts, amortissement des machines, etc.) peuvent être répartis sur une quantité plus considérable de produits (1).

Les bénéfices du patron croissent donc plus rapidement que le nombre des objets fabriqués, *toutes choses égales d'ailleurs* et on comprend que l'industriel promette à l'ouvrier un salaire aux pièces dont le tarif pour chaque unité s'élèvera si la production dépasse un quantième déterminé : c'est ce qu'on appelle le sursalaire ou le salaire progressif.

____

(1) Cette considération explique comment le patron dont les affaires s'étendent peut avoir intérêt à ne pas accroître ses moyens de production (acheter de nouvelles machines, édifier de nouveaux bâtiments, etc.) et aimer mieux obtenir, même au prix d'un salaire plus élevé, un surcroît de rendement de l'outillage déjà existant. Au surplus, il est possible qu'il n'ait pas le temps de développer son outillage, et eût-il un délai suffisant, il hésitera parfois, si l'extension de ses affaires parait devoir être accidentelle et transitoire, à acheter de nouveaux métiers que les progrès de l'industrie rendent bien vite surannés. — On peut ajouter que les patrons ont intérêt à ne pas embaucher accidentellement un nombre d'ouvriers supérieur à celui qu'ils peuvent normalement conserver. Les chapeliers de Paris avec leur système de « l'ardoise » ont éprouvé beaucoup de résistance. La même préoccupation de n'employer que de bons ouvriers actifs se rencontre chez certains horlogers en Suisse. Tous ceux qui ne gagnent pas plus de 4 francs par jour aux pièces sont renvoyés.

On voit par la lecture même de ces lignes, comment ce · système constitue une participation de l'ouvrier aux bénéfices du patron ; les deux collaborateurs de la production ont partagé entre eux le profit spécial qui résultait des circonstances.

L'élévation du tarif peut être combinée de diverses manières. Tantôt le taux du tarif croît avec le nombre des objets fabriqués et lorsque le patron n'a pas lieu de penser que l'accroissement de ce nombre puisse dépasser le chiffre qu'il prévoit, il peut ne fixer aucune limite à la hausse. Ainsi à Chemnitz (Saxe) nous avons visité une fabrique de bas qui donne une prime supplémentaire variant de 5 à 10 0/0 à tout ouvrier employé aux *Strumpflängen Machinen*, qui gagne aux pièces un salaire de quarante à cinquante marcs en douze jours de travail. M. Frantz Brandts, filateur à München Gladbach, connu dans toute la région du Rhin pour ses institutions patronales et religieuses, a établi une échelle progressive de primes, correspondant aux différents salaires : pour l'ouvrier aux pièces qui gagne dix marcs par semaine, sa prime est de 1 0/0, elle est de 2 0/0 pour 20 marcs, 3 0/0 pour 30, 4 0/0 pour 40 marcs et ainsi de suite (1). Parfois au contraire le patron, ne pouvant, ni ne voulant payer un salaire indéfiniment progressif, qui l'exposerait à subir une perte, fixe à l'avance une limite que le tarif ne pourra dépasser. Ainsi dans les chemins de fer de l'Etat prussien,— et si nous ne nous trompons, dans ceux de la Compagnie Paris-Lyon-Méditerranée — les ouvriers des ateliers de construction reçoivent une prime à la production qui ne peut dépasser

____

(1) En fait il n'y a guère que 10 ouvriers sur 100 qui ne touchent pas le prime.

30 0/0 de leur salaire. Dans certains cas, la prime au lieu
d'être réglée sur la production est unique et ne vise qu'un
certain taux de travail au delà duquel les excédents ne
sont pas comptés. Ainsi les marchands de vin de Cham-
pagne à Reims donnent une prime d'un franc aux ouvriers
employés au tirage du vin, qui remplissent au delà d'un
nombre de bouteilles déterminé.

Enfin une troisième méthode consiste à donner une
prime, une « douceur », comme l'appellent parfois certains patrons, à un ouvrier qui aura exécuté le plus de
travail. Ce genre de prime est surtout employé dans des
travaux où il est difficile d'estimer au juste le travail à
exécuter et où cependant il est possible d'apprécier si le
travail a été rapide ou lent. Parfois la prime est collective
et donnée à l'ensemble des ouvriers qui exécutent un
travail : cela est très fréquent pour les entrepreneurs de
maçonnerie qui « attelant » leurs ouvriers à un chantier
pendant plusieurs mois, leur promettent une prime spéciale si la maison est rapidement construite (1). On ne
peut qu'approuver cette combinaison. Il n'en est pas de
même de celle qui consiste à donner une prime à un ou
deux ouvriers d'un chantier afin d'obliger les autres à
accélérer leur allure. Le cas le plus simple est celui d'un
entrepreneur qui, ayant à construire un mur, met un
ouvrier à chaque bout, en sorte qu'à chaque « lit » de
briques et de cailloux leur travail doive se joindre au milieu : une prime spéciale est promise à l'un des deux

(1) Nous avons même connu des cas où cette prime était offerte béné-
volement par le propriétaire de la maison à construire, qui, désireux de
prendre possession le plus tôt possible de son habitation et sachant que
dans certains cas l'entrepreneur n'a point d'intérêt spécial à exécuter rapidement le travail, tourne la difficulté au moyen de ce stratagème.

ouvriers, et l'autre est obligé de suivre, sous peine de donner une preuve matérielle de son infériorité. Les ouvriers sont avec raison hostiles à cette pratique qui permet au patron de pousser deux ouvriers à lui procurer un bénéfice et de n'en récompenser qu'un seul. Elle doit être rangée parmi ces stratagèmes, à bon droit suspects aux ouvriers, grâce auxquels un employeur retire du travail à haute pression (*high pressure*) de ses employés un large bénéfice dont il ne leur attribue qu'une part dérisoire (1).

Sur ces primes à la production, une question délicate se pose, celle de savoir quel doit être le montant de la prime.

Il est impossible de fixer aucune règle précise. Il y a des métiers où une prime légère sera suffisante, parce que l'accroissement de production aura surtout pour cause une plus grande attention, une alimentation plus vigilante de la machine en matières premières et la diminution des moments perdus : ainsi en est-il des filatures de coton ou de laine, où il importe de veiller à ce que chacune des broches soit constamment alimentée et de renouer vivement les fils cassés. Parfois, au contraire, l'accroissement de production suppose une dépense proportionnellement croissante de force musculaire : c'est le cas du forgeron ou du briquetier ; dans cette hypothèse une large prime est nécessaire. En tout cas le patron ne doit pas être trop avide ni « presser le citron trop sec » (*squeeze*

---

(1) En fait, les syndicats ont une seconde raison de condamner cette pratique : « En effet, — nous disait le secrétaire d'une Union anglaise de *bricklayers* (maçons pour la brique), — nous devons repousser tout système qui repose sur l'émulation et qui, par suite, est contraire au sentiment de solidarité qui est l'élément primordial de notre organisation ». *Vide infra*, la participation aux bénéfices proprement dite et les syndicats.

the lemon too dry) : car, si la prime est insignifiante, l'ouvrier se gardera bien d'accomplir un effort disproportionné à la récompense à obtenir ; mais, d'autre part, si la prime est trop élevée, le patron s'expose à payer inutilement un salaire plus élevé que celui qu'il pourrait normalement payer.

Au surplus, nous répéterons ce que nous avons dit au sujet du salaire aux pièces : la prime une fois fixée, ne doit plus varier, tant que les conditions du travail restent les mêmes, c'est-à-dire tant que des procédés perfectionnés ne sont pas découverts. Puisque chaque augmentation du salaire correspond nécessairement à une réduction du coût de production pour le patron, celui-ci doit se contenter de ce résultat. Autrement l'ouvrier apprendra vite à ses dépens que son patron n'a pas en réalité l'intention de l'associer à ses bénéfices et qu'il est dangereux pour lui de se livrer à un effort exagéré.

L'employeur à l'esprit large, dit M. Halsey (1), reconnaîtra qu'il n'a pas intérêt à lésiner sur le taux de la prime et à couper un cheveu en quatre (*any refined hair splitting*).

Telles sont les différentes primes au moyen desquelles le patron associe ses ouvriers aux bénéfices qui résultent pour lui d'un travail plus actif. A ce point de vue, elles peuvent être assimilées au salaire à la tâche ; comme lui elles ont le défaut de ne pas associer l'ouvrier aux profits qui dérivent de circonstances extérieures, comme lui aussi elles ont l'avantage d'être individuelles et proportionnées à l'effort (2). Nous avons vu qu'elles lui sont

---

(1) *Railway Review*, 11 juillet 1891, p. 449, cité par D. Schloss, *Method of Industrial Remuneration*, p. 57.

(2) Le salaire progressif est aussi plus exactement proportionné à l'effort que ne l'est le salaire aux pièces, car la production de chaque objet en-

supérieures en ce que l'accroissement de la rétribution de l'ouvrier suit plus exactement la progression du bénéfice.

§ 3. — Prime à l'économie des matières premières.

On ne peut contester, surtout en un temps où l'âpreté de la concurrence ne laisse le plus souvent aux industriels que des bénéfices très restreints, que l'économie et le bon emploi des matières premières ne puissent accroître d'une manière notable le profit des patrons. Certaines industries consomment des quantités énormes de matières diverses (houille, coton, laine, fer en gueuses, etc.) et toute réduction dans cette consommation, si faible qu'en soit le pourcentage, représente un bénéfice considérable. Un filateur de coton nous disait que dans son industrie les profits sont aujourd'hui si minimes, qu'ils dépendent exclusivement de l'habileté avec laquelle les ouvriers parviennent à diminuer la quantité des déchets.

Malheureusement l'ouvrier n'est que trop porté à gâcher les matières premières : il croit trouver par là un moyen de produire plus vite et mieux ; le salaire aux pièces développe encore cette fâcheuse disposition. Aussi a-t-on de bonne heure songé à l'intéresser à l'économie des matières premières, par des primes l'associant d'une manière nouvelle aux bénéfices du patron.

On porte en compte à l'ouvrier une certaine quantité de matières et il doit rendre une certaine quantité de produits : l'excédent est partagé entre les deux contractants suivant une proportion déterminée.

traîne une fatigue plus grande, à mesure que s'accroît le nombre des objets déjà fabriqués.

Les exemples de pareilles primes abondent. Les filateurs de coton et de laine intéressent leurs ouvriers au bon emploi du textile et les compagnies de chemins de fer promettent une prime aux chauffeurs qui économisent le charbon et l'huile de graissage. De même, dans une fabrique de produits chimiques que nous avons visitée à Biebrich, près Mayence, on connaît le rendement en aniline qu'on peut extraire d'une certaine quantité de houille, l'excédent, s'il y en a, est partagé.

Ces primes à l'économie des matières premières sont parfois l'occasion de conflits. L'ouvrier soutient que la prime est difficile à gagner et d'autre part les variations dans la qualité des matières premières (du charbon par exemple pour les chauffeurs) les exposent à ne pas obtenir cette prime, alors même qu'ils l'avaient méritée par leur attention.

§ 4. — Prime à la qualité.

Nous avons fait jusqu'ici abstraction de la qualité des produits dans les divers modes de rémunération, elle est pourtant un facteur important des bénéfices que l'ouvrier peut rapporter à son patron. *Certaines* maisons se sont acquis une renommée spéciale pour la qualité exceptionnelle de leurs produits et à côté d'elles, *toutes* les maisons sont intéressées à ne pas tolérer les malfaçons de leurs ouvriers. La bonne qualité est une source de bénéfices, tandis que les malfaçons éloignent la clientèle et entraînent des pertes. Il faut donc exciter l'ouvrier à prendre l'intérêt du patron et ce stimulant est d'autant plus nécessaire que l'ouvrier n'a que trop de propension au « bousillage ».

Deux méthodes s'offrent aux patrons pour arriver à ce

double résultat : la prime à la qualité, la retenue à raison des malfaçons. La première associe l'ouvrier aux bénéfices, la seconde lui fait supporter une part de la perte.

Les primes à la qualité conviennent plutôt aux industriels qui emploient des ouvriers d'une habileté spéciale pour la production d'articles de choix. Ainsi, dans quelques tissages de soie, les pièces sont examinées par le contre-maître et réparties en différentes classes : une prime est accordée pour chaque mètre d'étoffe classé dans la première catégorie, et parfois elle est répartie entre le filateur et l'ouvrier chargé de réparer et d'ajuster le métier (1).

Dans le même ordre d'idées, on peut citer la récompense donnée par certaines compagnies de chemins de fer aux employés préposés aux signaux : elle équivaut à la moitié du traitement annuel, lorsqu'ils se sont acquittés de leur service d'une manière satisfaisante. De même dans certaines usines de construction mécanique, l'ouvrier qui découvre une paille dans la bielle ou l'arbre de couche qu'il est en train de tarauder, reçoit le même salaire que s'il eût achevé son travail et cependant la pièce est aussitôt mise au rebut (2).

Il est piquant de constater que parfois ces primes à la qualité ont été introduites pour contrebalancer certains effets des primes à l'économie des matières premières: ainsi nous avons dit que les compagnies de chemins de fer attribuent une gratification spéciale aux chauffeurs et aux mécaniciens qui économisent le charbon ; souvent ces derniers, poussés par le désir de mériter cette gratification, ralentissaient la vitesse de leurs trains et arrivaient en

(1) Usage en vigueur dans les ateliers de tissage de soie de M. Gindre à Lyon (Croix-Rousse).

(2) English Railway Problem, par T.G. Farra, *English Economic Journal*, June 1891, p. 354, cité par D. Schloss, *op. cit.*, p. 62.

retard (1) ; aussi les compagnies ont-elles établi une prime pour récompenser les mécaniciens dont les trains arrivent exactement à l'heure.

En France, cette prime à la ponctualité est triple de celle à l'économie du charbon.

Dans les établissements où le patron ne se soucie pas d'obtenir des articles d'une qualité supérieure et se contente de produits d' « une bonne qualité marchande », on ne donne pas de prime à l'ouvrier dont le travail est bon, puisqu'il n'a pas eu à faire preuve d'une vigilance spéciale ; on se borne à lui infliger une retenue sur son salaire pour les malfaçons dont il est responsable. Lorsque le salaire est au temps, cette retenue prend la forme d'une amende spéciale ; lorsqu'il est à la tâche, le seul fait de ne pas porter au compte de l'ouvrier les objets « bousillés », constitue d'ordinaire une pénalité suffisante.

A mesure que l'industrie moderne devient plus démocratique et que se restreint la clientèle désireuse de payer cher des articles très soignés, tandis que l'écoulement des produits à bas prix va sans cesse s'élargissant, les primes à la très bonne qualité disparaissent pour faire place au système des retenues sur les malfaçons. Cette association de l'ouvrier aux pertes que sa négligence inflige au patron est équitable à condition qu'elle soit modérée et que le taux des salaires ait été exhaussé en prévision des retenues possibles. Dans tout travail, il faut escompter un certain nombre de rebuts dus non à la négligence, mais aux hasards inséparables de la fabrication et il y aurait injustice à les mettre sans compensation au compte de l'ouvrier (2).

(1) En effet, à distance égale, la quantité de charbon consommée croît rapidement, à mesure que la vitesse augmente.

(2) Il existe un autre moyen de résoudre équitablement ce problème : il

En fait, cette compensation lorsqu'elle existe (1) est une augmentation du salaire ordinaire de l'ouvrier et se confond ainsi avec lui, si bien qu'avec le temps, l'ouvrier oublie la raison spéciale qui a motivé la hausse de son salaire et il trouve les retenues injustes. Malheureusement, différents abus viennent le confirmer dans ce sentiment, et l'on voit les retenues servir de prétexte au patron pour obtenir des produits dont il ne paie pas la main-d'œuvre. La grève des verriers de Carmaux en 1892 fournit un exemple de ces pratiques blâmables. Les bouteilles rebutées n'étaient pas payées à l'ouvrier qui se plaignait de les voir charger sur les wagons avec les autres bouteilles et vendues au même prix. A la suite de la grève de 1891, les verriers obtinrent la casse des rebuts. Le résultat ne se fit pas attendre. Au lieu de 30 rebuts qui étaient auparavant comptés en moyenne dans la journée d'un ouvrier sur 600 bouteilles qu'il fabriquait, on ne trouva plus qu'une moyenne de 8 à 10 rebuts (2).

Pour toutes ces raisons, la retenue est d'un maniement délicat, et elle a soulevé de nombreux conflits, tant à raison des abus réels qu'elle autorise que des abus supposés que les ouvriers lui reprochent, parfois à tort, de couvrir. Elle a été la cause de beaucoup de grèves et en 1890 elle soulevait à Glasgow un conflit regrettable entre les Coopérateurs et les Trade-Unionistes, c'est-à-dire entre les plus actifs défenseurs des intérêts ouvriers. Le patron

consiste à tolérer pour chaque ouvrier un certain pourcentage de rebuts qu'on juge inévitables.

(1) Cette compensation existe rarement et la prétention du patron d'imputer à l'ouvrier *toutes* ses malfaçons se traduit en une véritable réduction de salaire.

(2) *La grève de Carmaux et la verrerie d'Albi*, par Léon de Seilhac. Paris, Perrin, 1897.

devra donc, en cette matière, montrer autant de tact que
de loyauté.

Sous cette réserve, le système des retenues pour malfaçon semble plus efficace que celui des primes à la qualité,
et une diminution de salaire touche plus l'ouvrier que ne
le ferait une récompense.

Ainsi MM. Villeroy et de Boch, fabricants de faïence à
Mettlach, constataient, à l'époque où ils donnaient des primes, 3 1/2 0/0 de déchets; depuis quelques années, ils
ont essayé le système des retenues et la proportion des rebuts est descendue à 2 0/0.

§ 5. — Primes au progrès des méthodes ou de l'outillage.

L'ingéniosité du patron, stimulé par la concurrence, ne
connait aucune limite. Nous avons vu comment il cherche
à rendre le travail de ses ouvriers plus actif, plus soigneux, plus économique. Il a un intérêt plus pressant
encore à perfectionner ses procédés de fabrication, soit
en découvrant des machines nouvelles, soit en inventant
des combinaisons plus ingénieuses dans la distribution du
travail. Sans doute c'est là proprement le rôle du patron
et ceux qui sont initiés aux difficultés multiples de l'industrie savent combien ses facultés sont tendues vers ce
but. Mais dans une grande entreprise le temps lui manque
souvent pour étudier par lui-même les mille perfectionnements de détail et, en tous cas, il n'a pas à lui seul l'ingéniosité de tous ceux qui travaillent dans ses ateliers. Parmi
les 1.500 ou 2.000 ouvriers qu'il emploie, un grand nombre
sont apathiques ou inintelligents, mais beaucoup aussi sont

doués de qualités intellectuelles éminentes et il y aurait grand profit à tirer parti de ces qualités.

Malheureusement dans l'état actuel des conditions économiques et sous le régime du salariat simple, la découverte de machines ou de méthodes nouvelles n'est pas toujours immédiatement bienfaisante pour l'ouvrier. Le même phénomène qui accroît les bénéfices de l'employeur en réduisant le coût de production (1) amène souvent le renvoi d'un certain nombre d'employés et si, au bout de quelque temps, les ouvriers en ressentent aussi les bienfaits, cet avantage lointain est pour eux moins palpable et moins tangible que l'inconvénient immédiat.

Un patron éminent dont la philanthropie était servie par la justesse de l'esprit, M. William Denny, voulut faire cesser cette divergence d'intérêts, plus apparente que

---

(1) En réalité les faits sont plus complexes que nous ne l'indiquons au texte : le patron ne recueille pas longtemps le bénéfice qui résulte de ces perfectionnements, la concurrence amène bientôt la baisse du prix de vente et le profit revient définitivement au consommateur. Cet abaissement du prix de vente surexcitera à son tour la consommation et permettra de nouveau l'emploi des ouvriers renvoyés. Bien plus ceux-ci toucheront souvent (surtout dans le cas de découverte d'une machine, rarement dans celui de perfectionnement d'une méthode) un salaire plus élevé que celui qu'ils recevaient autrefois. Le nombre *relatif* des ouvriers employés dans les filatures de laine est aujourd'hui beaucoup plus considérable qu'il y a cinquante ans et leurs salaires *relatifs* sont aussi plus élevés. L'observation démontre que la rémunération de l'ouvrier croît avec la productivité de son travail, et à la longue l'introduction de machines nouvelles ou perfectionnées lui profite. Malheureusement ces avantages sont moins apparents que l'inconvénient *immédiat* et le travailleur voit surtout dans l'adoption d'une machine nouvelle une cause de privation de travail pour lui-même ou ses compagnons. Ainsi nous avons pu constater l'émotion que soulève actuellement parmi les mineurs anglais, l'invention d'un outil destiné à piocher le charbon et désigné du nom expressif d'*iron man* (homme de fer). Dans une petite mine 80 ouvriers ont été renvoyés à la suite de l'adoption de plusieurs de ces outils et encore le syndicat des mineurs avait-il contraint le patron à réduire le nombre primitif « d'hommes de fer » qu'il se proposait d'acheter.

réelle, qui le séparait de ses ouvriers. A cet effet, il introduisit le premier en 1881 dans ses chantiers de construction de navires de Dumbarton, près de Glasgow, un système propre à stimuler et à récompenser l'ingéniosité de ses ouvriers.

Tout ouvrier ou employé, à l'exclusion des contremaîtres en chef et des directeurs de chaque atelier (*department*), a droit à une récompense « lorsqu'il a inventé une machine nouvelle ou un outil à main, ou perfectionné une machine ou un outil préexistant, ou appliqué cette machine ou cet outil à un usage nouveau, ou introduit une méthode nouvelle d'exécution ou de disposition de l'ouvrage, et en général lorsqu'il a apporté une modification qui a pour effet d'améliorer la qualité du travail d'un chantier ou d'abaisser son prix de revient ». La récompense varie de deux à quinze livres sterling, et depuis 1884 tout ouvrier qui a obtenu cinq récompenses séparées a droit à une prime supplémentaire égale au montant *total* des cinq récompenses obtenues ; cette prime spéciale se renouvelle pour chaque série de cinq inventions récompensées. Enfin quand une découverte est jugée digne d'une patente, la maison Denny paie les frais du brevet de protection provisoire ; l'ouvrier dans ce cas obtient toujours la récompense maximum de quinze livres sterling, et cette somme suffit à peu près aux frais du brevet définitif. Même en cas de cession par l'ouvrier à une tierce personne la maison Denny stipule pour l'avenir le droit à l'usage gratuit de l'invention. Cette combinaison a donné dans les chantiers de Dumbarton des résultats excellents ; plus de quatre cents perfectionnements et inventions ont mérité des récompenses à leurs auteurs et près de 1200 ont été examinés par le jury. Plusieurs ouvriers, nous a dit un des fils de M. Denny, ont obtenu jusqu'à quinze primes différentes et parmi ceux qui ont apporté une amélioration, plus du quart ont reçu la prime spéciale accordée à ceux qui ont suggéré cinq inventions utiles. Une somme de 52.000 francs environ a été ainsi distribuée à des ouvriers inventeurs.

Ces chiffres sont le plus bel éloge qu'on puisse faire de cette combinaison avantageuse pour tous et si nous n'avons parlé que des sommes reçues par les ouvriers, on devine que, de leur côté, MM. Denny sont loin « de regretter leur argent ». Dans ces dernières années, plusieurs établissements, tant en Angleterre que dans les autres pays, ont imité cet exemple.

§ 6. — Primes à l'assiduité.

L'assiduité ou l'exactitude de l'ouvrier à l'ouvrage fait aussi l'objet de rémunérations spéciales ; en effet il est d'un grand intérêt pour le patron que tous les ouvriers commencent leur travail à la même heure ; pour les métiers inactifs les moteurs tournent en pure perte et les frais généraux restent constants. L'inconvénient de l'absence ou du retard est encore plus grave quand, le travail étant solidaire, elle a pour effet de désorganiser une équipe tout entière. Nous avons rencontré un exemple de primes à l'assiduité dans la filature de M. Brandts à München Gladbach ; les ouvriers réguliers reçoivent à la fin de l'année une gratification calquée sur leur exactitude.

En fait l'assiduité est une qualité normale de l'ouvrier moyen et on trouve plus simple de punir l'irrégularité que de récompenser l'exactitude (1).

(1) Quand le salaire est aux pièces et que le travail n'exige pas un ou-

§ 7. — Primes à l'ancienneté.

La stabilité du personnel ou tout au moins d'un certain « noyau » est une nouvelle source de bénéfices pour le patron : elle donne plus de fixité à la qualité des marchandises et permet au patron de mieux organiser le travail. Parfois les conditions sociales suffisent à assurer cette stabilité; ainsi dans certaines vallées de la Suisse les paysans propriétaires ou vivant des produits des biens communaux vont travailler à l'usine qui s'est établie à leur porte : il ne vient pas à l'esprit de ces ouvriers de chercher ailleurs du travail.

D'autres fois, comme nous le disait M. Bertrand, député socialiste au parlement belge, le seul ennui qu'éprouvent beaucoup d'ouvriers à quitter leurs camarades et leurs habitudes suffit à les attacher à leur atelier. Mais les conditions sociales dont nous venons de parler deviennent chaque jour plus rares (1) et trop souvent l'ennui du changement touche moins que le charme de la nouveauté. Les patrons ont alors intérêt à fixer l'ouvrier à l'usine en l'as-

tillage coûteux, mû par des moteurs mécaniques, l'assiduité est indifférente au patron ; ainsi les couteliers de Sheffield qui n'emploient que les métiers à la main, vont travailler quand il leur plaît et le salaire à la tâche devient pour eux un engagement à l'irrégularité. — Dans les métiers insalubres où l'ouvrier est exposé à de fréquents malaises, l'absence d'un ouvrier est un accident toujours prévu par le patron qui s'arrange pour ne jamais manquer de remplaçant. Ainsi en est-il pour les verriers.

(1) Il faut remarquer pourtant que la petite propriété ouvrière se développe progressivement dans les milieux mieux organisés, soit par l'initiative des ouvriers eux-mêmes dans les *building societies*, soit grâce au concours des patrons (institutions patronales) ou à l'intervention de philanthropes éclairés (sociétés des habitations à bon marché). Au surplus la possession d'une maison n'est pas toujours avantageuse au travailleur manuel, qu'elle rive à un lieu déterminé lorsqu'un salaire plus élevé peut lui être offert dans une autre ville. Nous avons rencontré aux États-Unis et en Allemagne plusieurs ouvriers qui ont insisté sur cet inconvénient.

sociant aux bénéfices qu'ils retirent de la stabilité. Ils le font au moyen de primes à l'ancienneté (1). Ainsi dans les ateliers de tissage de coton de MM. David Peters et Cie à Nevigen (Prusse Rhénane), l'ouvrier reçoit à son entrée dans l'usine un salaire qu'il voit augmenter chaque année, par l'effet d'une prime progressive ; au bout de cinq ans, cette progression s'arrête (2). D'autres fois la prime au lieu d'être progressive, est unique et récompense une certaine durée de services, comme chez le baron de Stumm et à Delingen, dans la célèbre fabrique de tôles de blindage pour la marine.

Ces différents moyens de retenir l'ouvrier à l'usine ne peuvent qu'être approuvés ; on n'en saurait dire autant de certains procédés injustes imaginés par quelques patrons (3). En fait les primes à l'ancienneté deviennent chaque jour plus rares ; le progrès du machinisme, les changements fréquents de méthode, l'unification des pro-

(1) Les institutions patronales, notamment les institutions de prévoyance (pensions, caisses de retraites pour la vieillesse) contribuent aussi à assurer la stabilité dans l'usine. A ce point de vue il faut signaler en première ligne les facilités données aux ouvriers pour l'acquisition de maisons (V. la note précédente).

(2) Cette progression ne saurait en effet durer indéfiniment, et d'ailleurs le but qu'on se propose est atteint : à partir d'un certain moment, l'ouvrier n'a plus le désir de quitter l'usine sans motif sérieux. On pourrait aussi ajouter que ses forces diminuent.

(3) Ainsi dans une fabrique de zinc des environs d'Aix-la-Chapelle où le travail des fours est très pénible en été, les ouvriers émigrent en masse à la fin d'avril pour s'embaucher ailleurs. A l'entrée de l'hiver les travaux du dehors se ralentissent, et les ouvriers reviennent offrir leurs services à l'usine. Pour remédier à cette situation, le patron fait sur les salaires d'hiver une retenue d'un dixième, au moment où les ouvriers sont à sa discrétion, et cette retenue est restituée à ceux qui restent pendant l'été. — De même il peut y avoir abus dans la convention par laquelle des patrons s'engagent à ne pas embaucher les ouvriers qui ont quitté les ateliers de l'un d'entre eux. De pareilles conventions existent à Stolberg (Prusse Rhénane) et à Chemnitz (Saxe).

cédés de fabrication dans toutes les usines d'une même industrie rendent moins précieux qu'autrefois les services des anciens ouvriers et permettent de tirer meilleur parti du travail des nouveaux. Il est difficile d'apprécier exactement le taux de ces deux primes à l'assiduité et à l'ancienneté et cela est naturel, car il est également délicat de mesurer le bénéfice que ces qualités rapportent au patron.

§ 8. — Le salaire collectif à la tâche.

Nous avons étudié dans les pages qui précèdent les différents moyens par lesquels le patron associe individuellement chaque ouvrier à ses bénéfices ; les primes perfectionnent le contrat de salaire et, suivant l'expression de M. Charles Robert, des vêtements sur mesure prennent la place d'habits de même grandeur distribués à des hommes de tailles diverses. Pourtant il peut y avoir inconvénient pour le patron à isoler à l'excès les intérêts de chacun de ses ouvriers. « Aussitôt, nous disait M. Hills, constructeur mécanicien à Londres, que vous installez les ouvriers à travailler chacun pour soi, vous mettez en mouvement un grand nombre de forces qui ont une tendance à devenir centrifuges (*disruptive*). Sans doute, lorsque nous donnons des mesures à des ouvriers, il semble que l'harmonie de l'œuvre globale résultera de la bonne exécution des pièces isolées ; cela est vrai en théorie, mais en fait la prime individuelle a, d'après notre expérience, le tort de séparer les collaborateurs d'une tâche commune. Il est bon de ne pas pousser chacun à tirer à soi, dans une œuvre qui suppose l'association de plusieurs » (1).

(1) « Le salaire individuel, ajoute encore M. Hills, rend chaque homme indépendant de son voisin et devient trop souvent l'expression de l'égoïsme

Ces paroles ne s'appliquent pas dans tous les cas : il est des industries, comme les filatures de coton, où il n'existe aucune solidarité dans le travail des ouvriers, puisque chacun d'eux commence et achève le produit : dans d'autres industries, au contraire, telles que la construction des machines, de navires, de maisons, les fabriques de papier, de glaces, etc., l'œuvre de chaque ouvrier est reliée à celle de ses voisins : la prime individuelle devient impraticable ou dangereuse et le patron associera à ses bénéfices des groupes d'ouvriers.

Le système de la prime collective ajoute aux bons effets de la prime individuelle deux avantages spéciaux : chaque ouvrier surveille et stimule ses compagnons, car son propre salaire dépend de leur activité ; en outre, quelles que soient la bonne volonté et la loyauté du patron qui distribue les différentes tâches d'une œuvre collective, chacune de ces tâches n'est pas également avantageuse pour tous les ouvriers ; or grâce au salaire collectif, les affaires grasses (*fat jobs*) sont mises en commun avec les affaires maigres (*lean jobs*), les salaires se trouvent mieux nivelés et tout prétexte à la jalousie disparaît. Ainsi, dans la maison Mame, les employés du magasin de librairie reçoivent une prime sur le chiffre global de toutes les ventes quel que soit le commis qui les ait faites (1).

On retrouve sous la forme collective les primes individuelles qui ont été étudiées plus haut.

solitaire (*solitary selfishness*) qui est l'arrêt de mort d'une entreprise », cité dans David Schloss, *Report on Gain Sharing*, p. 79.

(1) On cite souvent la maison Mame parmi les établissements qui pratiquent la participation aux bénéfices proprement dite. On voit qu'il y a là une méprise et on n'a ici qu'un exemple de salaire collectif à la tâche. Le salaire à la tâche, qu'il soit collectif ou individuel, ne doit pas être confondu avec la participation aux bénéfices proprement dite. *Vide supra*.

Les exemples de salaire collectif à la tâche sont extrêmement nombreux ; on le rencontre toutes les fois que le travail exige le groupement des ouvriers en équipes. Ainsi, dans la fabrique de papiers de M. de Naeyer, divisée en ateliers de travail absolument distincts (broyage des bois, fabrication de la pâte, confection puis utilisation du papier), chaque service est rémunéré d'après la quantité de produits fabriqués ; le salaire collectif est ensuite réparti entre les différents ouvriers de l'équipe suivant des cotes diverses. Ainsi en est-il encore dans l'industrie du verre.

De même, la pose des rivets, le *rivetting* dans les chantiers de construction navale, exige l'association de cinq hommes : deux hommes manient le marteau, *rivetters*, un autre soutient le coup, *holder up*, un quatrième prépare les rivets qui sont chauffés par un gamin. La rémunération est collective et proportionnée aux rivets posés.

Le salaire collectif à la tâche peut aussi être progressif : M. Greening, directeur de l'association agricole et horticole de Deptford, donne un sursalaire aux ouvriers qui dirigent la presse à tourteaux afin de les intéresser au rendement de ces machines, une production minimum est fixée et une prime collective de 1 fr. 85 par tonne est accordée pour les trois premières tonnes supplémentaires, elle s'élève à 3 fr. 10 pour chacune des tonnes suivantes.

Par l'effet de cette combinaison, la production a monté de 25 tonnes à 52 et ensuite à 58, chiffre auquel elle s'est maintenue. M. Greening déclare que cet arrangement a eu pour résultat d'élever de plus de 5 0/0 les salaires des hommes employés et, de ce jour, la société, autrefois en pertes, réalisa des bénéfices. Le profit se trouvait ainsi réparti entre les deux contractants (1).

(1) M. Greening a eu l'idée d'appliquer la méthode du salaire collectif

§ 9. — Le forfait collectif

Lorsque le contrat de salaire collectif à la tâche est passé à l'occasion de travaux qui par leur diversité ne se prêtent pas à une classification, il prend le nom de forfait. Il n'y a pas de différence de nature entre ces deux contrats, bien que le second expose les deux parties à un aléa qui ne se rencontre pas dans le premier ; ce qui caractérise en effet le forfait, c'est l'impossibilité d'évaluer d'une manière précise, la tâche à accomplir (machines à vapeur construites sur commande, chaudières, navires, etc.) et dès lors le patron risque de payer un salaire trop élevé et l'employé risque de n'avoir qu'une rémunération insuffisante (1).

Généralement le forfait n'est possible qu'avec des ouvriers d'un type social plus élevé ; il exige de la part du travailleur, exposé à un aléa de la décision, une grande

---

progressif aux commis de bureau. Au début le taux des dépenses de bureau, comparé à la valeur de la marchandise vendue par la société, était de 3 0/0. Afin de diminuer ce taux, M. Greening fit à ses employés de bureau la proposition suivante : si les frais de bureau ne dépassaient pas 3 0/0, ils devaient toucher un supplément de 5 0/0 de leurs salaires et un égal supplément de 5 0/0 pour chaque réduction de 1/4 0/0 dans les frais de bureau. Cette prime est seulement soumise à une double réserve : d'abord elle n'est payée que s'il reste des bénéfices, après le paiement d'un intérêt de 5 0/0 aux actionnaires et aussi sous l'obligation pour ces employés de laisser en dépôt, tant qu'ils restent dans la maison, la moitié de cette prime. En fait cette combinaison a abouti à donner aux employés un supplément de salaires de 10 0/0, ce qui indique que les frais généraux de bureau ont été singulièrement réduits ; plusieurs fois les ouvriers ont suggéré des innovations et des réformes heureuses et il règne entre eux un esprit de corps qui est profitable à la maison. David Schloss, *Report on profit sharing*, p. 54.

(1) Le forfait peut aussi être individuel, lorsque l'ouvrier qui se charge du travail doit l'exécuter seul. Nous n'en avons pas parlé à propos des primes individuelles, parce qu'il est à la fois plus rare et moins intéressant, les conséquences économiques n'apparaissant avec tout leur relief que dans le forfait collectif.

sûreté de coup d'œil, et un certain tempérament moral. Il fournit un moyen facile d'associer l'ouvrier aux bénéfices du patron : en effet, il porte le travailleur à déployer une plus grande activité et, par là, accroît le profit de l'employeur ; de son côté, l'ouvrier n'accepte les clauses du contrat que si elles lui laissent une part de ce profit et au besoin il sait tirer parti de l'impossibilité où se trouve le patron d'évaluer avec précision chaque nouvelle tâche à accomplir.

Le forfait est très répandu, surtout en Angleterre et aux Etats-Unis. Il s'adapte aux travaux exécutés par un petit nombre d'ouvriers, tels que la couture ou la broderie, comme à ceux qui emploient un très grand nombre de bras, tels que la construction des navires. L'amirauté anglaise fait construire des navires qui occupent pendant plusieurs mois 500 à 700 ouvriers dans le même chantier et dans certains cas elle conclut avec cet immense groupe un contrat de forfait collectif ; ce système, paraît-il, procure au gouvernement une réduction de 25 0/0 sur le coût de la main-d'œuvre et les délais sont abrégés d'autant ; de leur côté, les ouvriers touchent un salaire de 6 à 25 0/0 supérieur à leur rémunération normale (1).

Le système du forfait collectif a reçu en Angleterre une application fameuse connue sous le nom de Bonne camaraderie (*Good Fellowship*) dans les ateliers métallurgiques de la Tamise. M. Hills s'était trouvé en conflit avec ses ouvriers ; *après avoir essayé sans succès la participation aux bénéfices*, il résolut d'organiser dans ses ateliers la

(1) M. David Schloss cite l'exemple de l'*Impérieuse* qui était à moitié construite lorsqu'on se décida à appliquer le forfait collectif : pour cette seconde moitié, les ouvriers gagnèrent un salaire de 28 0/0 plus élevé et l'amirauté économisa 50 0/0 sur la main-d'œuvre. *Methode of industrial remuneration*, p. 63.

combinaison du forfait. Pour chaque travail à accomplir,
on fixe, d'accord avec les contremaîtres et les principaux
ouvriers, le montant en salaires que le patron devra
payer ; si la somme de salaires effectivement payée aux
ouvriers est inférieure à celle convenue, le surplus leur
est remis intégralement et distribué au prorata du salaire
de chacun (1).

Dans les chantiers de la Thames Ironworks, le forfait ne
portait que sur la main-d'œuvre ; pourtant celle-ci n'est
pas le seul élément de la production et à côté d'elle il y en
a d'autres dont il peut être intéressant de tenir compte.
Cette observation a frappé M. Towne, directeur de l'usine
de la Yale and Towne Manufacturing Company de Stam-
ford (*Connecticut*). Cet industriel répartit les facteurs de
la production *qu'il estime soumis à l'influence de l'ouvrier*
en trois classes : le travail, les matières premières, les
matières accessoires (2). La différence entre le prix global
de revient et le prix réel est partagée en deux parties
égales, dont l'une est distribuée entre les ouvriers.

Sur le forfait comme sur le salaire collectif à la tâche,
il convient de faire les remarques suivantes :

Ces deux combinaisons ne produisent leurs meilleurs

(1) M. Hills a remarqué dès le début qu'il ne s'agissait pas seulement de
faire une évaluation globale, mais qu'il fallait entrer dans le détail et évaluer aussi minutieusement que possible le montant du salaire de chaque
ouvrier. Comme exemple de la minutie dans les détails à laquelle on arrive, il suffit de dire que les directeurs sont capables d'apprécier le montant d'un travail déterminé par portions de 2 ou 3 shellings.

(2) Cette troisième catégorie comprend l'huile, les outils, les machines,
la force motrice, l'éclairage, l'eau, les dépenses de réparation et d'entretien des bâtiments, enfin les frais de direction et de comptabilité *relatifs
à la fabrication* : sont exclus les frais généraux sur lesquels les ouvriers
restent sans action, tels que les impôts et les frais de bureau relatifs à la
partie commerciale.

effets que si les groupements ouvriers contractants ne
comprennent pas un trop grand nombre de membres.

Au début, M. Hills avait pensé réunir dans son système
de la Bonne camaraderie une grande masse d'ouvriers
et il associait tous les *rivetters* qui travaillaient à un même
navire ; actuellement le groupe contractant n'est plus que
l'équipe ordinaire de cinq ouvriers et on constate que
l'unité tend sans cesse à se rétrécir. La rémunération collective ne stimule l'effort de l'individu que si chaque membre du groupe se sent les coudes avec son voisin. Les
hommes qui travaillent à la poupe d'un grand navire ne
voient pas pourquoi ils se fatigueraient pour le profit de
ceux qui travaillent à la proue et qui peut-être « se donnent du bon temps » ; les ouvriers qui percent des trous
dans l'atelier des machines ne se sentent pas solidaires
des « rivetters » qui posent des boulons à cinq cents mè-
tres de là. Chacun craint d'être dupe et veille à ne pas se
fatiguer à l'excès (1).

La même crainte explique un fait curieux qui survint
dans les ateliers de M. Hills ; pendant les premiers mois
du fonctionnement du système de la Bonne camaraderie,
300 ou 400 ouvriers furent renvoyés à la requête de leurs
compagnons. Une pareille intervention, si contraire aux
habitudes de solidarité des travailleurs anglais, montre que
des ouvriers *n'acceptent une rémunération collective, que
s'ils ont un moyen d'évincer les paresseux ou les inhabiles ;
le renvoi de ces derniers peut seul éviter le départ des plus
laborieux ; leur présence simultanée est impossible et la soli-*

(1) Chaque ouvrier laisse à son voisin le soin de fournir le supplément
d'effort qui doit assurer le supplément de salaire, suivant la maxime : ce
qui est l'affaire de tout le monde n'est l'affaire de personne, *what is every-
body's bus'ness is nobody's business.* David Schloss, *op. cit.*

darité dans la rémunération aboutirait à une sélection par en bas.

Une des difficultés du salaire collectif est la répartition entre les différents membres du groupe. Différents procédés s'offrent en pratique.

Ou bien on attribue fictivement un taux de salaire proportionnellement auquel sera distribué le salaire collectif, comme chez M. B..., constructeur de machines à Saint-Etienne où la prime accordée pour chaque machine est distribuée entre les ouvriers au prorata du salaire qu'ils gagneraient respectivement à la journée. Ou bien on établit pour chaque ouvrier un tarif à raison de chaque unité fabriquée. Ces deux systèmes sont équitables et associent bien tous les ouvriers aux bénéfices que leur surcroît d'efforts procure au patron.

Mais la pratique ne les suit pas toujours et parfois l'usage du salaire collectif à la tâche ou du forfait favorise des abus. Souvent en effet le patron, afin d'obtenir un meilleur rendement laisse au chef d'équipe le soin de choisir lui-même ses auxiliaires et n'a de rapports qu'avec lui. Ce dernier devient alors un sous-entrepreneur, « un marchandeur » (*contractor*) et parfois il ne donne à ses aides qu'un salaire à la journée (1). Comme lui-même travaille aux pièces, il les pousse à l'excès et, suivant l'expression anglaise, obtient du travail à la tâche pour du salaire à la journée, *gets piece work for time wages*. On aboutit ainsi au *sweating*. Les *shipbuilders* (constructeurs de navires) anglais fournissent un des exemples les plus connus de ce genre d'abus; grâce à une organisation syndicale très puissante, ces ouvriers sont parvenus à

____

(1) Le paiement direct de l'aide par le patron atténue un peu cet abus, sans le faire disparaître.

s'assurer un salaire très élevé et cependant ils font « suer » (*they sweat*) leurs aides (*helpers*), qu'ils paient le moins cher possible. Aussi ces ouvriers ont-ils été obligés de former une « *Union* », pour lutter contre cette oppression.

Dans ces conditions, la rémunération collective n'associe plus tous les ouvriers aux bénéfices du patron et elle devient un mode d'exploitation des uns par les autres (1).

Au surplus, on retrouve ici les abus que nous avons signalés dans le salaire à la tâche individuel. Dans les milieux désorganisés, le forfait semble même présenter plus de dangers ; le patron peut profiter de l'inaptitude de l'ouvrier à évaluer la tâche à accomplir, surtout dans les travaux importants.

On aboutit ainsi au régime que les Anglais appellent le système du « payez ce qui vous plaira », *pay as you please*, où l'ouvrier est exposé à fournir 60 centimes de travail pour 40 centimes de salaire (*six penny worth of work for fourpence of wages*) (2).

---

(1) Le *sweating* des ouvriers tailleurs de Londres et des cigariers de New-York a souvent aussi pour cause la pratique du salaire collectif à la tâche et l'intervention d'un sous-entrepreneur. L'hostilité traditionnelle des ouvriers français contre le marchandage est parfois injuste, mais on ne saurait dans tous les cas adhérer aux éloges des économistes anglais, et notamment de Mac Culloch, qui voyaient dans la sous-entreprise un moyen d'ascension des ouvriers plus capables. Mac Culloch, *Traité des salaires*, p. 70 et 71.

(2) Dans les chantiers de l'Amirauté, les ouvriers ont souvent formulé cette plainte.

TROISIÈME PARTIE

LA PARTICIPATION DE L'OUVRIER AUX BÉNÉFICES GÉNÉRAUX DE L'ENTREPRISE

CHAPITRE PREMIER

I. — L'ASSOCIATION DE L'OUVRIER PAR LE MOYEN DE L'ÉPARGNE.

Nous avons étudié les deux premiers moyens contractuels de faire participer l'ouvrier aux bénéfices de son patron. Le système du partage des produits, avons-nous vu, n'est pas toujours applicable et le champ sans cesse élargi de l'industrie mécanique moderne lui échappe. La méthode des primes dans lesquelles le patron dit à l'ouvrier : « Fais tel effort spécial, porte la vigilance de tel côté, et je t'associerai aux bénéfices que tu m'auras procurés de la sorte », n'échappe pas elle-même à toute critique. On lui adresse d'ordinaire deux reproches : les uns lui font grief de soumettre le patron aux exigences d'une comptabilité compliquée ; d'autres se plaignent de la difficulté de son adaptation à tous les travaux. Il existe en effet, disent-ils, bien des besognes dans lesquelles on ne connaît pas ce que peut produire au juste le labeur ordinaire de l'ouvrier moyen et où, par suite, il est impossible de recourir aux primes, qui sont la récompense d'un labeur et d'une habileté exceptionnels.

Ces deux objections ne semblent pas péremptoires ; d'une part, l'ingéniosité patronale arrive à simplifier toute comptabilité trop compliquée (1) et les avantages d'une tenue de livres plus détaillée compensent bien souvent le surcroît de travail qu'elle peut entraîner. Le second grief se retourne contre les patrons qui le formulent, car, dans une entreprise bien conduite, le directeur connaît le plus souvent, avec une approximation suffisante, le temps et les capacités moyennes que requiert telle tâche déterminée. La combinaison du forfait, dont les industriels anglais et américains font un si large emploi, a été précisément inventée pour des tâches dont l'étendue est indéterminée.

Ces deux griefs peuvent donc être négligés. Malheureusement le système de primes à la production reste soumis à un reproche bien autrement grave qui vise son principe même (2) : les primes à la production n'associent en

(1) M. Hills dans les chantiers de la Thames Ironworks de Londres, M. Dolge à Dolgeville (États-Unis) et M. Towne à Stainford (Connecticut) ont introduit un système de tickets qui permettent de contrôler aisément le temps employé par chaque ouvrier pour chaque travail.

(2) On formule aussi un autre grief plus sérieux quoique d'une importance secondaire ; on dit que les primes à la production ne peuvent pas stimuler l'ouvrier sur tous les points où l'intérêt du patron se trouve engagé, et que certaines primes risquent d'être par certains côtés désavantageuses à l'employeur. Ainsi le salaire à la tâche conduit souvent au « bousillage » et la prime à l'économie des matières peut nuire à la bonne exécution du travail.

Il ne faut pas exagérer l'importance de ce reproche ; en effet le patron peut toujours établir une prime pour récompenser chez l'ouvrier tel genre spécial d'effort qui, dans son métier, a une valeur particulière à ses yeux, et il peut aussi paralyser l'effet funeste de certaines primes par l'action contraire de certaines autres. *Vide suprà* l'exemple des Compagnies de chemin de fer qui récompensent à la fois l'économie du charbon et la régularité du service.

effet l'ouvrier qu'aux bénéfices que son surcroît de zèle ou d'activité procure à l'employeur, or les bénéfices d'une entreprise ont d'autres origines, et notamment l'état général du marché, le progrès soudain des inventions, et toutes les autres circonstances extérieures. *L'ouvrier a la prétention de toucher une part dans ces dons de la fortune.*

La véritable solution qu'il faut chercher, *et en dehors de laquelle aucune autre ne peut être satisfaisante*, est celle qui associerait spontanément l'ouvrier aux bénéfices *globaux* de l'entreprise.

Sans vouloir aller jusqu'à associer à leurs profits les travailleurs en tant que tels, des patrons ont cru pouvoir donner à ce desideratum une satisfaction partielle en facilitant à leurs ouvriers le moyen de devenir actionnaires de l'entreprise à laquelle ils collaborent. Ainsi l'ouvrier serait intéressé à faire prospérer par son travail l'établissement dont il posséderait une petite part et au besoin à exercer sur le travail de ses compagnons une influence utile. Devenu actionnaire, c'est-à-dire dans une certaine mesure patron, l'ouvrier toucherait à titre de dividende une participation aux bénéfices des bonnes années, tandis que son salaire d'ouvrier ne serait pas atteint par les pertes des mauvaises.

Ainsi se trouverait diminué l'intérêt de l'ouvrier capitaliste à demander une hausse de salaire ; et à supposer que tous les ouvriers soient devenus actionnaires et possèdent chacun un nombre suffisant d'actions, cet intérêt irait progressivement en diminuant au point de disparaître complètement le jour où toutes les actions seraient entre leurs mains (1).

(1) On aboutit ainsi à la coopération. Aussi supposons-nous dans ce chapitre qu'une partie seulement des actions est mise à la disposition des

Ces considérations ont frappé plusieurs industriels :
M. Wild, directeur de la maison d'édition Orel Füssli à
Zürich, donne à tous ses ouvriers, quel que soit leur emploi ou leur ancienneté, les moyens de devenir actionnaires de l'établissement. Les actions leur sont cédées au
pair, bien que leur cours sur le marché soit un peu supérieur. Le versement peut n'être que de la moitié de
l'action, les versements ultérieurs s'effectuant au moyen
de retenues périodiques sur les salaires. Cette combinaison a eu tant de succès auprès des employés qu'un capital
de 250.000 francs a été ainsi souscrit (1), et que 180 employés sur 400 sont devenus actionnaires. Un système
similaire a été adopté par quelques industriels et notamment à l'établissement d'Ivorydale où le versement se fait
en deux années, la première mise de fonds pouvant n'être
que de 10 0/0 (2) : 60 ouvriers sur 470 ont souscrit 91 actions.

En fait, ce premier moyen d'associer l'ouvrier capitaliste à ses bénéfices est peu employé. Les patrons voient
d'un œil défiant l'admission des ouvriers dans les assemblées d'actionnaires ; ils redoutent une critique trop étroite
et trop fréquente de la part de gens tenus au courant par
leur travail quotidien des plus petites imperfections. Le
bon renom de la maison et l'autorité du patron risque-
raient d'être également compromis. Sans doute il est possible d'exclure les ouvriers actionnaires des assemblées
générales, mais, comme le droit d'y assister est inhérent

ouvriers puisqu'il ne saurait y avoir participation aux bénéfices dans un
établissement où il n'y a pas de patron.

(1) En fait, les patrons avaient adopté cette combinaison dans le but de
se procurer une somme de 500.000 francs nécessaire pour l'extension de
leurs affaires.

(2) *The american journal of sociology*, juin 1876.

à la qualité d'actionnaire, on est exposé à froisser l'ouvrier ainsi atteint d'une déchéance spéciale (1).

D'ailleurs, il n'est pas non plus sans danger pour un ouvrier d'employer son épargne à l'achat d'une action d'une société civile ou commerciale : on blâme parfois les capitalistes de leur prudence excessive ; on ne saurait faire un grief au travailleur manuel de rechercher pour le placement de ses modestes économies une sécurité absolue. Aussi la plupart des patrons préfèrent-ils adopter un système où la situation de l'ouvrier tient à la fois de celle de l'actionnaire et de celle du créancier. La première lui donne le droit de recevoir un dividende, la seconde lui est à la fois nuisible et profitable, elle lui enlève le droit d'assister aux assemblées générales, mais par contre elle lui procure les garanties spéciales du créancier en cas de faillite et lui assure un intérêt fixe minimum.

Dans l'importante fonderie de canons actuellement dirigée par le fils du grand patron philanthrope, sir Joseph Whitworth, chaque ouvrier, à l'exception des premiers contremaîtres de chaque atelier, peut placer dans la maison une somme illimitée à raison d'une livre sterling la semaine. Ces dépôts reçoivent un dividende égal à celui des actions et même dans les mauvaises années un intérêt de 5 0/0. Ils peuvent être retirés au gré des ayants droit moyennant avis préalable. « Environ un tiers des ou-

____

(1) Chez MM. Orel Füssli les ouvriers sont actionnaires non pas de la maison elle-même, mais d'une société annexe appelée Gütenbergbank qui achète en son nom, avec l'argent des souscriptions, un certain nombre d'actions de la société Orel Füssli. L'assemblée générale de la Gütenbergbank, dont *la majorité des actions appartient* aux patrons (2.200.000 fr. sur 2.500.000 fr.), nomme des délégués qui assistent aux assemblées de la première société. Grâce à ce procédé ingénieux la gestion de l'entreprise n'est pas discutée devant les employés.

vriers, nous dit M. J. Whitworth, ont profité de cette faculté ; actuellement plus de 20.000 livres sterling ont été ainsi déposées et la somme inscrite au compte de quelques-uns dépasse 5.000 francs. Ce système fonctionne depuis 25 ans, il nous donne les meilleurs résultats et nous n'avons en aucune manière l'intention de l'abandonner. Sans doute il est assez onéreux pour notre caisse, mais je ne doute pas que nous ne retrouvions et au delà l'équivalent de cette charge dans le travail de nos ouvriers. Nous avons réussi à attacher à notre usine un groupe important d'ouvriers très honorables, d'un niveau social supérieur à la moyenne. »

Dans la société anonyme des forges et mines de Gross-Ilsede près Hanovre (Prusse), les dépôts sont bonifiés d'un dividende qui ne peut pas dépasser un certain maximum (20 0/0).

Le chiffre des dépôts est lui-même limité à 1500 marks par ouvrier (1).

Nous n'insisterons pas davantage sur cette combinaison qui se rattache plus à la matière des institutions patronales qu'à celle de la participation aux bénéfices. Ici le patron se propose plutôt d'encourager l'épargne de ses ouvriers et de développer en eux les qualités morales qui dérivent de la possession d'un petit capital, et que cette possession même engendre.

La pensée d'associer des collaborateurs subalternes aux

---

(1) A la grande filature de laine peignée, MM. Stohr et Cⁱᵉ à Leipzig, les ouvriers ordinaires peuvent déposer 3000 marks ; pour les contremaîtres et principaux employés, la limite est plus élevée. Ces déposants reçoivent le même dividende que les actionnaires, soit environ 19 0/0 l'année dernière.

Dans la grande usine électrique de la Compagnie von Schuckert à Nuremberg, un système analogue est adopté ; 100 ouvriers sur 2000 ont des dépôts dépassant 500 marks.

profits d'une entreprise ne vient qu'au second plan dans l'esprit du patron ; à ce dernier point de vue, l'association de l'ouvrier aux bénéfices par le moyen de l'épargne risquerait d'être trop onéreuse pour le patron dans le cas où les dividendes de l'entreprise sont très élevés. Aussi les industriels limitent souvent le montant des dépôts que leurs ouvriers sont autorisés à faire ou stipulent que le dividende alloué à ces dépôts ne pourra dépasser un certain taux (1).

Comme moyen d'association de l'ouvrier aux bénéfices du patron, ce système a plusieurs inconvénients manifestes. Il n'atteint qu'un nombre d'ouvriers très restreint et encore cette sélection ne comprend-elle pas tous les bons ouvriers. Sans doute il y a une grande part de vérité dans cette parole que prononçait le directeur de la maison Chessex et Hussly, filature de coton à Schaffouse : « Je n'ai, nous disait-il, qu'à jeter les yeux sur le tableau des épargnes de mes ouvriers, pour me rendre compte de la valeur de mes filateurs. » Mais bien des circonstances, la maladie, les charges de famille, peuvent empêcher un bon ouvrier d'épargner (2).

En résumé, le système de l'association de l'ouvrier aux bénéfices par le moyen de l'épargne a le tort de ne pouvoir s'étendre qu'à un très petit nombre d'ouvriers ; par suite il ne réalise pas le grand desideratum de l'employeur,

---

(1) Ainsi dans l'usine de Gros-Ilsede près Hanovre, on avait fixé 20 0/0 comme maximum du dividende à servir aux ouvriers déposants. Mais le dividende ayant atteint contre toute attente ce maximum, on le réduisit à 10 0/0 dans les statuts d'un établissement nouvellement fondé par la société.

(2) On pourrait dire aussi en sens inverse que des ouvriers médiocres arrivent parfois à déposer une somme d'argent à la suite d'un héritage ou d'une donation.

qui est de pousser tous ses employés à fournir un travail le plus avantageux possible à ses intérêts.

Aussi M. Godin, dans sa déposition devant la commission extra-parlementaire des associations ouvrières (1883), a-t-il purement et simplement dénié à l'institution que nous venons d'étudier le caractère de participation aux bénéfices. « Il faut, pour que la participation soit réelle, disait-il, qu'elle soit basée sur un contrat appelant les employés et ouvriers au partage des bénéfices, non en raison des fonds qu'ils déposeraient dans l'association, mais en raison de leur travail. »

II.— L'ÉCHELLE MOBILE ; THE SLIDING SCALE.

Le système de l'association aux bénéfices par le moyen de l'épargne ne résout que pour une élite privilégiée d'employés le problème qui fait l'objet de notre étude et il est, en un point, très inférieur à la méthode des primes à la production, puisqu'il est sans action pour stimuler la grande majorité des ouvriers.

L'idéal serait de réunir en un système unique les avantages des deux combinaisons précédentes.

En théorie cet idéal semble atteint, au moins pour deux grandes industries, celles de la houille et du fer, au moyen de l'échelle mobile, *Sliding scale*. Le professeur J.-E. Hunro qui est la première autorité sur la matière la définit ainsi :

« L'échelle mobile est une méthode dans laquelle les salaires, basés sur un salaire étalon (*standard wage*) correspondant à un prix étalon, haussent ou baissent d'un pourcentage convenu suivant la hausse ou la baisse du prix moyen du produit, ce prix étant constaté à des intervalles réguliers (1). »

Dans certaines industries où le produit vendu, *toujours sensiblement identique à lui-même, est directement tiré du sol*, et où le coût de la main-d'œuvre est *approximativement constant* (2), on peut, d'après le prix de vente, calculer les bénéfices. Grâce à cette circonstance, il sera facile, sans comptabilité compliquée, d'associer l'ouvrier aux profits de l'entrepreneur. On constatera avec précision les cours du marché et d'après la convention les salaires du travailleur oscilleront parallèlement à la hausse et à la baisse des cours. Comme rien n'empêche de combiner cet arrangement avec le salaire à la tâche aussi bien qu'avec le salaire à la journée, on aperçoit les merveilleux avantages de cette alliance : le salaire à la tâche poussera l'ouvrier au maximum d'efforts et l'associera aux bénéfices que ce surcroît d'efforts produira pour le patron, et le *tarif* variable de ce salaire fera participer l'ouvrier aux bénéfices *généraux* de l'entreprise. Ainsi se trouve enfin réalisé ce grand desideratum dont le métayage nous a seul jusqu'ici offert la réalisation : l'employeur n'est plus exposé à payer un salaire supérieur au travail qui lui est fourni, l'employé n'a plus à redouter de fournir un travail dont son salaire ne soit pas l'équivalent.

Sans doute en fait, les mines de houille et les fonderies de fer en gueuse sont à peu près les seules industries susceptibles de s'accommoder de cette méthode. Mais quand on songe à l'importance de ces industries et aux nombreux conflits que le problème du travail y suscite, il faut encore se féliciter du résultat obtenu, et si ce système est

(1) *Sliding scale in the coal industry*, p. 6.
(2) Ces trois conditions sont essentielles.

capable de faire régner la paix sociale dans les milieux ouvriers qui comptent parmi les plus agités, on aurait tort de lui reprocher son inaptitude à maintenir l'harmonie dans tous les autres métiers.

Voici, à titre d'exemple, une convention d'échelle mobile actuellement en vigueur dans les charbonnages de la *Lehigh Valley* (Pensylvanie) dont un de nos amis, ingénieur des mines, nous communique les clauses.

Le salaire maximum, fixé à 85 cents par chariot de deux tonnes, correspond au prix de 5 dollars la tonne d'anthracite rendue à New-York. Lorsque les cours baissent de 10 cents (0,50 centimes) on fait une retenue de 1 0/0 sur les salaires ; s'ils baissent de 20 cents de 2 0/0, 30 cents 3 0/0, 1 dollar 10 0/0 et ainsi de suite.

Au mois de juillet 1896, époque où notre ami visitait les Etats-Unis, les mineurs recevaient un salaire réduit de 9 0/0 (1).

Ce système paraît ingénieux. Il semble concilier automatiquement les intérêts et les prétentions des capitalistes et des travailleurs ; et, il y a quelque vingt années, il fut l'objet des louanges universelles des patrons, des ouvriers et des économistes.

Malheureusement il n'a point légitimé les grandes espé-

---

(1) Le cours à New-York est affiché chaque mois et c'est d'après ce prix affiché que les salaires sont distribués.

Prix de l'anthracite à New-York en juillet 1896.

Catégorie et grosseur			prix
Steamboat	—	navire à vapeur	$ 4,50
Egg	—	œuf	4
Stove	—	poêle	4,50
Chestnut	—	noisette	4
Broken	—	cassé	3,75
moyenne			$ 4,10

rances, qui avaient été fondées sur lui ; et au moment même où notre ami constatait la satisfaction des employeurs et des employés des mines pensylvaniennes, nous recueillions au contraire en Angleterre l'expression presque unanime de la désillusion des mineurs britanniques.

Les conventions d'échelle mobile ont été l'origine de nombreux conflits et, tandis qu'elles devaient rendre les arbitrages inutiles, et en supprimer les occasions, elles ont, au contraire, déterminé de fréquents appels aux bons offices des tiers.

Le premier point litigieux a été la fixation du salaire étalon correspondant à un certain prix ; sur ce point, les intérêts du patron et de l'ouvrier différaient ; et, comme les deux parties contractantes n'étaient point désireuses de se lier pour une période indéfinie, à l'expiration de chaque période, les difficultés renaissaient.

Un second point délicat a été la fixation d'un minimum au-dessous duquel les salaires ne doivent pas baisser.

Dans l'exemple rapporté plus haut, aucun minimum de salaire n'est fixé et par suite les ouvriers se trouvent engagés à travailler pour un salaire à la baisse duquel il n'y a aucune limite (1).

On comprend que des ouvriers se refusent à signer une convention aussi grave et aujourd'hui la plupart des contrats d'échelle mobile stipulent la fixation d'un salaire minimum.

Mais cette clause même est à son tour l'origine de difficultés innombrables ; ce minimum en effet représente aux yeux de l'employeur un taux de salaire très élevé, qui permet aux ouvriers de profiter des hauts cours du mar-

____

(1) En fait il y a toujours une limite, celle à laquelle l'ouvrier mourrait de faim (*starving wage*) et aurait avantage à chercher du travail ailleurs.

ché, et laisse l'employeur en panne (*leaves him in the lurch*), lorsque, en face du salaire minimum fixé, les cours ne sont plus rémunérateurs.

On le voit, l'échelle mobile ne rend pas impossibles les conflits entre employeurs et employés ; pourtant il faut convenir qu'elle serait de nature à les rendre moins *fréquents*, puisqu'elle donne une certaine élasticité aux salaires. Sans doute cette élasticité n'est pas indéfinie, mais dans la mesure où elle existe, elle pourrait rendre de grands services, si les ouvriers n'avaient contre l'échelle mobile des griefs spéciaux et assez graves pour qu'aujourd'hui la grande majorité des mineurs anglais lui soit décidément hostile.

Comme le procédé de l'échelle mobile a une très grande affinité avec le sujet principal de cet ouvrage, la participation aux bénéfices proprement dite (1), nous avons spécialement étudié auprès des mineurs anglais les causes de cette hostilité et nous croyons nécessaire d'y insister tout particulièrement.

« Nous sommes opposés aujourd'hui au *sliding scale*, nous ont dit plusieurs secrétaires d' « unions » de mineurs, pour deux raisons fondamentales. D'abord nous trouvons que les salaires qui en résultent sont bas, et en second lieu il mine sourdement nos syndicats et les désagrège.

« C'est un axiome reconnu parmi nous aujourd'hui que l'échelle mobile équivaut à de bas salaires, *sliding scale*

---

(1) En effet l'échelle mobile ressemble à une participation aux bénéfices dans laquelle la part attribuée aux ouvriers leur serait remise au comptant. Elle a sur elle l'avantage d'une grande simplicité, aucune comptabilité spéciale n'est nécessaire et tout ouvrier, employé dans l'établissement pour une durée, si courte soit-elle, participe aux profits calculés au taux du jour même où il a accompli sa tâche.

means low wages et toutes les fois que nous l'avons adoptée, *nous avons constaté une dépression du taux de nos sa-*
laires.

« Il n'en pouvait être autrement du jour où l'on admettait que les prix des marchandises doivent régler le taux
des salaires et non pas le taux des salaires régler le prix
des marchandises. Nous savons que les économistes ne
peuvent ni admettre, ni même comprendre notre prétention de régler le prix des denrées d'après les salaires, mais
cela nous importe peu, nous gardons notre manière de
voir et, grâce à nos syndicats, la pratique nous donne raison.

« Or voici ce que notre propre expérience nous a conduits
à constater. Lorsque le « coal owner », le propriétaire de
charbon sait que le salaire de ses ouvriers doit baisser
automatiquement avec le prix du charbon, nous sommes
toujours sûrs de voir ce prix diminuer, parce que, dans
une certaine mesure, le patron a moins d'intérêt à maintenir les hauts cours.

« Sans doute cet intérêt existe, puisque, en fait, la hausse
du prix est loin d'être absorbée tout entière par la hausse
du salaire (1) et que le patron ne se prive pas aisément de
ses bénéfices. Néanmoins lorsque le patron sait que la
baisse des salaires récupérera pour lui une partie de la réduction du prix qu'il consent à ses clients, il a moins de
force pour résister à la pression des acheteurs et, en fait,
le charbon tombe bientôt au prix qui correspond au salaire
minimum fixé par le contrat de *sliding scale.* Au contraire

____

(1) Ainsi d'après la convention rapportée plus haut et qui régit les charbonnages de la *Lehigh Valley,* puisque le salaire équivaut pour le travail
d'extraction a 12 *cents,* pour une tonne valant 5 dollars, une baisse de
10 cents correspond à peine à une demi-cent de réduction sur les salaires.

lorsqu'un patron, sur le point de signer un marché, sait qu'il aura à payer à ses ouvriers un salaire de... et que ce salaire a été fixé d'une manière immuable pour deux années, il sent ses forces décuplées pour offrir à la baisse toujours sollicitée par les acheteurs une sérieuse résistance ; et si nous avons su par le syndicat fixer un taux de salaire convenable, notre situation est singulièrement meilleure qu'elle ne le serait avec l'échelle mobile. Avec cette dernière nous faisons souvent un marché de dupes, car elle nous donne l'illusion de voir nos salaires hausser avec les prix du charbon, et, en fait, elle est elle-même un obstacle à cette hausse.

« A un autre point de vue encore, le *sliding scale* nous est funeste. Vous savez en effet que notre salaire n'a pas seulement à défendre sa position acquise, il faut encore qu'il fasse de nouvelles conquêtes, qu'il progresse et que le contrat de travail devienne chaque jour plus avantageux pour nous. Or que serait devenu notre salaire avec le *sliding scale* ? Où en serions-nous si, depuis cinquante ans, nous avions lié le taux de notre rétribution au prix du charbon, du fer, du froment ou du coton, alors que tous les économistes sont les premiers à signaler, que beaucoup de produits ont baissé de prix ou sont restés stationnaires et que les autres n'ont pas haussé dans la même proportion que les salaires.

« Voilà le premier tort de l'échelle mobile à nos yeux, vous pouvez juger combien il est grave. Pourtant elle en a un second. Le *sliding scale* désagrège lentement nos syndicats et sous son influence, nos associations ont une tendance à s'affaiblir et à disparaître.

« Cela peut sembler étrange. En voici la raison : avec le *sliding scale*, nos salaires sont réglés automatiquement et nòtre intervention devient bien moins nécessaire. Sans doute elle se produit encore de temps à autre, pour lutter contre des abus de diverse nature (durée du travail, pesage du charbon, etc.), mais du moins ne se produit-elle plus sur le point capital, celui qui intéresse le plus l'ouvrier et suscite le plus de contestations, le taux du salaire (1), et alors nos mineurs en viennent peu à peu à penser que le syndicat est un rouage superflu, qu'il est inutile de payer chaque semaine une cotisation et de s'infliger une privation certaine et immédiate en vue d'un avantage éventuel dont on ne saisit plus même la nature, puisque le salaire est automatiquement fixé. En fait, le *sliding scale* est une arme de guerre excellente contre nous entre les mains des patrons, car, lorsqu'il n'y a plus de cohésion entre leurs ouvriers, ils sont maîtres de la situation et peuvent dicter à leur aise les conditions du contrat de travail.

« Voilà ce que nous avons à vous dire. On peut, en théorie, discuter la question à loisir, ces faits n'en restent pas moins certains, et aujourd'hui les mineurs anglais sont presque unanimes à repousser un système qui a autrefois excité leur enthousiasme. Ainsi, nous avons en Angleterre (proprement dite, à l'exclusion de l'Ecosse et de l'Irlande) quatre grands comités de salaire et d'arbitrage (*Arbitration boards*), un pour le pays de Galles, un pour le Durham, un pour le Northumberland, un pour le bassin central (pays noir, *Black country*) sur lequel s'étend la Fédération des mineurs de Grande-Bretagne.

(1) La durée du travail intéresse autant l'ouvrier, puisque sa diminution ou son extension équivaut à une baisse ou à une hausse du salaire, mais elle ne varie guère, sinon à des intervalles très éloignés ; le salaire, au contraire, oscille constamment et, par suite, nécessite une fréquente intervention.

« Les deux premiers avaient, il y a deux ans, adopté le sliding scale, qui avait été repoussé par les deux autres. A l'heure actuelle (septembre 1896) les contrats d'échelle mobile sont arrivés aux derniers jours de leur terme et ils n'ont pas été renouvelés : ils donnent en effet de très mauvais résultats. »

Après ces explications, il est inutile d'ajouter que les patrons se montrent d'ordinaire favorables à l'échelle mobile et le souvenir des conflits dont elle a été souvent l'occasion est la seule raison qui refroidisse leurs sympathies. Mais tout contrat exige le concours de deux volontés et il ne suffit pas que les clauses soient agréées par une seule des deux parties contractantes.

D'ailleurs le jugement que les mineurs anglais portent sur le *sliding scale* peut faire l'objet de plusieurs observations : elles trouveront leur place lorsque nous envisagerons l'attitude des ouvriers à l'égard de la participation aux bénéfices proprement dite (1). Remarquons seulement que, dans tous les milieux où les ouvriers sont parfaitement organisés, le même désenchantement se manifeste, et l'échelle mobile n'a plus guère la sympathie des ouvriers.

Les mineurs français et belges inclinent de plus en plus à partager l'opinion de leurs camarades d'Outre-Manche.

Il resterait seulement à expliquer pourquoi le *sliding scale*, qui n'a d'ordinaire fonctionné que très imparfaitement dans les charbonnages de l'Europe, paraît au contraire donner de bons résultats, dans l'immense bassin houiller de la Pensylvanie. Ainsi, dans la Lehigh Valley,

---

(1) Nous y renvoyons le lecteur, car l'échelle mobile et la participation aux bénéfices proprement dite sont à ce point similaires que nous n'avons d'autre moyen d'éviter des redites.

il n'y a plus eu de grève de mineurs, depuis l'introduction du *sliding scale* en 1887 et pourtant avant cette époque les conflits avaient été fréquents.

Nos renseignements sont trop sommaires sur ce point, pour qu'il nous soit possible de donner ici aucune indication précise. Nous devons seulement signaler que plusieurs fois déjà le *sliding scale* fut abandonné et repris dans le bassin pensylvanien. En outre, la convention de 1887 paraît avoir adopté comme *standard wage*, comme salaire étalon, un taux très avantageux pour les ouvriers qui semblent obtenir une rétribution plus élevée que celle que les *coalowners* leur accorderaient si la convention était à refaire (1). Mais *si ce point de fait est exact*, on voit que le succès de la convention de 1887 devrait être attribué moins à la valeur intrinsèque de l'échelle mobile, qu'à l'élévation singulière du taux qui a été considéré comme étant celui du salaire étalon (2).

(1) Les employeurs redoutant une grève n'osent dénoncer la convention de 1887.

(2) Il semble aussi que les employeurs ont paralysé l'effet naturel de la concurrence, par la formation d'un syndicat des propriétaires de mines. Ils dominent ainsi le marché et le prix du charbon baissant peu, on comprend que le *sliding scale* fonctionne à la satisfaction des mineurs. Ces lignes étaient écrites, lorsqu'a éclaté la grande grève des mineurs de Pensylvanie vers la fin de 1897. Nous ne savons pas si le conflit a éclaté à propos de l'application du *sliding scale*, mais en tous cas nous constatons que ce système de salaire n'a pas suffi pour l'éviter.

CHAPITRE II

Historique.

Nous venons d'étudier deux méthodes d'association de l'employé aux bénéfices généraux de l'employeur : les imperfections de la première sont apparentes ; quant à la seconde, elle n'a pu être appliquée que dans deux grandes industries : les mines de houille et les fonderies de fer. Comment établir une relation fixe entre le salaire du tisseur et le prix de l'étoffe fabriquée, entre la rétribution du minotier et le prix de la farine moulue, entre la rémunération de l'ébéniste et le prix du meuble sculpté ? On n'y peut même songer : le produit n'a plus une valeur constante, et, au contraire, le prix de chaque objet varie suivant la qualité des matières premières et la difficulté ou la durée du travail accompli. Si l'on juge le contrat de travail imparfait tant qu'il n'associera pas *spontanément et de lui-même* l'employé aux profits de l'employeur, il faut donc chercher d'autres méthodes.

A-t-on résolu le problème ? Oui, dit-on, et voici la solution : il faut associer l'ouvrier aux bénéfices généraux de l'entreprise à laquelle il collabore ; ce ne serait plus seulement l'ouvrier actionnaire et l'ouvrier déposant qui participeraient aux bénéfices ; tout ouvrier, en principe, aurait ce droit de par sa seule qualité d'ouvrier, et si l'on exigeait quelques conditions, ces conditions auraient un caractère purement professionnel. Telle est l'idée essentielle du système fameux connu sous le nom de participation aux bénéfices, et qu'un de ses partisans les plus autorisés, M. Charles Robert, définit ainsi : *la participation aux bénéfices est une libre convention, expresse ou tacite, suivant les cas, par laquelle un patron donne à son ouvrier, à son employé, en plus du salaire normal, une part dans les bénéfices sans participation aux pertes.*

Nous exposerons plus loin la théorie de cette institution. Essayons d'en retracer ici l'historique.

L'application pratique de la participation aux bénéfices remonte à une très haute antiquité, et nous avons montré (1) que c'est bien plutôt la dissociation des intérêts de l'ouvrier et du patron qui est une chose nouvelle. Volontiers on répéterait ce joli mot du peintre Whistler. Une dame le félicitait de ce que certains paysages des bords de la Tamise ressemblaient à ses tableaux. « En effet, Madame », — répondit le peintre, — « la nature se rapproche de moi » (*Nature is creeping up to me*). De la participation aux bénéfices aussi on peut dire qu'elle est une copie modernisée des procédés usités jusqu'à nos jours pour la rémunération du travailleur, et cette constatation n'est pas pour déplaire à ses défenseurs les plus autorisés. Si elle est ancienne par son principe, la participation aux bénéfices est pourtant, par sa forme et par sa méthode, une combinaison toute moderne, et c'est bien Leclaire qui en 1842 posa le premier les règles de ce régime.

Pour comprendre l'innovation du peintre parisien, il

____

(1) *Vide suprà*, p. 4.

n'est pas inutile de jeter un coup d'œil sur la situation économique à cette époque.

Les grands patrons de l'industrie appliquaient sans restriction au travail la loi de l'offre et de la demande, et, comme l'offre de travail était abondante et l'industrie en pleine période de développement, ils encaissaient de très beaux bénéfices. De quelques-uns d'entre eux un auteur parfois méchant et injuste pouvait dire avec quelque raison que « tout ce qu'ils accordaient au travail, c'étaient des conférences aux ouvriers, sur leur devoir de se contenter de leurs salaires et de l'hospice » (1). Dès qu'un ouvrier avait loué ses services pour un salaire déterminé, l'employeur n'avait d'autre obligation que de payer la somme librement convenue. Cette libre convention semble très équitable. En effet si les patrons d'une industrie réalisent des bénéfices importants, d'autres établissements surgissent de terre et les salaires haussent; si au contraire, « les affaires sont mauvaises », certaines entreprises disparaissent et les salaires baissent. Avec un régime de liberté, la loi de l'offre et de la demande assure donc toujours à l'ouvrier le salaire le plus juste et on connaît la phrase célèbre de Cobden : « quand deux patrons courent après un ouvrier les salaires haussent, quand deux ouvriers courent après un patron les salaires baissent ».

Cette opinion fut à son apogée en France et en Angleterre au temps de la monarchie de juillet, pendant lequel une bourgeoisie honnête et un peu égoïste se croyait naïvement arrivée à la forme sociale définitive (2).

---

(1) *The cooperative movement to day*, par Holyoake, p. 35.

(2) « Le gouvernement de Louis-Philippe représentait surtout la classe

A la même époque se développait un mouvement inverse. Un gentilhomme, le comte de St-Simon, avait fondé une école dont les doctrines utopiques devaient exercer une grande influence sur la majorité des belles intelligences de son temps et jusqu'aux environs de 1860 ; Charles Fourrier apparaissait à son tour, suivi de Louis Blanc et de Proudhon en France, de Robert Owen en Angleterre. « Frappés, — comme le dit l'un d'entre eux, — du soin vigilant que le patron donne à l'outil mort et de son incurie à l'égard de l'outil vivant », ces hommes n'entrevirent la solution du problème industriel que dans la disparition du patronat ; il était inutile d'essayer d'améliorer une organisation aussi radicalement gâtée et de demander quelque sympathie pour l'ouvrier à des patrons qu'ils estimaient pétris d'égoïsme ; le plus simple était d'associer les ouvriers de telle manière qu'ils fussent leurs propres patrons.

Ces conceptions généreuses et utopiques furent les initiatrices du grand mouvement de la coopération et des sociétés coopératives de production. Ce mouvement atteignit son apogée en 1848 et obtint les faveurs du gouvernement impérial (1). Les limites de cette étude nous in-

---

riche, les propriétaires et les grands industriels. Les événements de Lyon et les grèves où les compagnonnages montrèrent pour la première fois leur puissance, ne firent que développer dans l'esprit de ceux qui détenaient le pouvoir, cette idée que les ouvriers ont besoin d'être maintenus et que l'affaire du gouvernement est de les tenir en bride. » Hubert Valleroux, *Le contrat du travail*, Paris, Rousseau, 1895, p. 55.

(1) Il est difficile de se faire une idée exacte de l'extraordinaire engouement pour les sociétés coopératives de production qui régnait en France entre 1865 et 1868. Parmi les nombreux ouvrages publiés à cette époque sur ce sujet, on pourra consulter notamment : Jannet, *De l'état présent et de l'avenir des sociétés coopératives*, 1861 ; Laugeron, *Les étiquettes à la mode, nouvelle causerie d'outre-tombe sur la coopération*, 1867 ; Leplieux,

terdisent d'y insister. Des hommes de bien le considèrent encore comme appelé à prendre dans l'avenir une extension indéfinie, et l'on craint toujours de les froisser en exprimant sur lui un jugement peu favorable. Il nous sera pourtant permis de dire que les sociétés coopératives *de production* n'ont pas répondu à l'attente de leurs fondateurs : un grand nombre ont échoué (1), plusieurs sont devenues des sociétés anonymes ordinaires, et quelques-unes seulement se sont maintenues en restant fidèles à leur principe. Nous avons constaté qu'on s'accorde généralement en Angleterre à les juger sévèrement : patrons et ouvriers, libéraux, anti-socialistes et socialistes donnent souvent leur assentiment à ces grandes paroles d'un auteur, socialiste, Miss Béatrix Potter : « Il n'y a pas de mots assez durs pour stigmatiser un certain nombre de ces associations, dans lesquelles un petit groupe d'ouvriers ne réalise des bénéfices qu'au moyen d'une exploitation odieuse du travail de leurs frères. »

Il y avait donc en France en 1840 deux groupes bien distincts : d'un côté, la plupart des patrons ne concevaient pas qu'on pût hésiter à assimiler le travail à une marchandise, soumise à la loi de l'offre et de la demande ; de l'autre, des publicistes recommandaient la suppression du patronat. Entre ces deux groupes, des hommes doués par

Essais d'association coopérative à Rouen et dans l'arrondissement, 1867 ; Robert, *Paroles d'un vieux travailleur à propos des sociétés coopératives*, 1867 ; *Plus de salariat*, Lettre à propos de la loi sur les sociétés coopératives, 1867.

(1) La liste de ces échecs serait longue, tant dans le domaine de l'agriculture que dans celui de l'industrie, et la succession est ininterrompue, depuis les premiers insuccès de Robert Owen dans l'État d'Indiana et de ses amis à Orbiston en Angleterre et à Ralahine en Irlande, jusqu'aux faillites récentes de la mine aux mineurs et de la verrerie aux verriers.

dessus tout d'un grand sens pratique cherchaient une autre issue. Leur qualité de patrons les préservait de l'erreur dans laquelle étaient tombés les détracteurs du salariat ; ils savaient quelle est l'importance du rôle rempli
par le patron, comment celui-ci, toujours en éveil, cherche
de nouveaux débouchés et coordonne les forces internes
de l'atelier ; mais ils sentaient aussi dans la droiture de
leur conscience qu'il n'est pas juste d'assimiler le travail
à une marchandise et de réaliser sur lui le plus de bénéfices
possible.

Entre la suppression du patron et le système qu'ils
voyaient appliqué autour d'eux, ils conçurent un système
intermédiaire dans lequel l'ouvrier deviendrait partiellement l'associé du patron. Cette association qui doit supprimer les conflits sans cesse renaissants entre patrons et
ouvriers, — ces conflits n'ayant plus de raison d'être —
ce ne sera pas une association ordinaire, de tous points
semblable à celle qui unit deux patrons dans une société
en nom collectif, mais seulement une participation aux
bénéfices ; ainsi se trouvera corrigée l'injustice dont se
plaignent les détracteurs de la fonction patronale.

Le premier homme qui eut une notion concrète et précise de cette combinaison nouvelle fut Edme-Jean Leclaire, fils d'un pauvre cordonnier de l'Yonne, qui était
devenu, grâce à de laborieux efforts, chef d'une entreprise
de peinture « et un chef qui se souvenait qu'il avait été
ouvrier ». On a fait maintes fois le récit des circonstances
dans lesquelles Leclaire, dans une conversation avec
M. Frégier, publiciste, alors occupé à la composition d'un
ouvrage sur « les Classes dangereuses », entrevit pour la
première fois en 1835 la possibilité d'associer à ses bénéfices ses collaborateurs subalternes ; on a raconté aussi

ses démêlés avec l'administration, qui lui refusa l'autorisation de réunir ses employés pour leur expliquer son plan (1), et l'injuste suspicion de ses ouvriers, qui flairaient, suivant l'expression anglaise, un moyen nouveau et ingénieux d'obtenir soixante centimes de travail pour 40 centimes de salaire (*six pennyworth of work for fourpence of wages*) ; enfin on a dit comment Leclaire se souvenant que les preuves par le fait sont toujours les plus puissantes, réunit le 13 février 1843 les quarante ouvriers qui constituèrent plus tard « le noyau » et déposa sous leurs yeux étonnés un sac d'écus de 12.200 francs (2). De ce jour la participation aux bénéfices pouvait être considérée comme une méthode pratique de rémunération du travail.

Leclaire agissait-il par pure philanthropie? on l'a souvent affirmé, croyant par là mieux honorer la mémoire de ce peintre parisien ; il vaut mieux dire, — et les défenseurs les plus perspicaces de la participation aux bénéfices

(1) Voici un extrait du curieux rapport de police dont la tentative de Leclaire fut l'objet ! « Nous pensons, dans les circonstances où se place cet entrepreneur, que son intention n'est autre que d'embaucher des ouvriers pour assurer l'extension de ses travaux en leur donnant des chances de partage dans les bénéfices qu'il retire de ces travaux. C'est là une question de règlement de salaire d'ouvriers qui ne nous parait pas devoir être encouragée et qui est défendue par la loi ; l'ouvrier doit rester entièrement libre de fixer et de régler son salaire, il ne doit pas pactiser avec le maitre, et c'est à quoi le sieur Leclaire vise aujourd'hui. Sous ce rapport, les autorisations qu'il sollicite nous paraissent devoir être refusées, surtout si l'on considère que, par l'association dans les bénéfices, l'ouvrier s'engage avec le maitre au delà d'une année, ce qui lui est défendu par l'article 13 de la loi du 22 germinal an XI. »

(2) L'effet d'une pareille somme en écus dut être saisissant. On sait qu'à cette époque la monnaie d'or était pratiquement inconnue en France, et que le métal blanc était seul en circulation. C'était le temps où on gardait les « *pièces jaunes* » pour les grandes circonstances et notamment pour les présents du jour de l'An.

n'ont garde de s'y méprendre, — que Leclaire se montrait surtout, dans son innovation, un patron très soucieux de ses intérêts personnels et désireux de s'épargner des grèves et des conflits. Au cours de notre enquête, nous avons rencontré un ancien entrepreneur de plomberie, parisien comme Leclaire, et qui fut à même de le bien connaître, grâce à des rencontres fréquentes, amenées par leurs travaux similaires au service d'une clientèle commune. A ses yeux, le fondateur de la participation aux bénéfices fut surtout un patron très fin et très ingénieux, qui, en face de l'impossibilité où il se trouvait de surveiller ses ouvriers dispersés en divers chantiers, fut heureux de pouvoir placer à la tête de chacun de ces chantiers, deux ou trois hommes soigneusement choisis et intéressés à bien travailler et *aussi à faire bien travailler* ceux qui étaient sous leur surveillance. Admettre que de tels motifs aient pu se joindre à un sentiment de philanthropie pour conduire Leclaire à son innovation (1), ne nous paraît pas diminuer son mérite, c'est plutôt ajouter à sa réputation en constatant que ce philanthrope était aussi un patron d'une perspicacité singulière.

Dès le début, il eut en effet une vision très nette des

---

(1) Ce qui fait croire à l'exactitude de ce jugement, c'est d'abord ce fait qu'une partie seulement des ouvriers était admise à la participation, et c'est aussi le soin avec lequel Leclaire calcula ses affaires : « Un cuvrier, écrivait-il, peut-il, par son activité et sa bonne volonté, produire une somme de travail supplémentaire équivalente à une heure de travail, soit à 60 centimes, prix actuel de l'heure de travail ? Peut-il, en outre, en évitant le gaspillage des matériaux et en soignant ses outils, économiser 25 centimes par jour ? Evidemment oui : si donc un seul ouvrier peut économiser 85 centimes par jour, économie qui, pendant les 300 jours de l'année, équivaut à 255 francs et si nous supposons que le nombre moyen des ouvriers employés par la maison est de 300, nous obtenons une économie annuelle de 76.500 francs. »

ressources que les patrons devaient retirer de ce mode de rémunération et de l'amélioration qu'il pouvait apporter au sort des ouvriers ; il publia les détails et les avantages du régime nouveau et, dès 1843, M. Laroche-Joubert, à Angoulême, imitait son exemple (1), suivi depuis par la Compagnie des chemins de fer de Paris à Orléans en 1844, par M. Steinheil en 1847, par M. Dehong en 1848, par la Compagnie d'assurances générales en 1850, et par M. Godin dans son *Familistère de Guise* en 1859. L'innovation devint bientôt célèbre ; en 1848 elle fut soumise à l'examen attentif de « la commission du gouvernement pour les travailleurs », et le Second Empire, désireux d'accroître sa popularité, manifesta publiquement l'intérêt qu'il portait à une combinaison favorable aux intérêts des classes laborieuses.

Michel Chevalier fut, à notre connaissance, le premier économiste qui s'en soit occupé, et, dès 1848, il signala avec sympathie une institution « grâce à laquelle pourraient disparaître, comme par enchantement, les luttes sourdes qui existent entre patrons et ouvriers et qui occasionnent tant de désordres, tant de petits débats, tant de déperdition de fortunes » (2).

Dans les années 1865 et suivantes, l'étude des questions intéressant le sort des familles ouvrières excitait chez tous une très vive attention, et ce ne fut point un hasard qui conduisit le gouvernement à choisir le grand Frédéric

____

(1) La maison Leclaire devint bien vite la plus connue des entreprises de Paris, et cette réclame gratuite, en lui attirant un grand nombre de clients, contribua certainement à sa prospérité.

(2) *Question des travailleurs, l'amélioration du sort des ouvriers, l'organisation du travail.* Paris, Guillaumin, 1848. Cf. aussi son introduction aux *Rapports du ury international*, Paris, Paul Dupont, 1868.

Le Play comme directeur de l'Exposition universelle de 1867.

Entre toutes les questions étudiées, la participation aux bénéfices vint au premier rang : le dixième groupe d'études formé à l'occasion de cette exposition s'en occupa longuement, et, en 1870, elle figurait en tête du programme de la *Société d'études pratiques pour la suppression des grèves* qu'un économiste connu, M. Jules Duval, projetait de fonder. La guerre survint, qui empêcha la formation de cette société ; vers cette époque, deux hommes s'attachèrent à répandre les principes de cette méthode nouvelle de rémunération et à en exposer par la parole et par la plume le mécanisme et les avantages : nous avons nommé M. Charles Robert et M. de Courcy.

La participation aux bénéfices obtenait aussi en Angleterre un grand retentissement que des événements ultérieurs devaient rendre nuisible à son succès. En 1867, MM. Briggs, patrons d'une mine de houille importante, proposèrent à leurs 1300 ouvriers de les associer à leurs bénéfices ; pendant quelque temps la tentative réussit pleinement : les grèves et les conflits disparurent et des relations normales s'établirent entre patrons et ouvriers. De tous côtés on fit à l'innovation de MM. Briggs la publicité la plus large et la plus élogieuse ; Babbage, Stuart Mill, Fawcett, Stanley Jevons exprimèrent hautement leur sympathie. Malheureusement il n'y avait qu'un rapport de concomitance entre la participation aux bénéfices et l'état de paix dont jouissait la mine de MM. Briggs, et non une relation de cause à effet. On le vit bien, lorsque la prospérité du marché de la houille commença de faiblir ; vers 1863, la baisse des prix se manifesta ; les ouvriers revinrent à leur animosité ancienne, et, après un essai de

huit années, MM. Briggs renonçaient définitivement en
1875 à une combinaison onéreuse pour leurs intérêts et
inefficace pour le rétablissement ou le maintien de la paix
sociale. Cet échec eut naturellement un grand retentissement et ébranla la confiance des économistes (1).

Par une coïncidence étrange, l'année 1875 était aussi
celle où, en Allemagne, M. Borchert, fabricant de laiton à
Berlin, abandonnait la participation aux bénéfices, et cet
échec, devenu célèbre en Allemagne par les circonstances
et la publicité dont il fut entouré, avait pour effet de persuader l'opinion publique de l'inefficacité de la combinaison nouvelle. Pourtant il ne découragea pas un professeur
de l'école polytechnique de Zürich qui, convaincu de la
valeur de cette méthode, consacra son talent à la divulguer.
Après diverses publications (2), M. Böhmert fit paraître
en 1878 deux volumes consacrés à l'étude détaillée de la
participation aux bénéfices (3). Il suffit de dire qu'après
dix-neuf années, cette œuvre est encore aujourd'hui l'é-
tude la plus complète sur la matière.

Cette année 1878 nous ramène en France, où à l'occa-

---

(1) Ce retentissement fut encore accru par l'échec contemporain (1874)
de la participation aux bénéfices dans les ateliers de MM. Fox Head and
C°, fondeurs à Middlesborough, qui occupaient 500 ouvriers.

(2) *Untersuchung und Bericht über die Lage der Fabrikarbeiter*, « Etude
et rapport sur la situation des ouvriers de fabrique », présenté à la Société
d'utilité publique du canton de Zürich par le Dr Victor Böhmert, Zurich,
Schabeliz,1868 et *Arbeiterverhältnisse und Fabrikeinrichtungen der Schweiz*.
« Condition des ouvriers et institutions manufacturières de la Suisse »,
Rapport rédigé sur la demande de la commission générale fédérale pour
l'exposition universelle de Vienne, par le Dr Victor Böhmert, Zürich,
César Schmidt, 1873.

(3) *Die Gewinnbetheiligung. Unternehmungen über Arbeitslohn und
Unternehmergewinn.* « La participation. Etude sur la rémunération du travail et les bénéfices de l'entrepreneur. » M. Trombert a donné une traduction française de cet ouvrage.

sion de l'Exposition universelle, le Ministre de l'intérieur ouvrait une enquête sur les institutions de prévoyance et d'épargne et parmi elles sur la participation aux bénéfices. Le 30 mai 1879, le gouvernement autorisait la formation d'une société pour l'étude et la propagation de la participation aux bénéfices. Cette société n'admet dans son sein que des industriels, des commerçants ou leurs collaborateurs directs, et, depuis dix-huit années, sous la direction vigilante de son président, M. Charles Robert, elle est restée fidèle à sa mission (1).

Le 20 mars 1883, une commission extra-parlementaire fut nommée par M. Waldeck-Rousseau, ministre de l'intérieur, pour étudier dans quelle mesure il serait possible d'obtenir des entrepreneurs des travaux publics de l'État qu'ils fissent participer leurs ouvriers à leurs bénéfices. En 1889, l'institution vantée par Leclaire était assez répandue pour pouvoir justifier la réunion d'un congrès spécial à Paris (Esplanade des Invalides). Les pays étrangers y étaient représentés par des hommes tels que MM. Vansittart Neale, Carroll D. Wright, Luzzati, Van Marken et le compte rendu de ses travaux est très instructif (2). De nombreux congrès coopératifs se sont aussi occupés de la participation aux bénéfices ; mais comme cette question a soulevé parmi les coopérateurs de longues et vives discussions, nous ne les mentionnerons ici que pour mémoire, et l'on retrouvera plus loin l'exposé de leurs débats.

A côté des congrès paraissaient de nouveaux livres publiés en langues diverses. En 1884, M. Sedley Taylor, membre

(1) Elle a été reconnue d'utilité publique par décret du 12 mars 1889. Elle a pour organe un bulletin trimestriel.

(2) Le discours d'ouverture du président, M. Levasseur, mérite notamment une mention spéciale.

du Trinity College de Cambridge, faisait paraître une étude très scientifique sur *le partage des profits entre le capital et le travail* (1), où figurait notamment un memorandum rédigé par M. Archibald Briggs lui-même sur la célèbre expérience des années 1867-1874. Quelques années plus tard, en 1892, se fondait à New-York une association pour le développement de la participation aux bénéfices (*for the promotion of profit sharing*). Elle publie à Boston une revue trimestrielle (2), et l'universelle réputation de son président, M. Carroll D. Wright est une garantie suffisante du caractère sérieux de ses travaux. En 1893, un auteur américain, M. Paine Gilman, publiait un intéressant ouvrage sur le *partage des profits entre l'employeur et l'employé* (3).

De ce côté de l'Atlantique la propagande n'est pas moins active : en Allemagne M. Böhmert divulgue le mécanisme de cette institution dans les trois journaux qu'il dirige ou qu'il inspire (4), et M. Charles Secretan en Suisse (5), MM. Pietro Manfredi et Francesco Vigano en Italie, M. Van Marken en Hollande ne perdent aucune occasion de la faire connaître.

En France, M. Trombert qui avait déjà traduit, comme nous l'avons dit, l'œuvre de M. Böhmert, a publié en 1892 son *Guide pratique pour l'application de la participation aux bénéfices* ; et une édition nouvelle, mise à jour et corrigée, a paru il y a quelques mois.

On le voit, le système du partage des profits est aujour-

---

(1) *Profit sharing betwen Capital and Labor.*

(2) *Employer and employed*, chez Genger Ellis.

(3) *Profit sharing betwen employer and employed.* Boston and New-York, Houghton Mifflin and C°, 1893.

(4) *Der Arbeiterfreund, Die Socialkorrespondenz, Das Volkswohl.*

(5) *La civilisation et la croyance*, Paris, Alcan, 1887.

d'hui l'objet d'une propagande très active, et rien de ce qui peut servir à la divulgation d'une idée ne lui a fait défaut : revues et journaux, congrès et commissions parlementaires, orateurs infatigables et publicistes de renom. Aussi bien, l'étendue même de la publicité qui a été faite autour du système de la participation aux bénéfices ne fait que rendre plus frappante la modicité du chiffre auquel s'élève le nombre des établissements qui appliquent cette institution.

S'il est difficile de connaître exactement ce nombre, du moins est-il certain, et personne ne le conteste, qu'il est extrêmement restreint. Le rapprochement de ces deux constatations est important, et il nous suffit, en ce moment, d'attirer spécialement sur lui l'attention du lecteur.

D'ailleurs, si les cas d'application pratique de la participation aux bénéfices sont peu nombreux, du moins ne sont-ils pas dus à l'intervention factice et dangereuse de l'Etat ; les partisans les plus écoutés de ce système ne veulent confier sa destinée qu'à l'action libre de l'initiative individuelle, et ils ont su modérer l'ardeur d'amis trop zélés à qui cette tactique semblait trop lente (1).

---

(1) En 1881, au conseil municipal de Paris, sur la proposition de M. Mesureur, une commission a élaboré un projet de modification du cahier des charges de la ville de Paris, stipulant remise de rabais à l'entrepreneur qui aurait pris l'engagement d'appliquer la participation aux bénéfices.

A la Chambre des députés une proposition antérieure à cette date et de nombreuses propositions postérieures ont été déposées, ayant pour but commun de rendre obligatoire, dans une mesure plus ou moins large, le régime de la participation aux bénéfices. En 1882 MM. Jules Roche et Laisant prenaient l'initiative d'une mesure semblable, restreinte aux exploitations permanentes. En 1891, la Chambre des députés était saisie d'une proposition de loi de MM. Guillemet, Laroche-Joubert et autres tendant à imposer la participation à l'Etat, aux départements, aux communes

De nombreuses propositions de loi ont été déposées : adversaires et partisans de l'institution doivent se féliciter de l'insuccès de ces tentatives.

S'il est vrai qu'aucune loi ne peut arbitrairement promouvoir une institution sociale, cette vérité s'applique surtout à celles qui, comme la participation aux bénéfices, supposent la réunion de qualités morales déterminées. En outre il serait facile de violer la loi tout en paraissant la respecter, et il suffirait, pour se donner cette apparence, de réduire un peu le salaire des ouvriers et de leur distribuer à la fin de l'année, en guise de participation aux bénéfices, la somme résultant de ces réductions (1).

et à leurs concessionnaires, dans les entreprises exploitées par eux. Au cours de la présente législature en 1895, sans se laisser décourager par l'opposition qu'avait rencontrée la proposition précédente dans la commission chargée de son examen, M. Guillemet déposait une nouvelle proposition tendant à décréter l'organisation de la participation aux bénéfices dans toutes les usines et manufactures que l'Etat gère lui-même et dont il met en vente les produits, ainsi que dans les chemins de fer qu'il exploite lui-même (*J. Off. Doc. parlementaires*, Ch. des députés, p. 52).

Dans l'intervalle, en juin 1892, puis en novembre 1893, MM. Vaques et Gauthier de Clagny proposaient d'imposer la participation aux bénéfices aux sociétés anonymes et aux sociétés en commandite par actions après certains prélèvements pour le fonds de réserve, la direction et le capital-actions.

(1) Le projet de loi sur les sociétés coopératives et la participation aux bénéfices, déposé par le gouvernement à la Chambre des députés le 16 juillet 1888, oblige, par la disposition de son article 38, les sociétés coopératives de production, comme condition des immunités fiscales qu'il leur offre, à attribuer à leurs auxiliaires ouvriers ou employés, recrutés en dehors de leurs membres, la moitié au moins des bénéfices annuels après prélèvement de l'intérêt du capital limité à 5 0/0 et les autres prélèvements sociaux prévus par les statuts. Cf. sur les origines de ce projet de loi et sur les vicissitudes nombreuses qu'il a subies jusqu'en 1895, *Supplément au répertoire de législation de Dalloz*, t. 16, v° *Société*, n°* 2195 et 2196.

CHAPITRE III

Le problème qui fait l'objet du contrat de travail se ramène, nous l'avons vu, à la formule suivante : échanger le travail d'une journée contre le salaire normal d'une journée : *fair-day's work for a fair day's wage*. Or, la participation de l'ouvrier aux bénéfices du patron serait, dit-on, le seul moyen de réaliser pacifiquement cet échange sur des bases équitables.

En effet, lorsqu'on regarde de près, on aperçoit que la véritable cause des conflits qui divisent les employeurs et les employés n'est pas tant la prétention des ouvriers à un salaire plus élevé que leur exigence d'un salaire qui les associe aux bénéfices de l'entreprise ; tel est à leurs yeux le juste salaire. Cela est si vrai, ajoute-t-on, que l'on voit souvent des ouvriers, qui gagnent de très hauts salaires, se mettre en grève pour cette inique raison que les dividendes des actionnaires sont trop élevés.

A Bielefeld, au mois d'août, les mécaniciens d'une fabrique de bicyclettes, dont les salaires *étaient les plus élevés de toute la région*, ont cessé le travail parce que les actionnaires avaient reçu un dividende de 18 0/0. « La participation aux bénéfices, nous disait M. Böhmert, eût empêché une pareille grève » (1). Il suffit, en effet, de ré-

(1) En fait cette grève a échoué : en l'absence d'un syndicat bien organisé, les ouvriers des usines voisines venaient prendre la place des grévistes.

fléchir un instant pour apercevoir les conséquences qui découleraient de son adoption.

D'abord, grâce à cette méthode, les ouvriers seraient assurés de recevoir à chaque moment le salaire qui est le prix réel de leur travail. Puisqu'il est certain que toute convention de salaire est fatalement exposée à l'arbitraire, et qu'aucun homme sérieux n'a le droit d'affirmer que « le salaire représente toujours, vendue à forfait, la part *complète* de l'ouvrier dans le produit » (1), il n'y a qu'un moyen d'éviter les conflits : c'est d'associer l'employé aux bénéfices de l'employeur : « La participation aux bénéfices, dit M. Sedley Taylor, introduit dans les relations entre l'employeur et l'employé une stabilité remarquable et une paix dont on a grand besoin. Des fluctuations violentes dans le taux des salaires sont évitées, puisque les ouvriers, sachant qu'à la fin de l'année, ils recevront leur part des bénéfices, n'auront plus de motif pour demander une hausse des salaires, au moment où des commandes importantes auront été faites à leur patron. Une grève n'a plus d'attraits pour des hommes qui se rendent compte que toute cessation de travail non seulement supprime leurs salaires pendant des mois, mais encore diminue le profit partageable à la fin de l'année » (2).

---

(1) Mémoire de M. Waxweiler, ingénieur des ponts et chaussées, présenté à la Société d'économie politique de Belgique. *Bulletin de la participation aux bénéfices*, année 1893, p. 30.

(2) Sedley Taylor, *op. cit.*, p. 63. Aussi comme contraste à l'exemple des ouvriers de la fabrique de bicyclettes de Bielefeld se mettant en grève parce que le dividende des actionnaires était de 18 0/0, peut-on citer l'exemple d'une importante fabrique de machines, à Halle (Prusse saxonne) où les dividendes distribués aux actionnaires sont les plus élevés de la région et où les ouvriers en dépit de la propagande socialiste voient sans jalousie s'accroître des bénéfices dont ils ont leur part.

La méthode du partage des profits résout donc le premier problème : celui qui consiste à assurer à l'ouvrier un salaire équivalent à son travail. Elle résout aussi le second, et n'expose plus le patron au danger de payer un salaire supérieur au travail qu'il reçoit. L'ouvrier n'est plus un homme sans autre pensée que celle d'obtenir le salaire le plus élevé pour le moindre travail ; il devient l'associé d'une entreprise à la prospérité de laquelle son intérêt personnel et tangible l'excite à collaborer. Puisque la production industrielle est le résultat du concours de deux agents, l'entrepreneur et l'ouvrier, il faut que l'association qui existe dans le labeur se retrouve dans la rémunération (1). Or, avec le salaire simple, les intérêts de l'ouvrier ont été nettement séparés de ceux du patron. M. Sedley Taylor montre la différence entre celui qui travaille pour lui-même et l'ouvrier qui enrichit seulement son patron : « L'un est plein d'initiative et il est alerte ; l'autre est mou et porté à éviter tout effort physique ou intellectuel qui n'est pas compris dans la moyenne admise par ses camarades. Le salaire à la tâche supprime la portée de cette remarque, sous le rapport de la quantité de la production ; mais le contraste demeure aussi grand que jamais sous le rapport de l'attention de l'œil et du cerveau à économiser les matières premières, à prendre soin des bâtiments et des outils, à suggérer des améliorations, en un mot à viser à autre chose qu'à obtenir le maxi-

---

(1) « Il est incontestable que tous les travailleurs d'un même établissement ont intérêt à faire prospérer l'entreprise qui les occupe ; mais dans les conditions actuelles de notre contrat économique, il y a une lacune, par suite de laquelle les gains ou les pertes qui résultent des conjonctures favorables ou défavorables ne sont pas répartis entre les entrepreneurs et les ouvriers avec un esprit de paix. » Fawcett, *Manuel of political economy,* 1874, ch. IX, Trades unions and strikes.

mum des produits et le minimum de qualité strictement suffisante pour échapper au rebut. Bref, l'emploi actif des puissances physiques et intellectuelles ne peut être obtenu que d'hommes amplement intéressés au résultat de la tâche à accomplir (1). »

On constate que l'ouvrier prend conscience de son nouveau rôle, et que sa bonne volonté et son ingéniosité s'accroissent. A ce propos, on cite l'exemple des ouvriers de la maison Leclaire qui, en 1878, refusent de suivre leurs camarades dans une grève qui paraît avantageuse et redoublent d'efforts pendant la crise, et celui des employés de la maison Chaix qui économisent le gaz et font servir les vieilles enveloppes (2).

Alors même que ces avantages pourraient être obtenus au moyen de primes, la participation aux bénéfices aurait toujours sur le système des primes la supériorité de son pouvoir éducateur (3).

Les publicistes les plus clairvoyants s'accordent, en

(1) Sedley Taylor, *op. cit.*, p. 63.

(2) Un industriel de Berlin, M. Freese, nous racontait qu'un jour un ouvrier vint le trouver et lui apprit que depuis un mois l'appareil de chauffage était détérioré et qu'on le remplaçait depuis cette époque par le chauffage au gaz : « Pourquoi ne nous en avez vous pas averti plus tôt ? demanda le patron. — C'est que, répondit l'ouvrier, à ce moment-là nous ne participions pas à vos bénéfices, et, trouvant le gaz plus commode, il nous importait peu qu'il fût moins économique. Aujourd'hui, cela a changé. » Enfin, un cas plus typique encore, parce qu'il témoigne de l'éducation morale qui peut être le fruit de la participation aux bénéfices, est cité par M. Sedley Taylor. Cet économiste rapporte qu'il connaît un employé d'une maison anglaise intéressé aux bénéfices qui refusa un poste plus lucratif, « parce qu'il préférait la situation plus haute que lui donnait sa qualité d'associé ». S. Taylor, *op. cit.*, p. 65.

(3) Troisième résolution du congrès international de la participation aux bénéfices. Cf. aussi le *Bulletin de la Société industrielle de Mulhouse*, année 1874.

effet, à proclamer que la grande question qui se pose actuellement est celle de l'élévation, de la formation morale des milieux ouvriers, et, au cours de notre voyage en Angleterre, nous avons vu combien vivement ce problème préoccupait les patrons et les leaders des Trades unions (1). Or, aucune autre institution n'est plus propre à exercer cette action élevante, n'est douée à un plus haut degré de cette vertu éducatrice. Surtout dans les établissements où elle est organisée d'une manière complète et où un comité élu par les ouvriers contrôle les livres du patron, elle initie les ouvriers aux difficultés du rôle patronal, elle leur montre que les bénéfices ne sont pas, comme l'a soutenu Karl Marx, un avantage nécessairement assuré à tout homme qui fait travailler d'autres hommes sous sa direction. Et par là elle arrête dans leurs germes bien des haines et bien des convoitises envieuses (2).

Tels sont les avantages singuliers que l'on peut attendre de la participation aux bénéfices. Il ne s'ensuit pas qu'on doive d'emblée l'introduire dans un établissement quelconque; ceux-là mêmes qui s'en déclarent les partisans les plus convaincus sont les premiers à prémunir leurs amis contre des tentatives prématurées, et ils savent trop combien les échecs retentissants de MM. Briggs et Fox Head et Cie en Angleterre et de M. Borchert en Allemagne

____

(1) « Le problème du jour, nous disait un de ces leaders, n'est pas d'accroître les gains de l'ouvrier, mais surtout de l'habituer à en faire un emploi plus conforme à la dignité de la nature humaine. »

(2) On n'a qu'à consulter des statuts de participation pour s'en convaincre. On y voit combien les rapports qui unissent le patron et le participant sont différents de ceux de l'employeur et de l'ouvrier ordinaire. Ainsi le contremaître n'a pas le droit de renvoyer de sa propre autorité un participant ; le patron « évoque » toutes les causes où l'un de ses « fidèles » est en jeu.

ont nui au développement de cette institution pour ne pas redouter le retour de semblables échecs.

D'abord il semble que certains établissements soient, par la nature spéciale du travail qui s'y accomplit, mieux prédisposés à recueillir les bienfaits du système du partage des profits. Ainsi M. Sedley Taylor estime que cette combinaison pourrait être expérimentée avec les meilleures chances de succès dans l'agriculture, les travaux des mines, de construction, de charpente, de peinture, etc., toutes industries dans lesquelles les salaires constituent l'élément principal du coût de production ; au contraire, elle trouverait un terrain beaucoup moins favorable dans les industries de la filature et du tissage et dans toutes les autres branches de production où la machine domine (*and other machine dominated branches of production*) (1).

M. Gray signale également, parmi les industries dans lesquelles la part du travailleur dans les bénéfices est la plus importante et par suite celles qui sont le plus appropriées à la méthode de la participation aux bénéfices, les entreprises qui n'emploient qu'un outillage peu coûteux et des matières premières à bas prix, de telle sorte que l'écart entre le prix de revient et le prix de vente résulte presque entièrement du travail manuel des ouvriers (2).

(1) S. Taylor, *op. cit.*, p. 42.

(2) Cette distinction est également faite par M. Poitevin, président de la Société Industrielle de Reims, dans la discussion de la 3ᵉ question examinée par le Congrès de 1887. — M. Gray distingue deux autres espèces d'entreprises : celles dans lesquelles on peut faire beaucoup d'affaires avec un faible capital et un faible travail (alors la grosse part des bénéfices reviendra à la clientèle) et celles où l'on a besoin de machines nombreuses et où l'on emploie peu d'ouvriers (alors le capital et la clientèle absorbent la plus forte part des bénéfices); on sait que dans la théorie pure de la coopération, la clientèle participe aussi aux bénéfices ; suivant cette théorie trois facteurs concourent aux bénéfices : le capital, le travail ma-

Ces remarques semblent judicieuses ; mais en réalité les conditions matérielles sont secondaires, ainsi que le démontre la diversité des industries où la participation aux bénéfices est appliquée (1).

Beaucoup plus nécessaire est la réunion de certaines conditions morales, qui peuvent d'ailleurs se ramener à une seule : il faut qu'un état d'harmonie, de confiance réciproque, de bonnes relations sociales préexiste dans les rapports entre patrons et ouvriers pour que la participation aux bénéfices puisse être établie avec chances de succès. Sans doute, il peut paraître bizarre d'exiger au préalable la présence, au moins en germe (2), des sentiments de paix et de confiance qui doivent être précisément le résultat de cette institution, et les détracteurs de la méthode du partage des profits ont ici beau jeu pour la déclarer impraticable, puisqu'elle tourne dans un cercle vicieux. Mais cette bizarrerie est apparente, et il ne manque pas, dans la nature, de forces physiques, chimiques ou thérapeutiques, qui, pour agir, supposent déjà la présence préalable, à petite dose, de l'effet qu'elles sont destinées à produire. On n'a jamais songé à reprocher à la machine à vapeur son inutilité, parce que, dans une position donnée, le piston demeure inerte et doit être mis en mouvement, ni au charbon de terre son inaptitude à chauffer, sous prétexte qu'il faut déjà pour l'allumer une certaine quantité de chaleur. De même que de petits détours (em-

nuel et intellectuel, la clientèle. Ces principes ont conduit en Angleterre plusieurs sociétés coopératives à leur perte et M. Laroche-Joubert, après avoir donné aux clients coopérateurs une part des bénéfices égale à celle du capital social, a supprimé cette participation.

(1) M. Dubois, *Exposé de quelques résultats statistiques de la participation aux bénéfices.*

(2) S. Taylor, *op. cit.*, p. 37.

ploi d'une manivelle spéciale, d'un petit piston annexe ;
emploi de petits morceaux de bois) ont permis dans ces
hypothèses de résoudre sans effort la difficulté, certaines
institutions annexes aideront les patrons à sortir de ce
prétendu cercle vicieux : des caisses de prévoyance, de
secours ou de retraites, parfois le seul fait d'habituer leurs
ouvriers à déléguer quelques-uns de leurs camarades,
chargés de formuler auprès du patron les diverses réclamations des employés, enfin le simple désir que manifeste le patron de contribuer à l'amélioration du sort de
ses ouvriers et la confiance qu'il leur témoigne sont autant de moyens propres à favoriser l'établissement de la
participation aux bénéfices.

Ces conditions morales sont essentielles, et, lorsqu'elles
ne se trouvent pas réunies, il ne faut pas songer à se servir d'une institution dont le mécanisme parfois un peu
délicat risque de donner facilement prise aux mauvaises
dispositions des ouvriers. L'exemple de M. Briggs doit
servir de leçon à tous ; il a fait assez de tort depuis vingt
années à la cause de la participation aux bénéfices. pour
que, du moins, on tire profit des enseignements qu'il comporte.

Voilà la théorie telle que l'exposent les partisans de la
participation aux bénéfices : on pense bien qu'elle n'est
pas sans soulever quelques objections : nous signalerons
seulement les principales.

D'abord, disent les adversaires, la participation aux bénéfices n'est pas équitable, puisqu'elle n'a pas pour corollaire l'association dans les pertes (1) ; ne sait-on pas que

____

(1) Il n'est pas un des industriels, publicistes ou professeurs que nous
ayons interrogés à ce sujet, qui ne nous ait fait cette objection. C'est celle
qui leur venait tout d'abord à l'esprit,

celles-ci sont fréquentes ? Puisqu'il y a dans toute entreprise industrielle un aléa considérable, il serait injuste que ceux qui sont associés aux gains ne fussent pas atteints par la perte.

A cette objection quelques-uns ont essayé de répondre qu'il n'est pas impossible d'associer les ouvriers aux pertes ; on peut en effet ne pas remettre au comptant la part des ouvriers dans les bénéfices, et alors quelle difficulté y a-t-il à faire participer les ouvriers aux pertes (1) ?

Il est certain qu'il n'y a pas une impossibilité matérielle à associer aux pertes des ouvriers admis au partage des gains, et il existe effectivement deux ou trois entreprises qui ont adopté cette méthode (2) ; mais cette pratique a beaucoup plus d'inconvénients que d'avantages, et *en fait* la très grande majorité des patrons qui ont associé leurs ouvriers à leurs bénéfices n'ont pas cru devoir leur faire supporter une part des pertes.

Il nous semble donc que la plupart des auteurs ont été mieux inspirés en abordant de front l'objection et en déclarant nettement que la participation aux pertes n'est pas le corollaire nécessaire de la participation aux bénéfices. Ce qui prouve, ont-ils dit, qu'il n'y a rien de choquant à ce qu'un homme reçoive une part des bénéfices sans supporter une part des pertes, c'est que tous les directeurs

(1) C'est bien ainsi que l'entendait M. Gladstone, lorsque, dans un discours à Port Sunbrigt en 1891, il disait : « Si l'on y peut atteindre, rien n'est plus séduisant. Mais il y a une question difficile : êtes-vous disposés, êtes-vous en situation de participer sur le pied de l'égalité absolue aux pertes comme aux gains ? Le problème ne peut se résoudre par magie, mais grâce au mutuel respect des droits de chacun, grâce à la connaissance croissante qu'acquiert chacun des affaires qui l'intéressent, grâce aux efforts que chacun doit faire pour se rendre maître des détails. »

(2) Dans la fabrique d'horlogerie de M. Dupasquier à Neufchâtel (Suisse) les ouvriers participent aux pertes : le règlement de leur part ne se fait que tous les trois ans.

des sociétés anonymes et un grand nombre d'employés supérieurs des entreprises privées sont dans cette situation et personne ne proteste.

Cette réponse est péremptoire ; certains publicistes ont cru bon d'ajouter d'autres arguments. Si le capital social, ont-ils dit, s'expose aux risques de l'industrie, le capital de chair et d'os qu'apporte l'ouvrier est lui aussi en danger. Ce sont les risques professionnels, les maladies, les accidents. « Il y a risque pour tout le monde, comme il y a mérite pour tout le monde » (1).

Ces arguments sont-ils très frappants ? il est permis d'en douter, et il y a peut-être quelque hardiesse à comparer aux risques pécuniaires du capitaliste, les risques d'accident et de maladie que court l'ouvrier ; ces derniers sont réels, mais on ne voit pas comment la participation aux bénéfices est une assurance et une compensation. Nous aimerions mieux, s'il fallait ajouter quelque chose, dire avec M. Sedley Taylor que, dans les hypothèses où la participation réussit, elle amène un surcroît de profits, dû aux efforts plus zélés des ouvriers. A l'ordinaire une partie seulement de ces bénéfices supplémentaires est attribuée au travail, et l'autre partie va dans la poche de l'employeur. Or cette seconde portion, comme la première, est exclusivement produite par les ouvriers ; elle peut être considérée, au point de vue de la plus stricte justice, comme la contribution de ces ouvriers aux pertes futures des mauvaises années (*as their contribution towards his future losses in bad years*). De plus on doit se souvenir que les ouvriers participants éprouvent une véritable perte,

<hr>

(1) *La Paix dans l'usine par la participation*. Extrait d'un discours prononcé à l'inauguration de la participation dans la maison de fonderie de cuivre Muller et Roger, par Ch. Robert.

toutes les fois qu'il n'y a pas de profits à partager, la perte de tout le surcroît de soins et d'efforts qu'ils ont dépensés, avec la perspective de la part des bénéfices qui devait leur revenir à la fin de l'année (1).

« D'ailleurs, nous disait M. Bernhardt, secrétaire de la chambre de commerce et d'industrie de Dortmund, la part des ouvriers dans les bénéfices étant proportionnellement faible, ceux-ci sont censés acheter par cette réduction le droit de ne pas participer aux pertes. »

Cet argument très ingénieux nous conduit à l'examen d'une autre objection. La participation aux bénéfices, a-t-on dit, peut être une institution recommandable, mais elle *ressort de la charité et de la bienveillance, et non pas de la science économique.* C'est, dit M. Gibon, le commencement des institutions patronales : elle adoucit forcément l'antagonisme qui existe entre les divers éléments du travail. « Elle est une excellente chose, sauf le nom, dit ailleurs M. Maurice Bloch, car le patron ne peut pas considérer comme une dette ce qui est une libéralité ; c'est pour lui un sacrifice certain en vue d'un avantage douteux. »

Il est intéressant de signaler les diverses réponses qui ont été faites à cette objection suivant le tempérament propre à chaque pays.

(1) S. Taylor, *op. cit.*, p. 63. Nous citons plus spécialement cet auteur parce que, avec M. Charles Robert, il nous paraît un de ceux qui ont eu la conception la plus fine de la participation aux bénéfices.

Plusieurs auteurs ont aussi remarqué qu'en réalité les ouvriers participent aux pertes du patron, puisque en général ces pertes se traduisent pour eux en une réduction de journées ou d'heures de travail. Or le chômage, c'est-à-dire la privation de moyens même de subsistance, ne peut-il pas être mis en regard de la réduction des bénéfices des capitaux ? Au lieu de se demander pourquoi l'ouvrier ne participerait pas aux pertes en retour de la participation aux bénéfices, ne peut-on pas se demander au contraire pourquoi la participation aux bénéfices est si peu répandue quand la participation aux pertes est si générale ?

Les partisans de la participation aux bénéfices ont été
unanimes à repousser ce jugement, et ils ont bien senti
que leur combinaison n'était pas susceptible de rallier
autour d'elle la masse des patrons et des ouvriers, tant
qu'elle serait envisagée comme une libéralité ; si la pensée d'un don gratuit peut séduire certaines âmes dévouées,
il est impossible de faire reposer sur cette idée l'assise
d'une institution destinée à une grande diffusion. Mais il
est facile de démontrer que le partage des profits n'est
pas « une simple libéralité, imposée par le malheur du
temps, en vue d'éviter un mal pire, un sacrifice offert sur
l'autel de la religion par un patron opulent à ses ouvriers
pauvres (1) ».

Toute institution qui concourt à maintenir et à promouvoir l'harmonie entre patrons et ouvriers, à développer
chez les employés le sens de leur dignité et des devoirs
que leur impose leur qualité d'associés, est véritablement
profitable aux intérêts du patron, même à ses intérêts purement pécuniaires (2).

D'abord, le patron est intéressé à l'élévation morale de
ses ouvriers ; or l'association aux profits concourt efficacement à cette élévation. « Nous voulons, dit M. Charles
Robert, l'adjonction de la participation au salaire non pas

______

(1) Ernest Brelay.

(2) M. de Naeyer, en nous présentant à son caissier, nous disait : « Voici
un homme qui a mis du temps à se convertir à la participation aux bénéfices et aux institutions patronales. Il protestait autrefois quand il voyait
sortir de sa caisse de beaux rouleaux d'or pour passer dans la caisse rivale, celle des ouvriers. Mais, l'expérience lui a montré que lorsque l'ouvrier puise de la main droite, c'est pour verser de la main gauche avec
plus de largesse encore. » Le conseiller Riedel, à Halle, nous disait que,
si les patrons ne pratiquent pas la participation aux bénéfices, c'est qu'ils
sont en général *kurzsichtig und engherzig*, d'une vue courte et d'un cœur
étroit.

en argent, à dose homœopathique, à titre de condiment ou stimulant, comme un peu de sel ou de poivre, mais comme la base large et fondamentale d'institutions de prévoyance organisées dans un esprit très large. »

En effet, dit-on, le salaire ne donne pas à l'ouvrier une rémunération complète, il est l'équivalent de la vie normale, des frais actuels de l'employé ; mais l'ouvrier ne pourra pas toujours travailler ; lorsqu'il est jeune, il représente un certain capital qui chaque jour va s'usant et se détériorant. Or, de même que le capital pécuniaire, outre l'intérêt annuel, a droit à une rémunération spéciale destinée à son amortissement, de même il doit y avoir pour le travail un fonds spécial destiné, non pas à le renouveler, puisque la jeunesse et les forces physiques ne se peuvent renouveler, mais à entretenir le travailleur sur ses vieux jours. Ainsi Frédéric Engel Dollfus estimait que le minimum moralement obligatoire dans la rémunération légitime du travail humain comprend nécessairement le pain quotidien et la prime des assurances sociales (maladies, accidents, vieillesse) (1).

Sans doute, bien des patrons ont organisé, en dehors de toute participation aux bénéfices, ces diverses institutions de prévoyance ; mais, il n'est pas bon, dit M. Ch. Robert, de recourir pour la dotation de ces institutions aux frais généraux, et il est plus normal de prendre cette dotation sur les bénéfices.

La valeur de ces arguments peut être contestée ; aussi plusieurs auteurs français et surtout des écrivains anglais ont-ils cru plus sûr d'insister sur les avantages pécu-

(1) M. Böhmert affirme de même l'obligation pour l'industriel d'assurer non seulement son capital, mais ses collaborateurs vivants par un complément de salaire versé dans un fonds de réserve.

niaires. Ils parlent surtout de l'ardeur et de la vigilance que cette institution excite chez l'ouvrier ; ils ont montré que, déduction faite de la part de la main-d'œuvre, les bénéfices du patron restaient accrus.

Nous ne reviendrons pas sur cette considération qui a été développée précédemment, il suffit de constater que cet argument est le seul dont on se serve de l'autre côté de la Manche et de l'Atlantique. « Aucune distribution ne sera faite, si elle n'a pas été méritée par de persévérants efforts et nous ne maintiendrons l'institution que si elle tourne à notre avantage en nous soulageant du soin de prévenir le coulage et de surveiller. » Ainsi s'expriment MM. Cameron et Cie, industriels américains. Ce point de vue était aussi celui de Leclaire, qui, avant d'introduire la participation aux bénéfices, avait calculé que son intérêt la lui conseillait et aimait à répéter plus tard que, sans cette combinaison, il n'eût jamais amassé la fortune qu'il avait gagnée.

On a fait encore d'autres objections. La participation aux bénéfices, a-t-on dit, n'est une institution sérieuse que si le quantième est fixé et connu des ouvriers ; or, dans ce cas, elle a l'inconvénient de faire connaître au public le montant des bénéfices réalisés par la maison. On a aussi allégué que les ouvriers demanderaient bien vite à contrôler les livres, et par suite à contrôler la direction, et que, dans les mauvaises années, ils en viendraient facilement à se croire victimes et à regarder leur patron comme coupable de fraude.

A la première de ces deux objections les défenseurs de la participation aux bénéfices répliquent que les sociétés anonymes publient leurs bilans et ne paraissent pas s'en trouver plus mal. A la deuxième objection, ils répondent,

avec M. Sedley Taylor, qu'on suppose gratuitement les
ouvriers, une classe de gens irrémédiablement obstinés,
et absolument déraisonnables (*incurably obstinate and
utterly unreasonable*). « Sans doute, — poursuit cet auteur, — il y a eu quelques cas isolés où l'introduction de
la participation aux bénéfices a été le signal d'une attitude
si arrogante et si insupportable de la part des ouvriers
que l'abandon du système est devenu une nécessité. Mais
ces cas sont rares, et si, grâce à leur éducation générale
plus développée et à leurs connaissances techniques plus
complètes, les ouvriers deviennent plus aptes à exercer
quelque influence sur la direction de l'entreprise à laquelle ils collaborent, ils acquièrent aussi graduellement
le droit d'exercer cette influence » (1).

Telle est la théorie de la participation aux bénéfices. A
ceux qui auraient encore quelques reproches à lui adresser — nous n'avons pas la prétention d'avoir épuisé la liste
des reproches — on pourrait se borner à répondre avec un
auteur que cette méthode ne se propose pas de guérir tous
les maux dont nous souffrons. « Ses visées sont plus modestes : elle s'est bornée jusqu'ici à faire passer tranquil-
lement et à la satisfaction commune des parties un nombre respectable de millions de la caisse du patron dans
les bas de laine des ouvriers » (2).

Comme à notre époque, notre esprit n'est jamais satis-

____

(1) S. Taylor, *op. cit.*, p. 67. En réponse à la seconde objection, cet auteur fait remarquer aussi que les ouvriers de la maison Billon et Isaac
de Genève, loin de se plaindre en 1877, de ce qu'on ne leur avait distribué aucun « boni » à raison de la guerre russo-turque, étaient les premiers à faire remarquer que leur condition était aussi bonne que celle
de leurs camarades des autres usines pendant les mauvaises années, et
que pendant les années prospères, elle était meilleure.

(2) Journal *l'Émancipation* du 15 janvier 1892.

fait s'il ne relie pas les institutions présentes au passé
et s'il n'y trouve pas le point de départ de l'avenir, on
peut faire remarquer que la participation aux bénéfices
n'est que le chaînon d'une chaîne ininterrompue. Autrefois le travailleur manuel appartenait à son « maître », lui,
sa famille, son travail et ses biens : ce sont les liens de
l'esclavage et du servage. Puis apparut le libre contrat de
travail, contrat dans lequel l'ouvrier, complètement dé-
sintéressé de l'œuvre à laquelle il collabore, reçoit un
salaire déterminé quelle que soit la tâche accomplie. Plus
tard nous voyons naitre le salaire à la tâche, bientôt per-
ectionné par des primes et des sursalaires. Dans le travail à la tâche, l'ouvrier commence à être intéressé au
résultat de son travail ; il l'est mieux encore dans le système des primes à la production. Enfin une forme plus
élevée encore apparaît, dans l'association aux bénéfices
généraux de l'entreprise ; l'ouvrier n'est plus un inférieur
ni un étranger à qui on achète au taux minimum son
effort musculaire ou intellectuel, mais un associé, un égal,
à qui l'on donne tous les droits compatibles avec la bonne
direction de l'entreprise (1).

(1) M. Fredericks, conseiller intime de l'empereur, commerçant à Rem-
scheid, nous faisait à ce propos une comparaison intéressante : « En politique, les roturiers, c'est-à-dire les travailleurs, ont commencé par être
soumis au régime despotique du seigneur ; puis au pouvoir royal un peu
moins arbitraire, ils se sont émancipés et sont arrivés dans votre beau
pays de France à la conquête définitive de leurs droits : Ils se gouver-
nent eux-mêmes.

La révolution économique a été plus lente, mais aussi inéluctable. Autrefois esclave, puis serf, enfin salarié, l'ouvrier doit conquérir encore une
liberté, celle du gouvernement autonome dans le travail. Nous nous y
acheminons peu à peu, sans qu'on s'en doute. Ainsi, en Allemagne, les
ouvriers ont déjà obtenu le droit d'administrer eux-mêmes leurs caisses
d'assurances légales ; la participation aux bénéfices serait un pas de plus
dans cette voie, surtout si le contrôle est admis. Je vous conseille, ajou-

Et voilà comment, dans une phase industrielle où l'impossibilité de s'établir comme son propre patron semblait river à tout jamais l'ouvrier dans une condition inférieure, les ressources indéfinies d'une nature dont la fécondité est inépuisable, nous donnent une solution inattendue : l'ouvrier ne peut plus aujourd'hui s'élever en cessant d'être ouvrier, en se plaçant *au-dessus* et *en dehors* de son métier ; par une alliance mystérieuse et admirable, il deviendra patron *tout en restant ouvrier.*

Ainsi la participation aux bénéfices contribuera à l'avènement de ce régime industriel nouveau annoncé par Stanley Jevons dans son ouvrage sur *l'État dans ses relations avec le travail* : « La doctrine actuelle est que les intérêts de l'ouvrier sont soudés à ceux des autres ouvriers et l'intérêt de l'employeur à ceux des autres employeurs. Un jour viendra où l'on s'apercevra que la division doit être verticale et non horizontale. Les intérêts de l'ouvrier seront liés à ceux de son employeur et seront mis en concurrence avec ceux des autres ouvriers et des autres employeurs (1). »

« Il est à prévoir, dit aussi M. John Stuart Mill, que la situation de l'ouvrier salarié se restreindra insensiblement à la seule classe des travailleurs dont l'état intellec-

tait-il, de poser la question suivante aux industriels que vous verrez au cours de votre voyage : Admettez-vous le contrôle par les ouvriers ? C'est là le centre même et l'avenir de la participation. »

(1) *The state in relation to Labour.* L'économiste anglais se rencontre ici avec un industriel alsacien, M. Steinheil, qui, en 1867, disait à la Société Industrielle de Mulhouse : « La mauvaise coalition, c'est celle des ouvriers ligués entre eux pour imposer des salaires plus élevés aux fabricants coalisés de leur côté pour résister aux ouvriers. La bonne et vraie coalition, c'est celle qui, par le bon accord entre le patron et l'ouvrier, fonde la tribu industrielle. » L'établissement de MM. Steinheil et Cie consacre 10 0/0 des bénéfices à la caisse de secours et retraites.

tuel et môral serait incompatible avec une position plus
indépendante ; la nature des rapports entre capitalistes et
ouvriers se transformera peu à peu en associations commerciales ; et les associations entre ouvriers et capitalistes se transforment elles-mêmes bientôt en associations
entre ouvriers seuls (1). »

Ces paroles de l'illustre économiste anglais nous conduisent au terme final d'une évolution dont le partage
des profits serait une étape. Dans la pensée de plusieurs,
l'association de l'ouvrier et du patron n'est encore qu'une
station intermédiaire et la participation aux bénéfices un
acheminement vers le point terminus. Sans doute les sociétés coopératives de production ont trop souvent échoué
jusqu'ici, mais c'est parce qu'on saute par dessus l'étape
intermédiaire. Seule la participation aux bénéfices formera
les classes ouvrières à la direction et au maniement des
entreprises industrielles, et sous sa tutelle s'élèveront des
ouvriers capables de devenir leurs propres patrons (2).
En fait, la maison Leclaire et la maison Godin donnent
deux exemples notoires de cette évolution finale (3).

Si la participation aux bénéfices n'aboutit pas à cette
solution suprême, que des publicistes d'opinions très diverses s'accordent d'ailleurs à considérer comme *très re-*

----

(1) *Principles of political economy with some of their applications to
social philosophy.* London Longman, Green and C°, 1879, l. V, ch. VIII.

(2 M. Vansittart Neal, ancien secrétaire de l'Union des sociétés coopératives anglaises, a spécialement développé cette idée.

(3) « Ainsi la participation aux bénéfices ouvrira la voie à l'association
coopérative de producteurs bien organisée, c'est-à-dire pourvue d'une direction forte de statuts consacrant les droits du capital et de règlements
assurant le maintien d'une stricte discipline. . . . .
Aujourd'hui elle maintient la paix dans l'atelier, et sert de base à un
vaste système de prévoyance et d'épargne, demain elle amènera pacifiquement la révolution économique tant souhaitée » (Ch. Robert).

grettable, du moins contribuera-t-elle, par les institutions de prévoyance dont elle fournira la dotation, à l'accession du travailleur à la propriété individuelle (caisse d'épargne, livret de capitalisation ou de retraite, maison à bon marché, titre d'actionnaire de l'usine). Par là elle concourra efficacement au maintien et à l'accroissement de la paix sociale.

L'ordre logique de notre sujet nous conduirait à étudier
à cette place le fonctionnement technique de la participation aux bénéfices dans ses diverses applications concrètes.
Nous avons en effet observé le fonctionnement de cette
institution dans plusieurs établissements industriels de
la France et de l'étranger : l'examen détaillé et minutieux de ce mode de rémunération peut intéresser à la
fois l'économiste curieux de voir comment une même
institution s'adapte à des industries et à des milieux différents, et le chef d'usine désireux de suivre l'exemple de
Leclaire.

Cependant il a paru préférable de ne présenter cette
étude que dans le premier appendice, à la suite des conclusions. Plusieurs motifs nous y ont engagé, et spécialement les deux suivants : ne pas ralentir la marche de
la pensée dans ses recherches méthodiques sur la valeur
économique de la participation aux bénéfices, recherches
qui sont le but même de ce travail ; subordonner l'intérêt
de la partie technique et vulgarisatrice de cette institution
à nos conclusions sur sa destinée.

CHAPITRE IV

LA PARTICIPATION AUX BÉNÉFICES AU POINT DE VUE JURIDIQUE

§ 1. — La participation aux bénéfices est un contrat.

Au point de vue juridique, la participation aux bénéfices est, d'après sa définition même, *un contrat* (1).

Sur ce premier point toute démonstration semble superflue. Et en effet n'est pas considérée comme participation aux bénéfices proprement dits la gratification libre et spontanée que le patron accorde à ses ouvriers en dehors de toute promesse suivant les bénéfices de l'année. Cet acte purement bénévole n'a aucun rapport avec le prélèvement effectué au profit des ouvriers en vertu d'un accord préalable, et auquel ceux-ci ont droit pour toutes les périodes successives prévues au contrat.

§ 2. — Caractères principaux du contrat de participation aux bénéfices.

Si la nature contractuelle de la participation aux bénéfices se démontre, pour ainsi dire, d'elle-même, il y a lieu d'insister davantage sur les deux caractères principaux du contrat de participation aux bénéfices, qui est un contrat accessoire au contrat de louage de services et un contrat à titre onéreux.

(1) Cf. sur ce point : *Supplément au Répertoire de législation, de doctrine et de jurisprudence* de Dalloz, v° *Travail*, n° 204.

I

En premier lieu, la participation aux bénéfices constitue un contrat accessoire au louage de services, et non point un contrat de société : le simple fait, de la part d'un employeur, de faire participer ses employés aux bénéfices de l'entreprise ne modifie pas la nature du contrat précédemment intervenu entre lui et eux, et n'a point pour effet de transformer le louage de services en société (1).

Cette solution repose avant tout sur une interprétation rationnelle de volonté : « Lorsqu'un patron attribue à l'un de ses employés un intérêt, il est plus logique de supposer, *a priori*, qu'il a simplement entendu améliorer sa situation,..... en ajoutant à son salaire fixe maintenu une participation éventuelle, que de voir dans cet accord une association, laquelle impliquerait de la part du chef d'industrie une certaine abdication, un abandon partiel de son autonomie qu'on ne doit pas présumer » (2). On peut ne pas admettre ce raisonnement dans toutes ses parties et, notamment, jusqu'à preuve contraire, ne pas prêter une arrière-pensée philanthropique au patron qui fait participer ses ouvriers à ses bénéfices (3). Mais il y a lieu de reconnaître qu'au cas où le caractère du contrat de participation aux bénéfices ne serait pas nettement établi par les termes mêmes de l'accord intervenu entre le pa-

____

(1) La jurisprudence est, sur ce point, d'accord avec les auteurs. V. notamment : Nîmes, 20 juillet 1864 (motifs), Dalloz, 1866, 2ᵉ partie, p. 57 ; Cour de cassation (Chambre des requêtes), 26 décembre 1866, Dalloz, 1867, 1ʳᵉ partie, p. 303. Aix, 6 décembre 1888 ; *Supplément au Répertoire* de Dalloz, vᵉ *Société*, nᵒ 386 ; Lyon-Caen et Renault, *Traité de droit commercial*, t. 2, n. 59.

(2) *Supplément au Répertoire* de Dalloz, vᵉ *Société*, nᵒ 386.

(3) V. *infrà*, p. 138.

tron et ses ouvriers, la situation respective des parties et la saine interprétation de l'esprit de la convention par eux passée relativement à la participation aux bénéfices suffiraient à faire adopter la solution que nous indiquons.

Il a même été jugé, — dans une espèce où il s'agissait d'un commis intéressé tant aux pertes qu'aux bénéfices, — que, la clause par laquelle un employé se voit attribuer outre un traitement fixe annuel un tant pour cent dans les profits et pertes des opérations de la maison, bien que qualifiée par le patron d' « admission en participation dans la maison de commerce », peut être considérée comme n'étant qu'un règlement nouveau des conditions du louage de services préexistant (1).

II

En second lieu, le contrat de participation aux bénéfices est un contrat à titre onéreux. Vainement objecterait-on que toute somme donnée par l'employeur à l'employé sur les bénéfices de l'entreprise dépasse le salaire *normal*, celui auquel l'ouvrier a droit comme rémunération de son travail, et constitue par suite un avantage purement gratuit. Il est facile de répondre : d'une part, que si la notion économique du salaire normal est déjà enveloppée d'obscurité, il est tout à fait impossible de fixer, dans chaque cas, une somme au-dessus de laquelle le salaire change de caractère au point de vue juridique ; d'autre part, et surtout, que c'est en échange d'une plus grande

(1) Cour de cassation (chambre des requêtes), 17 avril 1872 (Dalloz,1873, 1re partie, p. 311). Il n'est pas inutile de rappeler ici, comme principe général, appliqué par l'arrêt précité, et sans insister sur les limitations que comporte ce principe, que l'interprétation des conventions par les juges du fond est souveraine et échappe au contrôle de la Cour de cassation.

productivité du travail de l'ouvrier que le patron augmente les salaires par la participation aux bénéfices. On peut donc poser en principe que le contrat de participation appartient à la variété des contrats « *do ut des* » (1).

Il est curieux de constater qu'un certain nombre de patrons (et de ce nombre est la maison Chaix) prennent soin d'affirmer dans les statuts de la participation aux bénéfices le caractère libéral de cet arrangement. Peut-être faut-il voir là beaucoup moins le désir de mettre en lumière des sentiments de générosité qu'une manifestation de l'idée, complètement anti-juridique, mais qui n'en est pas pour cela moins répandue, d'après laquelle il est plus facile de se dégager d'un engagement à titre gratuit que d'un contrat à titre onéreux. Cette clause, pour fréquente qu'elle soit, nous paraît inutile et dangereuse. Pour le passé le patron reste obligé en vertu de sa promesse et ne peut, à la fin de l'exercice, refuser à ses ouvriers la part de bénéfices qu'il s'est engagé à l'avance à leur donner. Pour l'avenir la clause de libéralité n'a point pour effet, comme le croient généralement les patrons qui l'insèrent, de mieux sauvegarder leur liberté de supprimer l'institution (2). Cette liberté *existe dans tous les cas*; puisque la participation aux bénéfices est une partie accessoire du contrat de louage d'ouvrage, il est clair que la participation disparaît, dès que cesse le contrat de louage. Or celui-ci ne peut être perpétuel ni pour l'employeur, ni pour l'employé. Il s'en suit que le patron, toujours libre

____

(1) *Vide suprà*, p. 126.

(2) Quelquefois les patrons insèrent la clause de donation à titre d'aliment. Mais ici cette clause n'a pas pour but de modifier le caractère de la participation entre les parties, elle a trait aux rapports des ouvriers participants et de leurs créanciers, en rendant la part de bénéfices insaisissable.

de renvoyer un ouvrier, peut à plus forte raison modifier le contrat de travail en supprimant la participation aux bénéfices. Il est fâcheux que ces principes de droit soient demeurés ignorés d'un grand nombre d'industriels ; la clause de libéralité peut aboutir à des conséquences que ni les ouvriers ni les patrons eux-mêmes ne soupçonnent (1).

Le contrat de participation ayant, en principe, le caractère de contrat accessoire ou contrat de louage de services, et non le caractère de contrat de société, une conséquence fondamentale en résulte : c'est que l'ouvrier participant reste le subordonné du patron.

De cette persistance du lien de subordination découle une série d'effets particuliers, dont nous énumérerons seulement les principaux :

1° Le patron conserve le droit de congédier son ouvrier participant ;

2° L'ouvrier participant ne peut jamais agir par lui-même, mais seulement au nom de son patron, qui est seul tenu vis-à-vis des tiers.

(1) Voici la première conséquence, non la moins inattendue, qui, dans toute la rigueur du droit, découlerait du caractère de donation attaché à la participation aux bénéfices : l'ouvrier serait obligé de restituer les parts de bénéfices par lui acquises, en cas d'ingratitude de sa part ou en cas de survenance d'enfants pour le patron. Une conséquence plus intéressante (car elle est à la fois plus fréquente et plus sujette à être invoquée) est la répétition, par le syndic de faillite, des donations faites par le failli pendant la période suspecte. Un article du projet de loi déjà cité a cru devoir viser cette hypothèse et déroger au droit commun. « Article 46. Les sommes payées aux ouvriers ou employés, à titre de participation aux bénéfices, ne pourront, sauf le cas de concert frauduleux, être l'objet d'aucune répétition, même en cas de faillite de l'entrepreneur.

Il en sera de même des sommes qu'un chef d'entreprise aura distribuées, à titre de participation, à ses ouvriers ou employés, sans y être obligé par un contrat. »

Tant que cet article n'a pas reçu force de loi, on reste sous l'empire du Code de commerce,

3° L'ouvrier participant doit, comme tout autre ouvrier, exécuter les ordres du patron, même s'il estime que l'exécution de ces ordres est susceptible de nuire à l'entreprise, et, d'une manière générale, il ne peut pas s'immiscer dans la gestion.

La jurisprudence a maintes fois reconnu ces principes (1).

§ 3. — Conditions de formation du contrat de participation aux bénéfices. — Vérification des livres et des inventaires. — Contrôle.

Les conditions nécessaires pour la formation du contrat de participation sont celles dont la réunion est nécessaire, d'après le droit commun, pour la formation de tout contrat.

Sans insister sur ces conditions, il importe de passer en revue quelques cas fournis par la pratique et où la ques-

(1) Un sieur Jigouzo, entré comme employé au service d'un sieur Lehagre, entrepreneur, recevait des appointements fixes et une quote-part sur les profits ou les pertes des travaux de son patron. Congédié, il prétendit continuer à percevoir des bénéfices sur les travaux auxquels il ne coopérait plus. La Cour de Rennes, par arrêt du 17 juin 1870, repoussa sa demande, elle le considéra non comme un associé en participation à l'industrie de Lehagre, mais comme un simple commis intéressé, susceptible d'être renvoyé sans indemnité, avant l'achèvement des opérations en cours d'exécution, pourvu que le congé lui soit notifié suffisamment à l'avance.

Le pourvoi dirigé contre cette décision fut rejeté par la Chambre des requêtes de la Cour de cassation le 17 avril 1872 (Dalloz, 1re partie, 1873, p. 311).

Le 19 juillet 1872, la Cour de Paris, dans un arrêt par adoption de motifs d'un jugement du tribunal de commerce de la Seine, a persisté dans cette jurisprudence.

Elle n'a paru hésiter que sur l'attribution du bénéfice provenant de recouvrements de créances commencés et non achevés pendant le séjour du commis intéressé chez son patron. Voir sur le pourvoi l'arrêt de la Cour de cassation du 1er juin 1875, Dalloz, 1875, 1re partie, p. 117.

tion de savoir si ces conditions de droit sont ou non réalisées peut paraître douteuse.

Lorsque le patron se réserve le droit de donner, *s'il lui
plaît*, des parts de bénéfices à ses employés et ouvriers, il
y a manifestement *condition potestative* de sa part, par
suite et par application de l'article 1174 du Code civil, il
n'y a pas contrat.

Souvent, le patron s'engage à donner chaque année
à ses ouvriers une part indéterminée de ses bénéfices. On
a soutenu que le fait d'abandonner à son arbitraire le quantum de la part des bénéfices des ouvriers équivalait à une
condition potestative et rendait l'obligation illusoire et
nulle.

« Le patron pourrait se contenter de donner un centime,
par exemple à chaque ouvrier. » On invoque à la fois l'article 1174 et l'article 1129 aux termes duquel « l'obligation
doit avoir pour objet une chose déterminée ».

On peut répondre en tirant argument de l'article 1246.
« Le débiteur d'une chose qui n'est déterminée que par son
espèce n'est pas tenu pour se libérer de la donner de la
meilleure espèce ; mais il ne pourrait l'offrir de la plus
mauvaise. » Or, dans l'hypothèse, l'objet de l'obligation
est déterminé dans son espèce : c'est une part des bénéfices ; le patron sera donc tenu d'en donner chaque année
une part raisonnable. Pour apprécier cette part (1), il fau-

(1) A l'appui de cette opinion, on peut citer un arrêt de la Cour de Lyon
du 10 mars 1864 et Aubry et Rau, 4ᵉ édition, § 302. « La convention portant qu'un employé recevra annuellement une gratification raisonnable
dont il laisse la fixation à ses chefs ne saurait être considérée comme faite
sous une condition purement potestative de la part de ces derniers. »

L'engagement contracté en ces termes « je déclare m'en remettre à votre bonne foi », est valable, et il appartient au juge d'apprécier si la gratification offerte est raisonnable et fixée de bonne foi.

Si, suivant notre opinion, la détermination complète du quantum n'em-

dra tenir compte des bénéfices antérieurement attribués dans des circonstances identiques, si la participation a plusieurs années d'existence.

Cette exécution est en effet le signe de l'intention des parties et la meilleure manière d'interpréter le contrat.

Les ouvriers ont pu d'ailleurs compter qu'ils toucheraient le quantum habituel et ont travaillé en conséquence.

Les solutions que nous venons de donner relativement à l'effet juridique des clauses précitées, au point de vue de la formation du contrat de participation, permettent de répondre plus facilement à la question du contrôle et des vérifications.

Deux situations peuvent être distinguées : le contrat de participation aux bénéfices refuse expressément ou implicitement le droit de contrôle aux ouvriers ; le contrat est muet sur ce droit de contrôle, ou l'accorde.

Quelques chefs d'industrie et quelques économistes ont pensé que la dénégation du contrôle aux ouvriers équiva-

---

pêche pas le contrat de se former, à plus forte raison ne doit pas être considérée, comme exclusive de tous liens contractuels, une clause ainsi conçue :

« Le patron se réserve de fixer chaque année, *d'après les résultats de l'inventaire*, le *quantum* à distribuer au participant » (*).

Par cette clause, en effet, non seulement le patron promet une part des bénéfices, mais il s'engage à tenir compte du résultat de l'inventaire pour déterminer la quotité de cette part (**).

(*) Enquête de la Commission extra-parlementaire des associations ouvrières, seconde partie, pages 65 et 190.

(**) Cf. A. Crouzel, *La participation des ouvriers aux bénéfices de l'entreprise considérée au point de vue du droit* (extrait de la *Revue générale du droit*, p. 19-20). On pourrait cependant interpréter cette clause différemment, et voir chez le patron l'intention de ne donner des bénéfices que s'il l'estime conforme aux résultats de l'inventaire. Tout dépend du texte de la clause. Dans cette seconde interprétation il y aurait condition potestative et absence d'obligation.

lait dans tous les cas à enlever à la participation aux bénéfices tout caractère d'obligation.

Il n'en est rien. Puisque l'indétermination du quantum n'a pas le caractère de condition potestative, l'impossibilité de vérifier si le quantum fixé d'avance a été exactement distribué, présentera moins encore le caractère potestatif.

M. Gonse, conseiller à la Cour de cassation, rapporteur de la question au Congrès international de la participation aux bénéfices, a nettement précisé ce point de droit : « La condition potestative suppose ceci : il dépend entièrement de la volonté d'un des contractants de se dégager de son obligation. Or il ne dépend pas de la libre volonté du patron de supprimer la répartition légitimement due. Pour le faire, il faudrait qu'il nie un bénéfice réel ; ce n'est pas là se dégager d'une obligation, c'est se soustraire par la fraude à son exécution. »

Or s'il y a fraude, les ouvriers qui la rendent vraisemblable en justice, pourront, malgré toute clause refusant le droit de contrôle, obtenir la représentation des livres.

Ainsi le veulent les principes du droit commun.

En conformité avec l'opinion que nous venons d'adopter par application des principes généraux du droit, le projet de loi sur les sociétés coopératives et la participation aux bénéfices dans le texte adopté par la commission sénatoriale en 1895 (1) pose en principe que la « participation peut ne donner lieu à aucun contrôle de la part des intéressés » (art. 42).

Nous venons d'envisager le cas où le contrôle a été ex-

____

(1) La mention que la participation est accordée à titre de libéralité, quoique impuissante à dénouer le lien d'obligation qui résulte de l'engagement du patron, fait présumer l'intention de ne pas accorder le droit de contrôle aux ouvriers.

pressément ou implicitement (1) refusé par les statuts aux ouvriers. En cas de silence des parties (2), à plus forte raison quand les statuts admettent au contrôle les ouvriers participants, ce droit leur appartient.

Il consiste dans la faculté de vérifier les livres et les inventaires.

Au reste, d'après ce que nous avons dit plus haut, le contrôle doit se borner à vérifier l'exactitude du bilan et de la répartition. Il ne saurait s'étendre à la gestion elle-même.

Quant au mode et aux conditions du contrôle, ce sont là des points ordinairement déterminés par des règlements.

Pour le cas où les conditions du contrôle n'ont pas été fixées, le projet de loi déjà cité l'organise, d'après le mode le plus usité (3) et qui a donné les meilleurs résultats (4).

---

(1) Lyon-Caen et Renault, *Traité de droit commercial*, t. 1, n° 271 bis et 2, n° 59.

(2) La jurisprudence a formellement consacré cette distinction. Voir un arrêt de Nimes du 20 juillet 1864 et les observations dont cet arrêt est accompagné dans le recueil de Dalloz (1866, seconde partie, p. 137, note 1). — V. aussi : Aix, 7 décembre 1888, *Supplément au répertoire* de Dalloz, v° *Société*, n° 386 et 389. — Paris, 19 juillet 1872, Dalloz, 1875, 1re partie, p. 417-418, et, sur pourvoi, Cour de cassation (arrêt de rejet de la chambre civile), 1er juin 1875, Dalloz, 1875, *loc. cit.* — Tribunal de commerce de Marseille, 8 juin 1887, *Journal de Marseille*, 1887, p. 282.

(3) Il résulte de l'arrêt de la Cour de Nimes du 20 juillet 1864, cité à la note précédente, que l'exercice du droit de vérification peut être soumis à certaines restrictions, destinées à éviter que ce qui est une garantie pour l'ouvrier participant ne dégénère en vexation pour le patron.

(4) Si les conditions du contrôle n'ont pas été fixées par le contrat, un ou trois experts comptables sont désignés, chaque année, d'avance et d'un commun accord, par le chef de la maison et par l'assemblée générale des participants, pour constater si l'inventaire est régulièrement établi et si la part de bénéfices qui revient au personnel lui est réellement attribuée. — A défaut de désignation faite d'accord par les intéressés, les experts seront nommés d'office, sur simple requête, soit par le président du tribunal

§ 4. — Preuves du contrat de participation aux bénéfices.

A titre de contrat accessoire au louage de services, la participation aux bénéfices est régie, quant à l'administration de la preuve, par la loi du 2 juillet 1890 relative aux livrets d'ouvriers : « le contrat de louage entre les chefs ou directeurs des établissements industriels et leurs ouvriers est soumis aux règles du droit commun, et peut être constaté dans les formes qu'il convient aux parties contractantes d'adopter ».

En fait les règlements d'atelier sont le mode de preuve ordinaire.

§ 5. — Cause d'extinction du contrat de participation aux bénéfices.

Le contrat de participation aux bénéfices peut être valablement affecté d'une condition résolutoire, la déchéance. Mais cette condition ne se présume pas et en cas de doute l'interprétation est en faveur du débiteur qui est l'ouvrier (1).

Une loi récente du 27 décembre 1890 sur le contrat de louage d'ouvrage semble porter une certaine atteinte à la déchéance : le droit de résiliation n'est pas entamé, mais les effets de ce droit sont atténués. Cette loi, qui a complété l'article 1780 du Code civil, s'exprime ainsi : « La

civil, soit par le président du tribunal de commerce. — Les parties auront la faculté de convenir à l'avance que les experts ou telles autres personnes qu'elles auront choisies, statueront comme arbitres amiables et en premier et en dernier ressort sur les difficultés qui pourraient s'élever au sujet des comptes ou des inventaires (art. 15).

(1) L'ouvrier est en effet débiteur de la restitution de la part dans les bénéfices qui lui appartient d'après le contrat.

résiliation du contrat par la volonté d'un seul des contractants peut donner lieu à des dommages-intérêts. Pour la
fixation de l'indemnité à allouer, le cas échéant, il est tenu
compte... des retenues opérées et des versements effectués
en vue d'une pension de retraite... Les parties ne peuvent
renoncer à l'avance au droit éventuel de demander des
dommages-intérêts en vertu des dispositions ci-dessus. »

Il semble, d'après cette loi, que la déchéance du droit de
participation doive donner lieu à une indemnité, la participation aux bénéfices étant, nous l'avons vu, un contrat
à titre onéreux, accessoire au contrat de louage. Cependant la jurisprudence n'est pas encore fixée sur ce point (1).

Tels sont les principaux points de droit que soulève la
question de la participation aux bénéfices. Nous n'entrons
pas dans l'examen juridique des questions relatives aux
caisses de prévoyance. Une pareille étude sortirait du
cadre de notre sujet, car nous n'avons à étudier que la
participation elle-même, et non pas à en suivre le produit
dans ses différents emplois.

(1) M. Godchaux nous racontait qu'un de ses employés lui ayant intenté
un procès pour obtenir la liquidation de ses droits, malgré les clauses de
déchéance inscrites dans les statuts de la caisse de prévoyance, le tribunal donna tort à l'employé.

CHAPITRE V

LES RÉSULTATS EFFECTIFS DE LA PARTICIPATION AUX BÉNÉFICES.

Nous avons exposé la théorie de la participation aux bénéfices, nous avons examiné, au point de vue juridique, les litiges dont son application peut être l'occasion.

Le moment est venu de s'élever plus haut et de se demander quel est le jugement que portent sur elle les praticiens, les patrons et les ouvriers, ceux qui font partie de ce qu'on appelle le monde des affaires. Aucune étude n'est plus nécessaire ni plus instructive (1).

Résolument décidé à n'attacher, en *économie politique*, qu'une valeur très minime à tout raisonnement abstrait dont les prémisses ne sont pas appuyées sur un fait, nous chercherons seulement à connaître le témoignage que les faits rendent à la participation aux bénéfices : ainsi la conclusion finale sera proprement la leur, et non la nôtre, et, échappant le plus possible à l'action contingente de

(1) Trop souvent les publicistes se sont bornés à exposer en théorie les avantages et les inconvénients que doit avoir la participation aux bénéfices. Un économiste plein de verve, et adversaire résolu de cette combinaison, M. Ernest Brelay, a publié dans la *Réforme sociale* des articles mordants dans lesquels il prétend qu'en matière de participation, il importe de distinguer : les *participologues* dont il désire faire partie ; les *participophiles* auxquels il regrette de ne pouvoir s'unir ; les *participomanes* et les *participolâtres* qu'il qualifie d'engeance véritablement encombrante et qui justifie, dit-il, jusqu'à un certain point la *participophobie* et la *participophagie*, plus horrible encore.

l'auteur de ces pages, elle aura quelque chance d'être sérieuse et bien fondée.

Lorsqu'on commence à observer les applications pratiques qui ont été faites de la participation aux bénéfices, deux traits se dégagent aussitôt : d'une part, parmi les patrons *qui l'ont essayée*, un certain nombre se plaisent à en faire l'éloge le plus précis et déclarent, avec un accent de conviction qui frappe leur interlocuteur, « qu'elle a donné dans leur maison d'excellents résultats » : d'un autre côté, les applications de la participation aux bénéfices sont extrêmement peu nombreuses.

Il est certain que des publicistes et des théoriciens ne sont pas les seuls partisans de la méthode du partage des profits : à côté des avantages que cette institution doit avoir, certains patrons citent ceux qu'elle a et leur affirmation est appuyée sur leur expérience personnelle. Sans doute ils peuvent se tromper ; la traditionnelle erreur du *post hoc ergo propter hoc* est toujours possible, et l'homme n'est que trop enclin à prendre un rapport de concomitance pour une relation de causalité. Mais cette méprise, pour fréquente qu'elle soit (1), ne peut cependant être con-

(1) Cette méprise est en effet très fréquente et on pourrait dresser une longue liste des noms des industriels qui à un moment se déclaraient « très satisfaits des résultats d'une institution dont ils ne pouvaient trop faire l'éloge » et qui, quelques mois ou quelques années après, abandonnaient un système qui avait auparavant toutes leurs sympathies. L'histoire de MM. Briggs qui étaient obligés de supprimer au bout de huit années une institution dont les publicistes et les économistes anglais avaient, sur leur témoignage, célébré les merveilleux effets, s'est renouvelée bien des fois. Un des exemples les plus piquants de cette méprise nous est donné par l'expérience de M. le comte de Lariboisière dans son domaine de Monthorin. Dans l'ouvrage récent de M. Trombert (*Les applications de la participation aux bénéfices*, Paris, 1896), on lit à la page 162 un extrait d'une notice de la *Réforme sociale* du 16 décembre 1891 dans laquelle on

sidérée comme universelle et nous avons nous-même rencontré plusieurs patrons qui analysaient avec soin les raisons qu'ils avaient de se féliciter de leur initiative ; les preuves qu'ils alléguaient étaient évidemment sérieuses.

Comment, après cette première constatation, expliquer la résistance ou l'indifférence *presque générale* des patrons à l'égard de la participation aux bénéfices ? Il est difficile de connaître d'une manière précise, le nombre des établissements qui ont organisé chez eux, *d'une manière effective et contractuelle,* l'association de leurs ouvriers et employés à leurs profits. M. Böhmert, dans son ouvrage *Das Gewinnbetheiligung* (1878), énumérait 120 cas sur lesquels 38 au moins pourraient être discutés. En 1889, M. Gilman mentionnait 135 établissements, tant en Europe qu'aux États-Unis ; il est difficile de connaître la valeur de cette statistique : en tout cas, elle est certainement inexacte pour l'Angleterre, où, cinq années plus tard, un des membres du *Labour department*, M. David Schloss, mentionnait 101 exemples pour les Iles Britanniques ; enfin, s'il faut en croire un tableau statistique publié cette année, à la suite du texte du projet de loi sur *les sociétés coopératives de production, de crédit et de consommation et sur le contrat*

constate que « avant le début de l'entreprise, les fermiers découragés renonçaient à la culture et les campagnes étaient en voie de désertion. Aujourd'hui les familles agricoles du domaine de Monthorin jouissent d'une prospérité exceptionnelle. Le propriétaire n'a pas seulement accru son renom, il a conquis les respects et les sympathies de tout le pays. L'antagonisme sourd et latent qui régnait entre lui et ses nombreux fermiers a fait place à des sentiments de respect et de solidarité... etc. ». Or, à la page 290 *du même ouvrage*, on lit dans une annexe aux notices, que M. le comte de Lariboisière a dû renoncer, après neuf années d'expérience, à faire participer son personnel aux bénéfices de l'entreprise. Plusieurs motifs l'ont amené à cette détermination : hostilité des fermiers à toute idée de coopération, instabilité des serviteurs, insouciance en ce qui concerne la préoccupation de l'avenir, etc. ».

de participation aux bénéfices (1), 443 établissements de tous genres, agricoles, industriels, commerciaux et financiers, tant en Europe qu'en Amérique, associeraient à l'heure actuelle leurs employés et ouvriers à leurs profits ; sur ce nombre, la France figurerait pour un chiffre de 248 (2).

On doit s'attendre à de nombreuses inexactitudes dans un tableau de statistique parlementaire ; nos renseignements personnels nous permettent de penser que cette attente est ici pleinement justifiée (3) et si le chiffre de 443 subissait les retranchements nécessaires, il tomberait certainement à 350 et vraisemblablement plus bas encore. Il est vrai qu'en dépit de toute la publicité des expertises et

(1) *Journal officiel*, 11 février 1896.

(2) Les sociétés coopératives de production et de consommation ne sont pas comprises dans ces différents chiffres, puisque, pour elles, la participation aux bénéfices dérive, ou plutôt devrait dériver (*Vide infrà*), de leur existence même.

(3) On peut relever dans ce tableau une double erreur : d'abord il comprend un certain nombre d'établissements qui n'ont *jamais* associé effectivement leurs ouvriers et employés à leurs bénéfices, comme la Compagnie du Canal de Suez ou la maison Mame ; en outre il mentionne un grand nombre d'entreprises patronales qui ne pratiquent plus la participation aux bénéfices : comme exemple de cette seconde erreur, nous citerons pour la France : le Bon Marché, la Compagnie des chemins de fer de Paris à Orléans, la fabrique d'indienne de M. Besselièvre, l'exploitation agricole de M. le comte de Lariboisière à Monthorin ; pour l'Angleterre, les établissements de MM. Tangyes à Birmingham, de MM. Mushet et Cie fondeurs à Leith, Hazell et Cie à Londres, Young et Cie, marchands de crins à Edimbourg, Joyner et Cie de Birmingham. Pour l'Allemagne : MM. Braun et Blœm à Düsseldorf, M. Sewais à Altenhof, la fonderie d'Ilsede, la fabrique de papiers de Thode à Hainsberg ; en Belgique : M. Célestin Martin, fabricant de machines à Verviers *qui, il y a trente ans, a essayé la participation aux bénéfices, pendant un an et qui continue à être inscrit sur les statistiques les plus récentes* ; en Suisse : MM. Steinfels, fabricants de savons, Reishauer et Blüntschli, fabricants d'outils à Zurich, *qui depuis vingt ans ont cessé cette expérience*, Schaetti et Cie, fabricants d'allumettes à Fehraltorf, Raymond, fabricant de cuirs à Morges. Aux Etats Unis : M. Zinn de Boston, etc., etc.

des enquêtes, quelques établissements sont demeurés inconnus des statisticiens. Même en tenant compte de ces omissions, on ne peut estimer à plus de 400 le nombre des établissements de toute espèce qui, dans les différents pays d'Europe et d'Amérique, appliquent le système du partage des profits (1).

Maintenant, si l'on songe à la quantité innombrable d'établissements divers qui pullulent dans nos grandes cités industrielles, si l'on évoque par la pensée la multitude des entreprises *importantes* que notre Bottin français, les *Directories* anglais et américains, les livres similaires de Belgique et d'Allemagne font défiler devant nos yeux éblouis, ce nombre apparaît absolument *insignifiant*; aussi bien personne ne conteste qu'il ne représente qu'une quantité à peu près négligeable.

Mais alors se pose une question qu'il n'est permis à aucun esprit scientifique d'éluder. S'il est vrai que la participation aux bénéfices soit aussi bienfaisante et aussi avantageuse que ses partisans l'affirment, pourquoi le monde du travail lui reste-t-il fermé ? pourquoi les patrons et les ouvriers repoussent-ils une combinaison si favorable à leurs intérêts respectifs ?

Après une propagande active et incessante de cinquante années, faite tant à la tribune et dans la presse que dans les congrès et les enquêtes, la participation aux bénéfices n'est plus ignorée que de ceux qui n'ont point intérêt à la connaître, et, si les patrons et les ouvriers n'ont point entendu la bonne parole, ce n'est pas certes qu'elle ne leur ait pas

(1) M. Leroy-Beaulieu, dans son récent *Traité théorique et pratique d'Économie politique*, évalue à 200 ou 300 le nombre des maisons industrielles et commerciales de quelque importance qui pratiquent la participation aux bénéfices.

été prêchée, la vérité est qu'ils lui ont délibérément fermé les oreilles.

Au surplus, parmi les patrons qui ont, à un moment donné, essayé d'introduire dans leurs ateliers la méthode du partage des profits, une partie notable l'ont abandonnée après un délai généralement très court. Il est difficile de connaître le nombre de ces tentatives avortées ; pour ne parler que de l'Angleterre (1), il est constant que, sur 165 essais connus, 65 ont abouti à un échec : la proportion des insuccès serait donc de 40 0/0. La modicité du nombre des établissements qui pratiquent le partage des profits, jointe au témoignage des échecs, atteste donc l'existence de raisons précises et sérieuses s'opposant à une application étendue de cette institution.

On voit à quelle conclusion nous aboutissons : d'un côté des patrons qui ont expérimenté la méthode du partage des profits s'en déclarent très satisfaits ; d'un autre, des patrons se refusent très délibérément, et en connaissance de cause, à en faire l'application et ils ont pour légitimer leur conduite le témoignage de certains de leurs confrères qui invoquent aussi leur expérience personnelle et qui ont échoué.

Comment concilier ces deux conclusions opposées ? Comme les uns et les autres allèguent des faits précis, on devine aussitôt que les uns et les autres ont raison, mais dans des hypothèses différentes. Une distinction s'impose et c'est précisément dans le but de l'établir que nous allons étudier successivement, dans leurs relations avec la participation aux bénéfices, les entreprises de commerce et de banque, les ateliers de la petite industrie, enfin les

____

(1) Les statistiques sur l'Angleterre dressées par M. David Schloss sont parmi les plus exactes.

usines de la grande industrie. Afin de parvenir à une plus
grande clarté, nous suivrons la méthode monographique,
et nous nous attacherons surtout à un établissement type
qui nous aura paru réaliser le meilleur modèle de la catégorie étudiée.

§ 1. — Les établissements commerciaux et financiers et la participation aux bénéfices.

Nous ne présenterons sur ce premier point que de très
courtes observations. Parmi les commerçants que nous
avons interrogés, nous avons trouvé généralement une
grande indifférence à l'égard de la participation aux bénéfices. La condition sociale des commis de bureau ou de
magasin, leurs fréquents rapports avec le patron qui travaille avec eux et à côté d'eux, et par suite la faculté pour
celui-ci d'apprécier aisément le zèle et la capacité de ses
employés, toutes ces circonstances font qu'il ne ressent
guère la nécessité de stimuler, par un moyen spécial, l'activité de ses collaborateurs subalternes.

Dans le commerce de détail, le commis ordinaire a peu
d'action sur les bénéfices, car dans les ventes qu'il fait,
son rôle est en quelque sorte matériel puisqu'il n'a à
apprécier ni le prix auquel il doit vendre la marchandise,
ni la solvabilité de l'acheteur. A plus forte raison en est-il
ainsi dans le commerce de gros dans lequel les employés
subalternes se bornent à disposer les commandes pour les
expéditions (1). Au surplus le salaire, les « appointements » du commis sont extrêmement variables : il n'y a
pas de limites à la rétribution qui peut être accordée à un

(1) Aussi la plupart du temps le patron se contente de promettre à ses
employés des primes proportionnelles au chiffre de leurs ventes.

« bon employé » pas plus qu'il n'y a de tarif au-dessous
duquel on ne puisse faire descendre celle de l'employé
médiocre. Il est donc facile pour un commerçant — et il
le fait maintes fois — de faire participer un employé à
ses bénéfices en élevant le taux de ses appointements, et
à l'inverse, l'organisation d'une participation aux bénéfices
proprement dite pourrait être illusoire, puisqu'on ne peut
connaître d'une manière précise le taux du salaire annuel (1).

Lorsque la fonction du commis s'élève, lorsqu'il devient le « bras droit » de son patron, on le voit souvent participer au gain du chef de la maison. Son ac
tion sur les bénéfices se fait sentir davantage : il n'est
plus seulement chargé de la partie matérielle des ventes,
il doit encore savoir acheter au plus bas prix, fixer les prix
de vente de telle manière que le patron réalise un bénéfice
et que la clientèle ne soit pas attirée par les conditions
plus avantageuses des maisons concurrentes, apprécier la
solvabilité des acheteurs, etc. Toutes ces opérations sont
délicates : elles engendrent directement les bénéfices :
aussi est-il naturel que celui qui les dirige, de concert avec
le patron, soit associé aux profits. Cette participation, qui
prend au début la forme d'une simple gratification libé-
ralement donnée au 1er janvier ou au moment de la clô-
ture de l'inventaire, se change plus tard, lorsque le commis
est élevé à un emploi supérieur, en un intérêt dans les
bénéfices.

En théorie ces deux procédés sont très différents, puisque seul le second est contractuel ; en fait la différence est

____

(1) *Vide suprà* la définition donnée par M. Charles Robert.

moindre aux yeux des commerçants, et dans les deux cas, le commis est associé aux profits de la maison.

Le nombre de maisons de commerce qui pratiquent la participation aux bénéfices est extrêmement restreint ; on peut même dire qu'il est tout à fait négligeable. Les rares patrons qui ont adopté cette institution se déclarent très satisfaits ; mais il est à peu près impossible de saisir ici l'effet de son influence directe, car il est bien peu de commerçants qui se plaignent sérieusement de l'indolence de leurs employés ou qui n'entretiennent pas avec eux des rapports sympathiques. Sous cette réserve, M. Th. Winckler, libraire à Leipzig (1), que nous avons eu le plaisir de rencontrer, estime que la participation aux bénéfices stimule singulièrement le zèle de ses employés et qu'il règne dans ses magasins une activité beaucoup plus grande que dans ceux de ses concurrents. M. Zinn, marchand de nouveautés à Boston, qu'un de nos amis a bien voulu visiter pour nous, fait aussi un grand éloge de la méthode du *profit-sharing* que son successeur s'est d'ailleurs empressé d'abandonner.

Si le commerce ne pratique guère le partage des profits, il y a pourtant un commerce spécial qui s'y est montré très favorable : les banques et surtout les compagnies d'assurances, ont fait une application assez étendue de ce système et aucune profession n'est relativement aussi bien représentée sur les listes dressées par les statisticiens qui ont étudié cette combinaison. Un fait aussi notoire ne

(1) La maison Winckler fait d'ailleurs, à titre de réclame, une assez grande publicité autour de son institution de *Gewinnbetheiligung* qui est mentionnée en vedette dans toutes les lettres. Cet établissement a pris pour devise la formule *Das Haus für Jeden, Alle für das Haus* : La maison pour chacun, tous pour la maison.

peut être l'effet du hasard, pas plus qu'il ne faut voir une coïncidence fortuite dans l'apparition de deux directeurs de compagnies d'assurances, MM. Charles Robert et de Courcy, au premier rang des propagateurs de cette institution. On pourrait expliquer de plusieurs manières le mouvement qui a poussé les compagnies d'assurances à associer leur personnel à leurs bénéfices : il était bon d'attacher spécialement aux intérêts de la compagnie des employés qui, par leur tact et leur prudence, la juste appréciation des risques courus et des indemnités à payer, peuvent collaborer si activement à sa prospérité. Nous n'insisterons pas sur ces considérations parce que l'on sait que le premier administrateur qui introduisit en 1850 le partage des bénéfices dans une compagnie d'assurances, M. de Courcy, directeur de la Compagnie des Assurances générales, poursuivait surtout un autre but.

Ces sociétés souffraient depuis longtemps de l'instabilité de leur personnel : lorsqu'un employé était depuis quelques années au service de la maison et que ses relations avec la clientèle étaient assez étendues, les compagnies concurrentes cherchaient à le « souffler » à leur rivale au moyen d'offres séduisantes d'emploi. L'acceptation de cette offre causait souvent un grave préjudice à la compagnie, qui risquait de perdre une partie de sa clientèle. Afin de parer à ce danger, les sociétés d'assurances imaginèrent d'associer leurs employés à leurs bénéfices ; la part revenant à chacun ne lui est versée qu'à un âge déterminé, au bout d'un certain temps de services ; et sa démission ou son renvoi (1) le prive de tout droit à cette part.

(1) Il a fallu prévoir l'éventualité du renvoi parce qu'un employé voulant démissionner se serait arrangé de manière à se faire renvoyer. Théorique-

La méthode du partage des profits fonctionne à la satisfaction générale de toutes les compagnies d'assurances qui en ont fait l'essai, et il ne faut pas s'en étonner, car le remède est ici merveilleusement adapté au mal qu'il doit guérir : l'intérêt de l'employé à rester au service de la compagnie augmente chaque année avec la somme inscrite à son compte (1), et si sa plus grande expérience des affaires et de la clientèle l'expose, à mesure que le temps s'écoule, à des offres plus alléchantes de la part des compagnies rivales, la force des liens qui le retiennent croît parallèlement (2).

Quelques banques ont aussi, dans le même but précis, associé leurs commis à leurs bénéfices, mais peut-être le danger est-il ici moins grave et moins menaçant, car les grandes banques, telles que le Crédit Lyonnais, la Société générale, le Comptoir d'Escompte, le Crédit industriel n'ont pas suivi cet exemple (3).

ment cette clause pourrait donner lieu à des abus, en fait l'honorabilité de l'employeur les rend ici impossibles.

(1) Le quantum attribué aux employés a été fixé d'une manière telle que le « dividende du travail » fût très élevé comparativement au traitement et dans certaines compagnies ce dividende du travail s'élève souvent à 10 et parfois à 15 0/0 des appointements. La perspective d'une déchéance appliquée à une petite somme d'argent eût été insuffisante à retenir l'employé.

(2) La clé de voûte de tout le système consiste dans la déchéance infligée à l'employé démissionnaire ou renvoyé qui doit choisir entre les offres avantageuses des compagnies rivales et la perte des sommes inscrites à son compte. Pourtant M. Charles Robert a, en 1891, fait modifier sur ce point les règlements de la compagnie l'*Union* et l'expérience de cette société ne semble pas être défavorable à cette modification. Jusqu'ici cet exemple n'a pas été suivi par les autres compagnies ; il faut peut-être le regretter, car les clauses de déchéance n'échappent pas à des critiques très sérieuses (*Vide appendice*) et la puissance de ces sociétés est *devenue* telle qu'elles seraient peu touchées par la démission d'un employé.

(3) Le système du « soufflage » n'y est pourtant pas inconnu ; nous

Nous n'insisterons pas plus longtemps sur les résultats pratiques de la participation aux bénéfices dans le commerce, dans les entreprises de banque et les assurances. En résumé cette institution est peu appréciée des commerçants ; elle peut au contraire être d'une grande utilité dans les deux autres espèces d'entreprises, notamment dans les assurances où elle rend alors un service précis et déterminé et à des sociétés encore peu connues ou dont la clientèle est surtout attachée à la personne des employés.

Rapprochons-nous maintenant du terrain sur lequel combattent employeurs et employés. Les commis de magasin ou de banque n'ont point l'habitude d'entrer collectivement en conflit avec leurs patrons et ce n'est pas vers eux que se porte naturellement la pensée de ceux qui cherchent à établir sur une base plus équitable les relations du capital et du travail. Une préalable étude des résultats effectifs de la participation dans les ateliers de la petite industrie nous acheminera vers la grande industrie qui est, par excellence, le champ de bataille et d'épreuve des institutions et des hommes.

§ 2. — La petite industrie et la participation aux bénéfices.

Parmi les établissements de la petite industrie où la participation aux bénéfices fonctionne et prospère, il n'en est pas où les causes de succès soient plus apparentes et plus typiques que dans la « Edinburg Cooperative Printing

---

avons vu l'année dernière deux employés d'un bureau de quartier à Paris émigrer brusquement dans un bureau du même quartier appartenant à une société rivale. Mais ces grandes sociétés restent aussi très indifférentes au départ de leurs employés ; la clientèle est attachée bien plus à la maison qu'aux hommes qui la représentent.

Company (limited) » ou Imprimerie Coopérative d'Edimbourg qui n'a d'ailleurs de coopératif que le nom.

Une courte monographie de cet atelier nous éclairera sur les conditions du fonctionnement de l'institution dans un grand nombre d'établissements du même type.

L'origine de la Darien Press (c'est le nom qu'on lui donne plus communément) est liée à de douloureux souvenirs.

C'était en 1872. Une grève qui devait durer quinze semaines avait suspendu le travail dans toutes les imprimeries de la ville et plusieurs milliers de familles étaient jetées dans la misère (1). Comme tous les journaux étaient défavorables aux grévistes, ceux-ci se réunirent et fondèrent le journal *out on Strike, en grève*, pour défendre leurs intérêts devant le public. Cette fondation les obligea à acheter un petit matériel d'imprimerie, car aucune maison de la ville ne voulait se charger de l'impression du journal. On se cotisa et on réunit avec peine 200 livres sterling, somme juste suffisante pour l'achat du matériel indispensable. Les grévistes choisirent parmi leurs camarades les ouvriers les plus laborieux et les plus capables et leur confièrent leur petit capital. Cette preuve d'énergie obtint bien vite sa récompense et le public mieux renseigné se montra plus sympathique à leur cause. La grève prit fin et le journal continua de paraître pendant quelques semaines sous le nom de *The Craftsman* (l'artisan), mais comme il coûtait plus qu'il ne rapportait, on cessa bientôt une publication devenue sans objet.

____

(1) On sait que la cité d'Edimbourg, qui se vante à juste titre du développement de ses institutions scolaires et scientifiques, est encore aujourd'hui le centre de l'industrie de l'imprimerie dans la Grande-Bretagne ; au surplus cette primauté de la capitale de l'Ecosse commence à décliner.

Les ouvriers songèrent alors à tirer parti du petit matériel qu'ils avaient acheté au temps de la lutte. Quelques personnes eurent confiance en eux et leur prêtèrent un premier capital de 100 livres sterling (1), puis ils réussirent à émettre successivement 6130 actions d'une livre sterling chacune et à emprunter une somme de 8467 livres sterling. La possession de ces capitaux permit de donner plus d'extension aux affaires.

Cette prospérité même amena des modifications profondes dans l'organisation intime de la société. Les salaires de ces ouvriers coopérateurs avaient été trop maigres pour qu'il leur fût possible de souscrire, avec leurs économies personnelles, une partie des actions émises. En fait, toutes les actions passèrent aux mains de petits bourgeois ou d'ouvriers ne travaillant pas dans l'atelier, et, aujourd'hui, sous la réserve d'une ou deux exceptions, aucun des 75 imprimeurs de la Darien Press ne possède une part quelconque de co-propriété (2).

Les actionnaires ne tardèrent pas à retirer un intérêt de 15 0/0 de leur capital. A ce moment le directeur, M. John S. Common, leur proposa d'associer les ouvriers à leurs profits : ne devaient-ils pas quelque gratitude à des employés avec lesquels, en définitive, ils avaient fait

(1) La société coopérative de production se soutint ainsi péniblement pendant plusieurs années : les membres lui consacraient un labeur opiniâtre et n'en recevaient qu'un maigre profit. Elle eût infailliblement partagé le triste sort d'un grand nombre de ses devanciers, si les circonstances qui avaient accompagné sa naissance ne lui avaient assuré un personnel doué de qualités très spéciales.

(2) L'imprimerie coopérative de 1872 n'a donc gardé son caractère originaire que pendant le temps de l'épreuve ; le succès l'a transformée en une société anonyme ordinaire laquelle, à son tour, il faut le reconnaître, a augmenté son essor. C'est la loi fatale de l'évolution de 90 0/0 des sociétés coopératives qui prospèrent.

une excellente affaire. Aussi, depuis le 1er mars 1880,
20 0/0 des bénéfices sont distribués entre les ouvriers et
employés de la maison qui ont travaillé six mois consécu-
tifs ; la répartition qui est semestrielle se fait au prorata
des salaires de chacun. La somme attribuée à chaque ouvrier ne lui est pas remise au comptant, ce qui, nous dit
M. Common, serait une pratique funeste ; elle est portée à
son crédit sur son livret individuel et bénéficie d'un intérêt de 4 0/0. Tout ouvrier qui quitte volontairement la
maison ou est renvoyé reçoit immédiatement la somme
dont il est créditeur. Pourtant il serait déchu dans le cas
où il aurait détourné des sommes ou des marchandises,
ou causé un dommage sérieux à la compagnie (1). A sa
mort, sa part est versée à ses héritiers (2).

Telle est l'organisation de la participation aux bénéfices
dans la Darien Press : aujourd'hui cette maison occupe
74 ouvriers sur lesquels 69 participent aux bénéfices ; depuis dix années les ouvriers ont touché pour leur participation une somme de 1633 livres sterling 18 shillings
dont l'intérêt s'est élevé à 240 livres sterling 6 pence ;
leur avoir total est donc de 1903 £ 18 s. 6 d. La société a
payé 624 £ 8 s. 11 d. à des ouvriers qui l'ont quittée pour

(1) Art. 8. — S'il arrivait qu'un participant cessât d'être employé après
avoir accompli soit seul, soit de concert avec d'autres un acte de nature
à causer à la compagnie un dommage ou une perte sérieuse, les directeurs peuvent à leur choix soit différer la remise de la somme inscrite à
son livret, soit même le déclarer déchu de tout droit à cette somme.

(2) L'article 13 dispose qu'aucune somme portée au crédit d'un participant ne peut être saisie-arrêtée par un créancier quelconque ni affectée
en garantie d'une manière quelconque par le titulaire du livret ; elle ne
peut être payée qu'au participant ou à ses représentants légaux.

En cas de détresse, le compte du participant peut être liquidé sur sa
demande. — Un comité consultatif composé de six membres (dont trois
sont élus annuellement par les ouvriers et trois sont choisis par les directeurs parmi les directeurs eux-mêmes) veille à l'observation des statuts.

des causes diverses, de sorte que les ouvriers actuels ont à leur crédit une somme de 1179 £ 9 s. 11 d. Sur les 69 parts entre lesquelles cet actif est réparti, 33 sont créditées pour des sommes inférieures à 10 £ et 36 pour des sommes variant entre 10 et 80 £.

La part attribuée à chaque ouvrier représente à peu près 10 pence ou 1 shilling par livre sterling de salaire, ce qui fait environ 4 1/2 ou 5 0/0 des salaires (1).

« Quant au résultat de la participation aux bénéfices dans notre établissement, nous dit M. Common, je n'hésite pas à le reconnaître excellent : nous avons l'élite des ouvriers et à ce point de vue aucun atelier à Edimbourg ne peut rivaliser avec le nôtre ; nous obtenons aussi une plus grande stabilité dans notre personnel et nos ouvriers ne nous quittent guère à moins qu'ils ne trouvent ailleurs un emploi plus élevé, tel que celui de contremaître dans une autre imprimerie. Les rapports entre les ouvriers et le comité de direction sont excellents et nous n'avons jamais de difficultés avec eux. Enfin notre travail est exécuté avec un soin spécial et une grande perfection, aussi notre maison, réputée pour la qualité de ses impressions, recrute-t-elle une clientèle de choix. Or, toutes ces heureuses conditions, grâce auxquelles nous avons pu traverser une crise récente (2), me paraissent devoir être attribuées par-

(1) M. Common calcule que pour un ouvrier resté au service de la maison depuis 1886, la somme, portée à son crédit, équivaut à 33 semaines de son salaire et bien entendu, grâce à l'accumulation des intérêts, la progression sera pour ce même ouvrier bien plus rapide dans l'avenir.

(2) Il y a deux ans, la *Scottish wholesale cooperative society* a inauguré, dans ses ateliers de Govan, le département de l'imprimerie et naturellement elle a attiré aussitôt la clientèle des sociétés coopératives dont les commandes fournissaient à elles seules plus des deux tiers du chiffre d'affaires de la Darien Press : celle-ci a dû en quelques mois se constituer une clientèle nouvelle et toute différente ; elle y a réussi grâce à l'excellente renommée dont elle jouissait et à la cohésion de son personnel.

tiellement à notre système de partage des profits : sans doute elles existaient avant lui, mais il les a entretenues et développées.

« Nous sommes tous très satisfaits de cette institution et l'attachement que les ouvriers lui témoignent n'a fait que croître depuis le début, à mesure que s'augmentait leur épargne. »

Nous demandâmes alors à M. John S. Common quelle était l'attitude du puissant syndicat des imprimeurs, à l'égard de la Darien Press.

« Ma réponse sur ce point sera très simple, nous dit-il : je puis vous affirmer deux choses qui paraissent s'accorder mal ensemble : il n'y a pas un atelier à Édimbourg qui observe aussi bien que nous les règles posées par le syndicat et, d'autre part, il n'y en a pas que le syndicat poursuive plus volontiers de ses tracasseries, en toute occasion.

« Ainsi c'est une règle absolue chez nous que tous les ouvriers doivent appartenir au syndicat (1). Nous restreignons soigneusement le nombre des apprentis et n'en admettons qu'un pour trois ouvriers ; nous sommes à Édimbourg la seule maison qui n'emploie pas de femmes comme protes, renonçant ainsi à obtenir le travail d'un homme pour la moitié du salaire d'un homme (*to get one man's labour for half man's wages*); nous faisons tout cela et pourtant, je vous le répète, il n'y a pas de maison aussi en butte à tous les soupçons que la nôtre (*so suspiciously looked upon as ours*).

« Nous avons eu, il y a trois ans, un témoignage très net

(1) En cela nous ne faisons d'ailleurs que bien entendre notre intérêt, car mieux les ouvriers du métier sont organisés, moins nous sommes exposés à voir une imprimerie non unioniste nous faire une concurrence déloyale en réduisant les salaires de ses ouvriers.

de cette hostilité du syndicat ; un jour, un de nos manœuvres prétendit être payé comme ouvrier typographe, il se mit en grève et aussitôt la *Scottish typographical Union* prit sa cause en main, mit notre atelier en interdit et enjoignit à ceux de ses membres qui travaillent chez nous de quitter immédiatement le travail. Ceux-ci n'en firent rien, disant qu'ils savaient que la prétention de cet ouvrier était injuste et qu'ils ne pouvaient en cette circonstance suivre leur syndicat. Ce dernier persista dans son attitude et paya au gréviste l'allocation ordinaire de grève (*strikepay*). Au bout de quelque temps, cet ouvrier voyant bien qu'il n'avait aucune chance d'entraîner ses camarades d'atelier entra dans une autre imprimerie *aux mêmes conditions que celles que nous lui faisions*, donnant ainsi lui-même une preuve de l'injustice de sa prétention.

« Je ne doute pas, pour ma part, que la participation aux bénéfices n'ait été pour quelque chose dans cette conduite de nos ouvriers ; elle les associe davantage à l'industrie pour laquelle ils travaillent et les syndicats sentent bien que tout le chemin que l'ouvrier fait du côté du patron l'éloigne d'autant du syndicat lui-même. »

Sans chercher pour le moment à expliquer ou à juger la conduite des syndicats à l'égard de la participation aux bénéfices, il se dégage de ce récit quelques faits très nets : la méthode du *Profit sharing* a augmenté la cohésion entre les ouvriers, elle stimule leur zèle, elle les unit davantage à leurs patrons, et les laisse moins disposés à suivre leur syndicat lorsque les prétentions sont déraisonnables. Il y a là un ensemble d'avantages tangibles et certains, qui font que, dans cette hypothèse, la participation aux bénéfices procure à l'employeur un surcroît de bénéfices supérieur au quantum qu'il distribue à ses ouvriers.

Mais ces observations ne seraient ni complètes ni ins-
tructives, si on faisait abstraction des conditions du travail
dans lesquelles se trouvaient les imprimeurs de la Darien
Press.

Ces hommes avaient fondé ensemble une entreprise
coopérative, et de longues luttes soutenues en commun
avaient rendu leur union plus étroite ; de plus leur travail est simple ; enfin M. Common, qui avant d'être appelé
à ce poste, était prote dans une autre maison a des rapports
personnels avec chacun de ses ouvriers.

L'ouvrier s'est ainsi tout naturellement attaché à une
petite industrie qui fut la sienne, dont il saisit bien le mécanisme et dont le directeur vit à ses côtés, et presque à
son niveau.

Ces diverses conditions présentent toutes une importance
immédiate, grâce à elles la participation aux bénéfices se
trouve être le produit naturel du milieu dans lequel elle
doit fonctionner. Elle consacre et réalise dans la rémunération la solidarité de travail qui unit les ouvriers les
uns aux autres et au patron.

A la suite de la Darien Press, on pourrait ranger un
certain nombre d'ateliers où la participation aux bénéfices prospère sous l'influence des mêmes causes. Tels sont
la boulangerie et la pâtisserie de M. Mac Vitie à Edimbourg,
la fabrique de jalousies de M. Freese à Berlin, l'imprimerie de M. Van Marken à Delft, la fabrique de pendants et
couronnes de montres de M. Balland à Genève, la poterie
de M. Michel à Nyons (Suisse), etc.

Dans toutes ces maisons, nous avons relevé les deux
mêmes constatations : d'une part les résultats favorables
produits par l'association des ouvriers aux bénéfices patronaux, d'autre part la préexistence d'une association

correspondante dans le travail entre les ouvriers et le patron (1).

Les causes qui ont donné naissance à ces sentiments de solidarité importent peu. Dans les ateliers de la Darien Press ils étaient le résultat du lien coopératif originaire. Chez M. Michel à Nyons, de longues années d'un travail commun ont établi entre ouvriers et patron des rapports très étroits et presque intimes ; il en est de même chez M. Balland. A Berlin les ouvriers de M. Freese réglementent l'atelier d'après leurs théories socialistes et la participation aux bénéfices est la conséquence de l'association des ouvriers à une entreprise qui est presque autant la leur que celle de leur patron. Dans tous ces cas, un même sentiment rapproche les employés de l'employeur.

Réciproquement on constate que, dans les établissements où ce sentiment n'existe plus, la méthode du partage des profits, laissée sans appui, décline et disparaît. Ainsi à côté des petits ateliers où le système prospère nous pourrions en citer d'autres où elle a complètement échoué. M. Lenoir, entrepreneur de peinture à Paris, M. Montorier, imprimeur dans cette même ville, MM. Reishauer et Blüntschli, fabricants d'outils à Zurich, M. Joseph Collard à Londres et plusieurs autres (2) ont été obligés d'abandonner la participation. Dans ces divers établissements, les employés trouvent avantage à séparer leur

(1) M. Häntschke, secrétaire général des Associations Schulze-Delitzsch à Berlin, nous faisait remarquer que les conditions exigées pour la réussite de la participation aux bénéfices dans la petite industrie sont à peu près les mêmes que celles requises pour le succès des petites sociétés coopératives de production : solidarité entre les ouvriers et confiance dans la direction, travail simple et exigeant peu de capitaux, etc.

(2) Nous pouvons citer encore M. Célestin Martin, constructeur de machines à Verviers, M. Raymond, fabricant d'aciers à Morges, M. Kleipfüg, fabricant de cigares à Berlin, Keller, filateur à Fischenthal (Suisse).

cause de celle du patron (1), notamment dans les questions de salaires et la participation aux bénéfices ne peut durer dans des conditions de travail qui sont incompatibles avec son existence.

§ 3. — La participation aux bénéfices et la grande industrie.

Nous arrivons enfin à l'étude de la participation aux bénéfices dans la grande industrie.

Tout d'abord il convient d'établir un fait très important : c'est que, à part trois ou quatre exceptions, sur lesquelles nous aurons à nous expliquer, *il n'existe aucun grand établissement industriel dans lequel la participation aux bénéfices soit établie et fonctionne d'une manière satisfaisante.* Ce fait est d'autant plus significatif que plusieurs grands patrons ont essayé cette méthode. Or leur expérience n'a abouti le plus souvent qu'à discréditer pour plusieurs années l'institution qu'ils avaient tenté d'implanter dans leur usine. Ce n'est pas un pur hasard qui a conduit à un même insuccès : en 1872, MM. Borchert, fabricant de laiton à Berlin (450 ouvriers), Brewster, carrossier à New-York (450 ouvriers) ; en 1874, MM. Fox Head and Cᵒ, fondeurs à Middlesborough (500 ouvriers) ; en 1875, MM. Henri Briggs, Son and Cᵒ, propriétaires de mines de houille à Whitwood ; en 1877, MM. Von Brück fils, fabricants de velours à Crefeld (800 ouvriers) ; en 1888, M. Bord, fabricant de pianos à Paris (100 ouvriers) ; en 1889,

---

(1) « Les ouvriers s'imaginaient, nous disait M. Montorier, que nous voulions nous désintéresser de nos affaires et nous éviter des frais de surveillance ». Cette phrase montre bien que, malgré la participation, les ouvriers de cet atelier ne considéraient pas les intérêts du patron comme les leurs propres.

MM. Tangyes, constructeurs-mécaniciens à Birmingham
(1800 ouvriers); en 1894, M. Besselièvre, fabricant d'in-
diennes. à Maromme près de Rouen (450 ouvriers) (1).
Dans tous ces établissements il semble qu'une même loi
doit agir.

Sans doute il serait facile d'expliquer ces échecs par le
défaut d'éducation économique des ouvriers. Publicistes
et patrons n'ont pas manqué de le faire (2).

On verra que cette explication n'est pas exacte; dès
maintenant remarquons qu'il serait étrange que des patrons tels que, en France, MM. Kolb Bernard, Schneider,
Harmel, Guillout; en Allemagne, MM. Krupp, de Boch,
de Stumm, Brantz; en Angleterre, MM. Denny, Tangyes,
Pryce, Crossley, Peacock, dont la perspicacité est toujours à la recherche des moyens les plus favorables à l'é-
ducation de l'ouvrier, soient indifférents ou opposés à une
institution qui serait de nature à les aider dans leur
grande entreprise. Comment aussi comprendre que des
leaders ouvriers, tels MM. Thomas Burt, Pickard, Charles
Fenwick, Mawdsley, Inskip, Eli Bloor, Knight, Samuel
Woods, Davis et tant d'autres, dont les suffrages sont toujours acquis à tout ce qui peut élever et grandir leurs frères,

---

(1) Cette liste est loin d'être complète : M. Gilman cite plusieurs autres
établissements. Pour l'Angleterre seulement nous pourrions ajouter les
noms de MM. Robert Mushet et Cⁱᵉ, fondeurs à Leith (200 ouvriers),
MM. Ross and Duncan, constructeurs-mécaniciens à Glasgow (200 ouvriers), la Price's Patent Candle Company (fabrique de cire) à Londres
(900 ouvriers); MM. Hazell Watson and Viney, imprimeurs à Londres
(1800 ouvriers); M. Alfred Hickmann, fondeur à Wolverhampton (500 ouvriers) et bien d'autres.

(2) La plupart des ouvrages qui ont traité de la participation aux bénéfices invoquent cette raison et c'est ce que fait aussi M. Archibald Briggs
dans le memorandum intéressant où il retrace les péripéties de sa tentative et de son échec.

n'aient aussi pour ce système que de l'indifférence ou de l'hostilité (1).

Manifestement des raisons sérieuses peuvent seules rendre compte d'échecs aussi multipliés et des jugements de tant d'hommes d'ordinaire si clairvoyants.

Pour connaître ces raisons, il faut interroger successivement les patrons et les ouvriers.

1° *Le jugement des patrons sur la participation aux bénéfices.*

Lorsqu'on questionne les patrons de la grande industrie, on constate que le plus souvent ils mettent au second plan un certain nombre d'objections formulées d'ordinaire par les publicistes qui se sont déclarés hostiles à la participation aux bénéfices : publicité donnée aux bénéfices, contrôle des livres, critique de leur direction, affaiblissement de leur autorité. En fait leurs objections se groupent autour de deux idées : ils envisagent la participation aux bénéfices comme une libéralité pure et simple se traduisant pour eux en une perte sèche ; bien plus, ils la jugent comme une libéralité maladroite capable de leur nuire dans l'esprit de leurs ouvriers naturellement portés à la considérer comme injustement répartie.

« Nous avons abandonné la participation aux bénéfices, nous disait M. Stier, successeur de M. Borchert, à Berlin, parce que nous avons trouvé que ce système était décidément trop onéreux pour nous. Nous avions espéré, sur les conseils du célèbre professeur Engel, stimuler l'ardeur de nos ouvriers ; en fait, nous avons trouvé que leur travail n'était pas plus actif et que le seul résultat obtenu

____

(1) A dessein, nous ne citons que des noms de *leaders* britanniques dont le jugement n'est pas influencé par les doctrines socialistes.

avait été de nous faire passer pour des exploiteurs. Je me souviens qu'au début j'avais à ce point confiance dans les bons effets de la participation aux bénéfices que lorsque je voyais un de nos ouvriers gaspiller en excès de toutes sortes sa part de bénéfices et interrompre en même temps son travail, ma foi ne s'en trouvait nullement ébranlée ; et je persistais à croire que cette institution finirait par convaincre notre personnel de la communauté d'intérêts qui l'unissait à nous. Il n'en a rien été ; les ouvriers n'ont eu qu'une seule crainte, celle de donner un surcroît d'efforts et d'augmenter nos bénéfices en dehors de toute proportion avec un supplément de rémunération qu'ils estimaient insignifiant.

« En fait la participation aux bénéfices était de notre part une pure libéralité ; et encore cette libéralité était-elle mal choisie.

« D'abord nous passions, comme je vous l'ai dit, pour des exploiteurs. En second lieu, elle nous créait parfois des difficultés avec les ouvriers que nous voulions renvoyer. Ayant eu à congédier, vers la fin de l'année, un ouvrier qui avait soustrait des marchandises, nous nous abstînmes, afin de ne pas lui nuire, de dévoiler le motif de son renvoi. Tous ses camarades protestèrent et nous comprîmes qu'ils nous accusaient simplement d'avoir voulu nous attribuer la part de bénéfices destinée à cet ouvrier.

« Enfin cette libéralité récompense également les bons et les mauvais ouvriers. Nous avions eu l'idée de faire un choix parmi eux et de n'admettre que ceux qui par leur capacité ou leur assiduité méritaient une prime. Mais l'expérience d'un de nos voisins nous a détournés de cette combinaison. En effet, dans les ateliers de cet industriel, les ouvriers qui ne participaient pas aux bénéfices considéraient que l'institution sous une apparence de bienveillance déguisait un véritable système d'espionnage. Le remède eût donc été pire que le mal (1).Pour toutes ces raisons, nous avons cessé de distribuer à nos ouvriers une part de nos bénéfices. J'avoue que ce fut pour moi un chagrin, car je m'intéressais beaucoup à cette combinaison. Cette tristesse ne fut point partagée par nos contremaîtres qui furent heureux de ne plus voir leurs ouvriers s'enivrer ou s'absenter au lendemain des distributions. »

Ce jugement d'un industriel sur la participation aux bénéfices traduit le sentiment de la très grande majorité des patrons. Partout les industriels qui ont abandonné cette institution et ceux qui, après l'avoir étudiée, refusent d'en faire l'essai, nous ont répété la même phrase, « je ferais une grosse perte si j'associais mes ouvriers à mes bénéfices ». Sans juger pour le moment du bien fondé de cette appréciation, contentons-nous de remarquer qu'en *fait* la participation n'a jamais été introduite par un patron aux prises avec les premières difficultés de la fondation d'une entreprise, et désireux, pour cette raison même, de s'assurer le concours dévoué de ses ouvriers. Chose étrange, depuis le temps où vivait le père de la partici-

____

(1) « Lorsqu'on est patron et qu'on fait un cadeau à ses ouvriers, nous disait un autre industriel, il faut du moins en avoir l'apparence. Or par définition même, la participation aux bénéfices ne se présente pas sous cet aspect. Lorsque dans une usine, je substitue le salaire à la tâche au salaire à la journée, j'ai évidemment pour but unique de favoriser mes intérêts ; et mes ouvriers qui le savent n'auront point à me savoir gré du surcroît de leur rémunération ; à l'inverse, lorsque je fonde une caisse de secours ou de retraite, je fais un sacrifice en faveur de mes ouvriers. Ils voient bien que j'endosse une charge qui n'est directement compensée par aucun avantage. Dans ces deux cas, la situation est claire. Au contraire, la participation aux bénéfices me coûte cher et me fait passer pour un exploiteur. »

pation aux bénéfices, Leclaire, il n'y a pas eu un seul *grand*
patron qui ait pu répéter pour son compte la phrase de
Leclaire et dire que « sans l'association de ses ouvriers
aux bénéfices il n'aurait pas amassé la fortune qu'il avait
acquise ».

2° *Le jugement des ouvriers sur la participation aux bénéfices.*

En 1874, au temps où l'expérience de MM. Briggs semblait si pleine de promesses, un économiste anglais écrivait : « Par la puissance de leur union, les ouvriers sont
parvenus en maintes circonstances à participer aux avan·
tages des temps prospères ; ils pourraient, par le même
moyen, arriver à fonder avec les patrons des sortes d'associations en participation et il suffirait que cette possibilité fût reconnue, pour que la participation industrielle
s'acclimatât dans le monde manufacturier anglais » (1).

En fait, les ouvriers ont refusé de « reconnaître cette
possibilité ». En aucune circonstance on ne les a vus réclamer l'introduction de la participation aux bénéfices, et
parmi les nombreuses grèves dont le contrat de travail
a été l'occasion aucune n'a eu pour cause une demande
d'association aux bénéfices : ce sont toujours les patrons
qui ont pris l'initiative de cette mesure : parfois même
les ouvriers ont cessé le travail pour en obtenir l'abroga-
tion. Le plus souvent, sans recourir à cette arme suprême
de la grève, ils ne perdaient aucune occasion, — le témoi·
gnage des employeurs en fait foi — de manifester leur hostilité et bientôt le patron devait abandonner nne institu-

____

(1) Fawcett, *Manual of political economy*, 1874, ch. IX : Trade Union and
strikes.

tion onéreuse et susceptible de compromettre ses bonnes relations avec ses auxiliaires subalternes.

Nous voici donc en présence d'un fait très net : à part quelques exceptions *la grande généralité des ouvriers est résolument opposée à la participation aux bénéfices.*

D'abord les ouvriers voient dans cette institution un moyen dissimulé et par là d'autant plus odieux de les exploiter.

Dans un atelier de 1200 ouvriers, la part de bénéfices qui revient à chacun ne peut être que très modique, quelque considérable que soit la somme globale qui représente « le dividende du travail » ; rarement elle atteint 3 ou 4 0/0 du salaire annuel de chaque employé. Aussi les ouvriers estiment-ils qu'un surcroît de rémunération aussi *aléatoire* et aussi *minime* rétribuerait bien mal leur surcroît de soin et d'ardeur ; ils refusent de faire un marché de dupes et ils considèrent la participation aux bénéfices comme un stratagème au moyen duquel le patron cherche une fois de plus à obtenir quatre-vingts centimes de travail pour soixante centimes de salaire (1). Ils ajoutent que le dividende attribué au travail n'est qu'un supplément fictif de rémunération et qu'il n'est que la restitution, peut-être incomplète, des retenues habilement

(1) Les ouvriers ont été appelés à plusieurs reprises à exprimer par un vote leur opinion sur ce point. Un des exemples les plus curieux de ces consultations nous est donné par l'établissement de M. Hills, propriétaire des Fonderies de la Tamise. En 1889 et 1890 M. Hills avait éprouvé de graves conflits avec ses ouvriers. Il leur proposa alors de les associer aux bénéfices de l'usine. Malgré les conditions très avantageuses de cette proposition, — après un prélèvement de 5 0/0 pour l'intérêt du capital et de 5 0/0 pour le fonds de réserve, tous les profits devaient être partagés également entre la compagnie et le personnel — celle-ci fut après trois mois de discussions repoussée à une écrasante majorité : 1855 ouvriers votèrent, 507 furent favorables, 1206 furent hostiles, enfin il y eut 107 bulletins blancs et 15 nuls.

faites sur leur salaire (1). Enfin, ils trouvent injustes, — du moins lorsqu'on les interroge isolément et qu'ils ne se font pas les interprètes de leurs syndicats, — toutes les combinaisons proposées pour la répartition des bénéfices entre les employés, car elles ne permettent jamais d'apprécier d'une manière exacte le mérite de chacun. Ainsi lorsque tous les ouvriers sont associés, les ouvriers incapables ou paresseux causent à leurs camarades un double préjudice. Par la perte qu'ils font subir, ils entament le bénéfice que leurs voisins plus actifs leur procurent, et par leur présence au partage ils diminuent encore la part de ceux-ci (2).

Telles sont les premières objections que nous avons rencontrées sur les lèvres des ouvriers : elles ne paraissent pas décisives. Spécialement, nous avons pu constater que la seconde objection est d'ordinaire mal fondée. En réalité, dans la grande majorité des maisons où les ouvriers sont associés aux bénéfices, le dividende qui leur est alloué est une *addition* à leur salaire. Quant à l'objection relative au taux des parts individuelles, on pourrait y répondre avec un patron que, si la somme revenant à chaque ouvrier est généralement très faible — elle ne l'est pas toujours — cela tient précisément à ce que les employés, hostiles par principe à la participation

---

(1) Comme exemple du bien fondé de cette objection, *vide infra* le chapitre sur la participation aux bénéfices et les sociétés coopératives.

(2) Lorsque le patron, reconnaissant la valeur de cette objection, essaie d'en diminuer la portée en n'associant à ses bénéfices que les ouvriers dont la capacité ou le zèle sont attestés par certains signes extérieurs (durée des services, taux déterminé de salaire, exigence d'un emploi élevé) ou que son libre choix aurait jugé dignes de cette faveur, nous avons vu que sa conduite n'est pas moins critiquée ; la première partie de l'objection demeure et on l'accuse en outre de vouloir organiser l'espionnage.

aux bénéfices, ne font aucun effort pour accroître les bénéfices.

Dans toutes ces plaintes, nous tournons donc dans un cercle vicieux et les raisons que les ouvriers allèguent pour expliquer leur hostilité sont bien moins les motifs de leur opposition que l'effet même de leur aversion préexistante.

Aussi bien, lorsque, après avoir visité les milieux socialistes allemands toujours enclins à se croire victimes de l'exploitation patronale, on interroge des ouvriers anglais, amateurs du *self-help* et de l'initiative individuelle, on remarque que l'hostilité des ouvriers à l'égard de la participation aux bénéfices a des causes plus profondes. Elle s'appuie sur cette conviction parfois confuse, mais toujours ferme, que les intérêts de l'employé doivent être séparés de ceux de l'employeur. Nous renvoyons sur ce point le lecteur à ce qui a été dit précédemment au sujet de l'échelle mobile, car la participation aux bénéfices se heurte de la part des ouvriers à des objections de même nature que celles formulées contre le *sliding scale*. Nous ajouterons seulement l'observation suivante :

La participation aux bénéfices au dire des ouvriers implique l'idée qu'ils ne doivent en principe attendre la hausse de leur salaire que *d'une part à prendre sur les bénéfices patronaux*; or c'est précisément ce à quoi ils se refusent, et de plus en plus ils ont la prétention que les salaires réclamés par eux soient pour le patron un élément des frais généraux. Un *leader* anglais nous a présenté cet argument sous une forme saisissante. « Quel est, nous disait-il, le constructeur-mécanicien qui consentirait à vendre une machine à un industriel en voie d'installer une usine, à condition qu'une partie du prix serait fixée d'une manière ferme et que l'autre serait à prendre sur les bénéfices futurs ? Quel est le propriétaire d'une mine de houille qui accepterait de vendre à ces mêmes conditions le charbon nécessaire pour la machine à vapeur ? Dans les deux cas les vendeurs diraient à leur client : au cours du marché une machine à vapeur vaut tant, une tonne de houille vaut tant..., à vous de retrouver dans le prix de vente de vos produits les dépenses de votre installation, mais nous ne pouvons accepter vos conditions. Il en est de même de notre salaire : la partie de notre salaire qu'on propose de prendre sur les bénéfices de l'employeur est destinée, *par la force même des choses*, à être restreinte.

« On nous dit que si nous consentions à devenir les associés du patron, au lieu de nous considérer comme des étrangers à son entreprise, les bénéfices croîtraient dans des proportions considérables, et notre part dans ces profits pourrait être fixée d'une manière telle que nos efforts supplémentaires fussent équitablement rémunérés. Tout en reconnaissant la bonne foi de ceux qui nous tiennent ce langage, nous ne pouvons être d'accord avec eux. Voici en effet ce qui arriverait, le jour où la pratique de la participation aux bénéfices se généraliserait : comme le coût de production des objets manufacturés serait moindre, les prix de vente s'abaisseraient d'une quantité correspondante. La concurrence se ferait à nos dépens et le consommateur profiterait seul de notre effort supplémentaire. Si l'on veut obtenir de nous un surcroît d'activité, qu'on nous en garantisse de suite la rémunération, en augmentant nos salaires. Nous ne pouvons accepter qu'on la subordonne aux bénéfices éventuels, car il est impossible, dans l'organisation économique moderne, qu'un patron fasse d'une manière permanente des bénéfices importants capables d'assurer aux 2.000 ou 3.000 ouvriers qu'il emploie un surcroît de rétribution quelque peu appréciable. »

Parfois les ouvriers anglais, convaincus comme ce *leader* de la nécessité de défendre leurs intérêts contre le patron, donnent à la même objection une autre forme. Ils reprochent à la méthode du partage des profits d'être directement en opposition avec le principe de leurs organisations syndicales et, par suite, d'être nuisible au développement de ces associations. Ils considèrent que les syndicats et l'association des ouvriers aux bénéfices des patrons sont deux institutions qui ne peuvent coexister ; le syndicat repose sur l'idée que les ouvriers des différents établissements d'une même industrie ont des intérêts solidaires à défendre contre *l'ensemble des patrons* de cette industrie ; au contraire la participation aux bénéfices sépare l'ouvrier de ses camarades des autres usines, le fait marcher aux côtés de son patron contre les entreprises rivales, c'est-à-dire à la fois contre les patrons et les ouvriers des autres ateliers. Entre les deux systèmes il faut choisir et les travailleurs optent sans hésitation pour le syndicat.

Aussi font-ils à la participation aux bénéfices le reproche de ruiner, plus sûrement encore que ne le fait l'échelle mobile, l'œuvre de leurs associations syndicales. Les ouvriers des usines où existe le partage des profits sont moins étroitement unis à leurs camarades des autres établissements, et ils soutiennent plus volontiers leur patron dans certaines querelles que peut susciter soit la formation, soit l'exécution du contrat de travail. Sans doute, certains lecteurs estimeront que cet effet même est un avantage à inscrire au crédit de la participation aux bénéfices. Telle n'est pas l'opinion des ouvriers. A leurs yeux,

le groupement professionnel des salariés répond à un
besoin essentiel et dès lors ils ne peuvent que se montrer
hostiles à toute institution qui contrecarre l'organisation
syndicale.

En fait, on voit les syndicats déclarer une guerre
sans merci à tout établissement qui pratique la participation aux bénéfices, quels que soient par ailleurs les titres
que cet établissement puisse avoir à leurs sympathies.
L'exemple de la Darien Press, rapporté précédemment,
est caractéristique. D'ailleurs la conduite de certains patrons a semblé parfois justifier l'attitude hostile des syndicats à l'encontre de la participation. Plusieurs se sont
servi de cette institution comme d'une arme de guerre
contre les syndicats qu'ils redoutaient: nous en citons plus
loin un exemple notoire.

Tel est le jugement que les ouvriers considérés isolément ou par groupes portent sur le système du partage
des profits. Les idées essentielles sur lesquelles repose ce
jugement sont-elles justes et saines? C'est ce que nous
verrons dans notre conclusion. Dans tous les cas, il est
hors de doute que, tant que ces idées prévaudront dans
les milieux ouvriers, — et rien n'autorise à en prévoir
le déclin, — la participation aux bénéfices ne peut fonctionner utilement dans la *grande* industrie.

Ainsi se trouvent expliqués les nombreux échecs qui ont
mis fin aux courtes expériences de plusieurs grands industriels. Mais il n'est aucune règle qui ne comporte
quelques exceptions.

**§ 4. — Quelques cas exceptionnels de réussite de la partici-
pation aux bénéfices dans la grande industrie.**

Quelle que soit l'uniformité des conditions dans lesquelles se développe la grande industrie, cette uniformité n'est
pas à ce point absolue, que certains établissements ne puissent, en faisant un usage habile de forces économiques favorables, paralyser l'action de lois économiques opposées.
Ainsi on peut citer l'exemple de quelques industriels qui
ont certainement retiré de la méthode du partage des
profits des avantages précis et notoires (1).

Il est une catégorie d'établissements dans lesquels des
traditions patriarcales établissent une sorte de lien fami-
lial entre l'employeur et les employés. Dans ces usines, le
patron aime à se dire le père de ses ouvriers, et ceux-ci
acceptent d'être ses enfants. A l'avance, ils accueillent
avec faveur toutes les combinaisons que leur suggère leur
patron. Que dans des usines de cette catégorie, le patron
introduise la participation aux bénéfices, on dira qu'elle
y produit d'excellents effets.

A la vérité, il est difficile d'apprécier ici l'effet direct de
cette institution sur les rapports entre employeur et employés. Ils étaient excellents avant qu'elle fût introduite,
ils continuent à l'être après son apparition.

Il est également difficile de savoir si la participation se
traduit en une perte ou en un gain pour le patron.

La première hypothèse nous paraîtrait plus vraisemblable. Remarquons en tous cas que le partage des profits
n'a conduit nulle part à la suppression du salaire à la

____

(1) Nous ne considérons pas comme pratiquant la véritable participation
aux bénéfices des établissements où la part attribuée aux ouvriers est versée dans une caisse collective de prévoyance.

tâche, là où ce mode de salaire était en vigueur avant qu'il fût introduit.

Dans cette première catégorie, nous ferons rentrer l'établissement Laroche-Joubert et Cie à Angoulême et celui de M. de Naeyer à Willebrock (Belgique) (1).

A côté de cette première espèce d'usines, il est quelques établissements dont l'organisation intérieure est plus conforme aux conceptions modernes des rapports qui doivent exister entre patrons et ouvriers et qui ont fait de la participation aux bénéfices une application aussi curieuse que profitable. La théorie de ces applications se ramène aux termes suivants : un patron entreprend un jour de lutter contre un syndicat dont la direction est tout entière inféodée aux doctrines socialistes. Par des procédés divers, il parvient au préalable à grouper dans ses ateliers un certain nombre de bons ouvriers que les doctrines socialistes n'ont point séduits et qui même ont quelque tendance à se séparer de camarades turbulents. Cette première condition réalisée, le patron propose à ses ouvriers de les associer à ses bénéfices, ceux-ci acceptent, cessent de faire cause commune avec le syndicat et passent du côté du patron.

L'exemple le plus célèbre du succès d'une pareille tentative est celui de la *South Metropolitain Gas Company* (Compagnie Métropolitaine du gaz du Sud) qui occupe à Londres plus de 3.500 ouvriers. On trouvera en note quelques détails sur le fonctionnement de la participation aux bénéfices dans cette grande usine à gaz (2).

(1) La maison de Naeyer peut être proposée comme le type patriarcal le plus extensif qui puisse se rencontrer. La sollicitude du patron pour les ouvriers et leurs familles s'y manifeste sous les formes les plus variées : crèches, asiles, écoles, économats, hôpital, musique, logements, fêtes, etc.

(2) En mars 1889, fut fondée en Angleterre la *National Union of Gas*

Il nous suffira de citer ici l'expérience de la participation dans les ateliers de construction de machines de

Workers and General Labourers of Great Britain and Ireland (Union nationale des ouvriers du gaz et des journaliers de Grande-Bretagne et d'Irlande). Dès son apparition, ce syndicat dirigé par des socialistes ardents et capables, obtint de très importantes concessions en faveur de ses membres. C'était en effet l'époque où les simples travailleurs manuels voyaient soudainement s'améliorer leur condition et on n'a pas perdu le souvenir de la grande grève des *dockers* (ouvriers des ports) de Londres et de la généreuse intervention du cardinal Manning.

Encouragée par ces succès répétés, l'Union émit, au mois d'octobre 1889, de nouvelles prétentions, notamment en faveur des chauffeurs. Elles furent accueillies favorablement, mais un jour vint où le président administrateur du *South Metropolitan Gas Company*, l'une des deux plus puissantes compagnies du gaz de Londres, s'aperçut du danger que courait la grande entreprise à la tête de laquelle il était placé. Il était clair, en effet, que les exigences du syndicat ne s'arrêteraient plus et que la résistance devenait nécessaire. Il importait d'aviser. M. Georges Livesey, homme doué d'une vive intelligence et d'une grande énergie, se proposa d'atteindre le syndicat dans sa composition même et afin de détacher ses 3.500 ouvriers de leurs camarades socialistes, il résolut de les intéresser directement à la prospérité de la compagnie. Il leur offrit de les faire participer aux bénéfices moyennant un *bonus* de 1 0/0 des salaires annuels par chaque penny de réduction du prix du gaz au-dessous de 2 shillings 8 pence les mille pieds cubes (*a*).

Le prix était alors de 2 shillings 3 pence. Afin d'attirer davantage les ouvriers, cette mesure devait avoir un effet rétroactif et s'étendre aux trois dernières années, ce qui équivalait à un *bonus* considérable de 9 0/0 du salaire d'une seule année. Ce *bonus*, ainsi que les *bonus* annuels distribués dans l'avenir, ne devait point être versé au comptant ; il serait inscrit sur un livret individuel et bénéficierait d'un intérêt de 4 0/0. La somme ainsi portée au compte de chacun lui était définitivement acquise en cas de mort, de retraite pour vieillesse ou maladie, ou en cas de cessation de contrat de louage ; mais il était stipulé qu'elle serait acquise à la compagnie en cas de grève ou de chômage intentionnellement causé à la compagnie. Enfin, n'étaient admis à participer aux bénéfices que les ouvriers qui signaient l'engagement de rester douze mois au service de la compagnie. Cet engagement avait une valeur spéciale, car, la rupture du

(*a*) Pour comprendre cette clause spéciale, il faut savoir que d'après la charte de la compagnie, les actionnaires peuvent recevoir un dividende de 10 0/0 quand le prix unique du gaz ne dépasse pas trois shillings 6 pence par 1.000 pieds cubes, de 1/4 0/0 en plus par chaque penny de réduction sur le prix du gaz.

Halle (Prusse saxonne) (*Hallesche Machinenfabrik und Eisengiesserei*) qui emploie environ 528 ouvriers.

contrat de travail qui autorise toujours des poursuites civiles, entraîne en outre une poursuite pénale lorsque l'employé qui s'en est rendu coupable est au service d'une compagnie d'intérêt public (*Conspiration and Protection of property Act*, 1875, 38 et 39 Victoria). D'autre part, M. Livesey avait eu le soin de faire signer aux ouvriers leur engagement à des dates différentes, afin de leur rendre impossible toute entente en vue d'une cessation générale du travail.

Manifestement la participation aux bénéfices était ici une machine de guerre contre le syndicat ; M. Livesey le disait ouvertement et il connaissait l'hostilité tenace des *trade unions* à l'égard de cette institution. En fait, sa conduite n'était pas exempte de témérité, et bien que 1.000 ouvriers se fussent déclarés prêts à souscrire l'engagement requis, M. Livesey dut consentir à en modifier les clauses. Il fut convenu que les boni à venir seraient distribués au comptant et que le cas de grève ne priverait plus l'ouvrier du droit de réclamer les sommes qu'il aurait laissées en dépôt dans la caisse de la compagnie.

Le syndicat des ouvriers du gaz sentit combien ces heureuses concessions fortifiaient la situation de M. Livesey et son hostilité ne fit que croître. Une grève violente éclata : elle dura deux mois environ (du 12 décembre 1889 au 4 février 1890) et coûta 11.000 livres sterling aux ouvriers et 150.000 à la compagnie. Cette grève eut pour premier résultat d'amener un renouvellement à peu près complet du personnel, car on se trouva obligé de remplacer soudainement les 2.000 ouvriers qui s'étaient mis en grève.

La victoire du directeur fut complète et la participation aux bénéfices fut définitivement mise en pratique. Depuis ce jour, elle fonctionne sans interruption. En fait, cette première tentative de M. Livesey n'avait pas pleinement réussi au début : elle avait eu un certain succès dans sa partie négative, puisque le directeur était parvenu à faire signer à un grand nombre de ses ouvriers des engagements de douze mois dans lesquels, en échange du droit de participer aux bénéfices, ils s'engageaient à ne point s'affilier à la *Gas Workers Union* ; on était donc parvenu à séparer les ouvriers de la *South Metropolitan Gas Company* de leurs camarades des autres usines, mais on n'avait point encore fait d'eux des *associés de leur patron* ; la distribution des boni était trop souvent l'occasion de dépenses malsaines et par suite jetait la perturbation dans le travail des chantiers.

En 1894, M. Livesey voulant associer plus intimement à son entreprise ses ouvriers s'efforça de les décider à faire un meilleur emploi de leur part dans les bénéfices : il éleva à 1 1/2 0/0 des salaires au lieu de 1 0/0 par chaque *penny* de réduction du prix du gaz, le dividende des ouvriers qui consentaient à laisser en dépôt la moitié de leurs boni. Quand la somme portée à leur crédit s'élève à cinq livres sterling, elle est affectée à l'achat

En 1890 éclata dans la région une grève de mécaniciens, conduite par des politiciens socialistes : les grévistes for-

d'une action au cours de l'émission ; l'ouvrier fait ainsi une opération excellente puisque la cote des actions de la compagnie dépasse actuellement treize livres sterling.

Il n'est fait entre les ouvriers aucune distinction et tous participent en proportion de leurs salaires : « pourtant les directeurs se réservent le droit de refuser la permission de signer un engagement à tout ouvrier qui ne prend aucun intérêt à la prospérité de la compagnie, qui gaspille les matières premières ou qui est négligent ou indolent dans l'accomplissement de son travail ».

Depuis la modification apportée en 1894, la combinaison du directeur a obtenu tant de succès auprès des ouvriers que plus de 30.000 livres sterling ont été depuis cette époque consacrées à l'achat d'actions de la compagnie (*a*) et un *Act* récent du Parlement (*b*) autorise le directeur, le jour où le montant total des actions achetées pour le compte des ouvriers s'élèverait à 40.000 livres sterling, à faire élire par ses ouvriers un ou plusieurs administrateurs, au nombre de trois au maximum.

Il est certain que la méthode du partage des profits peut se féliciter du résultat obtenu dans les chantiers de la *South Metropolitan Gas Company*. Stimulés par la perspective du bonus, les ouvriers ont réalisé des économies considérables ; les dividendes des actionnaires se sont élevés et l'éventualité d'une grève paraît à ce point improbable que M. Livesey déclare que « cette idée ne lui vient plus même à l'esprit ». Chaque année une fête annuelle réunit dans un grand banquet les directeurs et les ouvriers et ces derniers observent scrupuleusement et sans contrainte la clause de leur engagement qui leur interdit d'être membres de la *Gas Workers Union*.

Nous n'insisterons pas sur les conditions très spéciales qui placent la *South Metropolitan Gas Company* et ses ouvriers dans une situation très particulière. Transcrivons seulement la déclaration du secrétaire de la « *National union of Gas Workers and General Labourers of Great Britain and Ireland* » :

« Vous pouvez déclarer en toute vérité, nous dit M. Thorne, que ce système du *profit sharing* est entièrement pourri, pourri jusqu'à la moelle (*entirely rotten*) (*c*). Les ouvriers de la *South Metropolitan Gas Company*

(*a*) La plupart des ouvriers ont naturellement opté en faveur de la combinaison de 1894.

(*b*) *The South Metropolitan Gas Act*, 1896, sec. 19.

(*c*) M. Thorne aime les expressions énergiques : c'est d'ailleurs un excellent garçon (*a very good chap*) que ses camarades estiment, alors même qu'ils sont le plus opposés à ses opinions socialistes. Il a été, pendant l'année 1896-1897, le président du Comité parlementaire des *Trade Unions* britanniques, occupant ainsi le poste le plus élevé dans le mouvement trade unioniste britannique, de par la volonté de camarades qui sont en grande majorité hostiles à ses idées.

mulaient des prétentions inadmissibles. Les ouvriers de la
« *Hallesche Machinenfabrik* » allaient après quelques
hésitations faire cause commune avec leurs compagnons
de métier. M. de Riedel, ancien propriétaire de l'exploitation et aujourd'hui directeur de la Société anonyme, se
donna la tâche de dissocier ses employés de tout groupement étranger à l'usine. Le terrain était favorable. Les
meilleurs ouvriers de la région avaient été peu à peu attirés par des salaires élevés, et les paresseux, rebutés par
l'intensité croissante du travail, s'en étaient allés. Grâce à
cette double sélection, les rapports de patron à ouvriers
étaient devenus excellents. Dans ces circonstances l'idée
d'associer son personnel à la prospérité vraiment exceptionnelle de son usine apparut à M. de Riedel comme le
moyen le plus propre à couronner l'œuvre qu'il avait
entreprise. Il offrit à ses ouvriers une part dans ses bénéfices : cette proposition fut acceptée (1).

Cet événement provoqua la colère des socialistes et tour
à tour leurs journaux et leurs orateurs prirent vivement à
partie une institution qui avait jeté le désarroi dans leurs
rangs (2). Mais ces attaques n'émurent pas les ouvriers de

---

sont des traîtres et des nigauds ; ils profitent des salaires élevés que l'action de notre syndicat leur assure par sa pression constante sur les autres
compagnies du gaz de Londres, et ils ne s'aperçoivent pas que pour un
petit supplément de salaire ils donnent un travail presque double de celui
qu'ils pourraient et devraient normalement donner. »

(1) « Vous êtes déjà intéressés à la bonne marche des affaires, disait
M. de Riedel à ses ouvriers dans une proclamation du 25 avril 1890, car
vous n'avez pas à craindre alors le chômage ; mais je veux vous intéresser
plus directement à la prospérité de l'usine en transformant la gratification,
que j'avais l'habitude de vous donner, en un droit aux bénéfices. J'espère
ainsi que vous vous attacherez davantage encore à votre travail, que vous
ne souffrirez *au milieu de vous ni les paresseux, ni les agitateurs.* »

(2) Tandis que les journaux de la région entraient en campagne contre
la personne même de l'honorable directeur, les agences officielles socia-

Halle, et depuis la grève, leur stabilité a progressé du quart aux trois quarts et leurs rapports avec le directeur n'ont cessé d'être excellents (1). Les affaires de la société ont continué à prospérer d'une manière inespérée. Le dividende, qui en 1889 était de 30 0/0, atteignait en 1895 32 0/0. Faut-il attribuer le succès de la participation aux bénéfices à cette situation exceptionnelle ou au contraire renverser les rôles et voir dans la prospérité de l'usine un résultat de l'institution nouvelle? Les deux influences semblent s'être combinées, et si la première nous semble difficile à nier, la deuxième nous parait vraisemblable. En effet, le directeur, M. de Riedel, augmentait successivement en 1893 et 1895 le quantum départi aux ouvriers (2) comme témoignage de satisfaction pour « les meilleurs services du personnel » « wass fleissiger und sorgfæltiger gearbeitet wurde ». « Je ne considère pas, nous disait le directeur, les 56.000 marks de *bonus* qui ont passé cette année dans la poche de mes ouvriers comme sortis de la nôtre. »

Ces deux exemples de Halle et de la *South metropolitan Gas Company* où la participation aux bénéfices réussit d'une

listes comme le *Berliner Volksblatt* (numéro du 21 décembre 1890) et des orateurs comme M. de Feldmann essayaient de démontrer aux ouvriers de Halle que la participation aux bénéfices endort les travailleurs, en leur faisant croire que le patron leur donne plus que le salaire nécessaire.

(1) « Les ouvriers sont si attachés à notre usine, nous disait M. de Riedel, que le renvoi devient un véritable châtiment. Dans les entreprises similaires au contraire, l'ouvrier manifeste à tout propos son mécontentement en signifiant lui-même au patron son congé. »

(2) Le quantum avait été fixé en 1890 à 3 marks, par mark de dividende, pour les ouvriers qui avaient 3 ans de services, à 2 marks après 2 ans, à 1 mark après un an et à un demi-mark pour un temps moindre.

En 1893, le taux fut augmenté et, en 1895, il fut porté dans les mêmes conditions de stage à 4 marks, 3 marks, 2 marks et 1 mark. La part des ouvriers de 3 ans de services montait ainsi de 100 à 129 marks.

manière incontestable sont quelquefois invoqués, surtout à l'étranger, comme un argument en faveur de ce système, mais l'étude des faits nous montre que le succès de ces tentatives vient de l'opposition complète d'opinion qui séparait les ouvriers d'un certain atelier de leurs camarades de la même profession.

Les premiers sentaient qu'une entente durable avec les seconds était impossible et estimaient que leur intérêt était plutôt de s'associer avec un patron loyal que de s'engager à soutenir les prétentions les plus folles de leurs compagnons de métier.

On commettrait une erreur grave si on oubliait qu'un pareil état de choses est très exceptionnel. La similitude des conditions de travail dans les établissements d'une même profession, la nécessité d'empêcher dans les ateliers voisins une baisse de salaires qui aurait bientôt sa répercussion dans tous les établissements de la région contraignent les travailleurs à se solidariser les uns avec les autres.

Ceux-ci sont d'ailleurs fermement convaincus de cette nécessité et, en dehors d'abus très caractérisés de syndicats, il n'y a point à penser que les exemples des mécaniciens de Halle et des ouvriers du gaz de Londres trouveront beaucoup d'imitateurs.

Quant à nous, nous admirerons toujours les dévouements, si nombreux dans la classe ouvrière, des individus à la cause de leurs frères, et nous regretterons seulement qu'une pareille abnégation serve parfois à soutenir des prétentions injustes.

CHAPITRE VI

Dans les pages qui précèdent nous avons rapporté successivement l'opinion que les patrons et les ouvriers de la grande industrie professent au sujet de la participation aux bénéfices.

Sans doute le lecteur a déjà remarqué que les raisons alléguées par les uns et par les autres ne sont pas arbitraires ou factices ; ce ne sont ni la cupidité égoïste de patrons inhabiles à discerner leurs véritables intérêts, ni l'esprit combatif d'ouvriers toujours enclins à se croire exploités qui expliquent l'indifférence, voire l'hostilité que le monde industriel témoigne à cette institution. Les motifs allégués paraissent sérieux et graves. D'ailleurs il est possible de contrôler leur valeur en les soumettant à la critique d'hommes qui, en leur double qualité de patrons et d'ouvriers, apporteront dans leur jugement un esprit impartial et une notion adéquate de leurs intérêts. Nous voulons parler des sociétés coopératives de consommation et de production dont l'attitude à l'égard de la participation aux bénéfices a soulevé de si vives discussions. La question du partage des profits est, en effet, célèbre parmi les coopérateurs, et personne ne l'a abordée avec un plus loyal désir de la résoudre dans le sens de la justice et de la paix sociale (1).

(1) Dans les pages qui vont suivre nous viserons spécialement les so-

Les faits que nous allons raconter nous semblent des plus instructifs : on verra comment des hommes sérieux et de bonne foi, *obligés par leurs principes les plus essentiels de se faire les champions d'une doctrine spéciale*, se sont pourtant refusés avec une énergie indomptable à en faire eux-mêmes l'application pratique : et ce sera piquant de les voir se retrancher derrière une théorie qui, en sauvegardant les apparences des principes, leur permettra de suivre une pratique toute différente.

On sait comment, en 1844, vingt-huit ouvriers de Rochdale, grâce à une économie persévérante de vingt centimes par semaine, parvinrent à réunir un capital de 28 livres sterling et fondèrent une société coopérative de consommation (1) : la réussite extraordinaire de cette entreprise, le succès non moins éclatant de celles qui ont suivi son exemple ont trop fait oublier que le magasin coopératif de la ruelle du Crapaud (*Toad Lane*) n'était pour les pionniers de Rochdale qu'un moyen et non un but ; les bénéfices à en provenir devaient servir à l'introduction de réformes diverses (2), notamment dans le domaine de la

clétés coopératives de l'Angleterre et cela pour deux raisons : en aucun autre pays les sociétés coopératives n'ont atteint un développement comparable ; nulle part non plus les *leaders* du mouvement coopératif n'ont discuté la question de la participation aux bénéfices dans les congrès, dans les réunions des coopérateurs, dans la presse avec autant de persévérance et de lucidité.

(1) Ce n'était pas la première : plusieurs tentatives du même genre avaient échoué auparavant.

(2) La plupart de ces réformes étaient passablement chimériques et il est heureux pour les pionniers de Rochdale qu'ils n'aient pas cherché à en poursuivre l'exécution pratique ; « ils devaient louer des terres pour les donner à cultiver à ceux de leurs membres qui seraient sans emploi ou dont le travail serait insuffisamment rémunéré » ; « aussitôt que faire se pourra, cette association se mettra à combiner les forces de la production, de la distribution, de l'éducation et du gouvernement ; ou, en d'au-

production de la richesse ; aussi bien, lorsque, dix années plus tard, les pionniers de Rochdale établirent une filature de coton et achetèrent les deux puissantes machines auxquelles ils donnèrent le nom de *Cooperation* et *Perseverance*, déclarèrent-ils que « l'objet de la Société coopérative manufacturière de Rochdale est de combiner des arrangements qui permettent à ses membres de recueillir les profits à provenir de l'emploi de leur propre capital et de leur propre travail (1) ».

Ces hommes voulurent eux-mêmes devenir les employeurs de leur propre travail et ne donner au capital, rétribué au moyen d'un intérêt de cinq pour cent, qu'un rôle subalterne et secondaire.

On aperçoit la différence profonde qui sépare le plan des coopérateurs du système de la participation aux bénéfices. « Le système de la participation est de conception bourgeoise et conforme à l'idée que cette classe se fait de l'organisation sociale, tandis que le système de la coopération est conforme à l'idéal démocratique des classes laborieuses : l'un, tout en donnant aux ouvriers une part dans les bénéfices, estime aussi précieuse que jamais la direction du patron et n'entend pas diminuer la rémunération de celui-ci, l'autre entend supprimer la rémunération du patron et accroître d'autant celle des employés

tres termes, à établir une colonie capable de subvenir elle-même à ses besoins par l'association des intérêts. »

(1) « Autrefois, dit l'historien de la coopération, M. Holyoake, les capitalistes louaient le travail, le payaient au prix du marché et percevaient tous les profits. Le travail coopératif a pour but de renverser ce processus. Son plan est d'acheter le capital, de le payer au prix du marché et de percevoir lui-même tous les bénéfices. ... Ainsi une entreprise coopérative est celle dans laquelle le travail loue le capital, dresse ses propres arrangements et travaille pour son propre bénéfice. » *History of Cooperation*, par J. Holyoake, vol. II, p. 88 et 122.

devenus leurs propres employeurs (*seld-employed*) » (1).

Quoi qu'il en soit de cette différence, il est manifeste que tous les ouvriers d'un atelier ou d'un magasin coopératifs doivent, par définition même, recevoir une part de bénéfices, car la réforme proposée par les coopérateurs a pour but de rendre *tous* les ouvriers leurs propres employeurs et non pas de faire de certains ouvriers les employeurs des autres. L'association de *tous* les ouvriers aux bénéfices est le principe le plus essentiel de la coopération ou pour mieux dire elle est la coopération elle-même (2).

(1) David Schloss, *Methods of Industrial Remuneration*.

(2) Théoriquement cette part du travail dans les bénéfices ne serait pas plus grande que dans les ateliers patronaux ; sans doute il n'y aura plus de patron pour distraire une large part des profits, mais, dans la théorie pure de la coopération, il y a deux facteurs qui, à côté du travail, contribuent à la formation des bénéfices : ce sont le capital et le consommateur.

Voici comment s'opère ou plutôt voici comment on propose d'opérer la répartition des profits entre les trois ayants droit : « La répartition suivante, dit un des grands docteurs de la coopération, M. Benjamin Jones, me semble, après une longue et sérieuse étude, être la meilleure approximation du type parfait pour les associations de production. Les achats du consommateur libèrent le capital emprisonné dans le stock en magasin. Dès lors ils équivalent à une somme donnée en capital et le montant annuel des achats doit participer aux profits dans la même proportion que le ferait une somme égale du capital. Un ouvrier est comme un cheval et représente un capital ; sous le régime de l'esclavage, le maître est propriétaire de l'homme et du cheval et le marché fixe la valeur en capital de chacun. Dans le cas de l'ouvrier britannique le fait que celui-ci se possède lui-même n'empêche pas qu'il ne soit l'équivalent d'un capital donné. Le montant de ce capital peut être trouvé en considérant le salaire annuel comme l'intérêt du capital.

« Divisant les salaires par le taux d'intérêt alloué au capital, le résultat ou quotient est le nombre de centaines de livres sterling qui représentent la valeur de l'ouvrier. Par exemple au taux de 5 0/0 un homme avec un salaire de 50 livres sterling équivaudrait à 1000 livres de capital et au taux de 6 0/0 un homme au salaire de 78 £ par an équivaudrait à 1300 livres de capital. Après avoir ainsi ramené la valeur du travailleur, du consommateur et du capitaliste au dénominateur commun, le capital, le profit pourrait être partagé entre eux proportionnellement » (Conférence : *What is meant by cooperation. The claims of Labour*, p. 60).

Voilà la théorie : observons maintenant la pratique ; pour la connaître il faut examiner successivement les deux grandes classes d'associations coopératives qui existent, les unes fondées directement en vue de la production, les autres fondées spécialement en vue de la distribution des produits de consommation courante (1).

§ 1. — Les sociétés coopératives de production et la participation aux bénéfices.

Si l'on considère les associations de la première classe, celles qui sont appelées en France sociétés coopératives de production, on doit les répartir à leur tour en trois catégories : celles qui disparaissent au bout de quelques années, celles — et ce sont les plus prospères — qui se transforment et deviennent des sociétés anonymes ordinaires, celles qui conservent le signe de leur origine et dont la direction demeure aux mains des hommes qui les ont fondées ou de leurs successeurs.

Les premières ne concernent pas notre étude présente. On connaît l'histoire des secondes : leur prospérité est la cause première de leur évolution, elle attire l'attention et la confiance de quelques modestes bourgeois et d'une élite d'ouvriers aisés qui cherchent à se procurer quelques actions ; le plus souvent ces hommes ne font eux-mêmes que précéder les gros capitalistes qui plus tard achètent à leur tour de forts paquets d'actions. Ainsi en quelques

(1) Sur le conseil de M. David Schloss, nous nous servons plutôt de ces circonlocutions que des expressions plus ordinairement employées de société coopérative de production et société coopérative de consommation. En effet les sociétés coopératives de consommation qui acquièrent de l'importance deviennent facilement productrices de certaines denrées ou marchandises dont elles savent avoir un large débouché.

années la transformation s'accomplit et sous la réserve de quelques exceptions sans importance, aucune action ne se trouve plus aux mains des ouvriers qui travaillent dans la maison. Pour ces derniers le régime du salariat ordinaire a rapidement supplanté la coopération.

Un des exemples les plus notoires de cette évolution est celui de la société coopérative manufacturière des Pionniers de Rochdale, laquelle, fondée en 1854, abandonna dès 1857 la participation aux bénéfices et est devenue depuis une société anonyme ordinaire. Le même phénomène s'est produit pour les quatre-vingt-dix filatures coopératives d'Oldham connues sous le nom de *Working class limiteds*; aucune ne pratique le système du partage des profits, *profit sharing*, bien que la grande majorité des actions soit aux mains d'ouvriers travaillant dans d'autres filatures et usines du voisinage et que, par suite, les employés de ces *working class limiteds*, ayant pour patrons réels des hommes de leur condition sociale, puissent attendre d'eux un traitement équitable.

Ces faits sont d'autant plus remarquables qu'un certain nombre de ces *limiteds* ont fait l'essai de la participation aux bénéfices et après une tentative de quelques années l'ont abandonnée. Tel est le cas notamment du *Sun Mill*, de la filature du Soleil, dont les statuts ont servi de type à tous les autres et où la participation aux bénéfices fut introduite en 1869 et abolie en 1875 ; M. Macroft, qui a écrit l'histoire des premières années de cette manufacture, nous dit même que, du temps où le partage des profits existait, les ouvriers avaient vu réduire le taux de leur rétribution et que *l'abandon de cette institution fut marqué par une hausse de salaires.*

Si maintenant nous considérons les sociétés coopératives de production qui, en Angleterre, ont gardé leur forme primitive, la majorité paraît en vérité pratiquer la participation aux bénéfices, mais le plus souvent les ouvriers qui y sont entrés après la fondation ne reçoivent, dans les bénéfices, qu'une proportion inférieure à celle des ouvriers sociétaires, et parfois même cette participation est compensée et au delà par une réduction de leurs salaires. Trop souvent, en effet, ces sociétés de petits patrons, d'autant plus âpres au gain que leurs affaires et leurs revenus sont plus modestes, considèrent comme le principal élément de leurs bénéfices leur aptitude à « soutirer » de leurs auxiliaires subalternes le plus de travail possible pour le moindre salaire possible ; aussi ces sociétés rentreraient-elles pour la plupart, si l'on suivait le classement adopté par Miss Beatrix Potter, dans cette troisième classe d'associations coopératives de production sur le compte desquelles, au dire de cet auteur, « il n'est pas possible de s'exprimer avec trop de sévérité » (*I do not think it possible to speak too severely*).

Il ne faut pas croire que cette pratique, pour abusive qu'on la considère, soit spéciale à l'Angleterre ; les diverses sociétés coopératives de production de la France, de la Belgique et de l'Allemagne ont suivi la même évolution, qu'elles soient devenues des sociétés anonymes ou qu'elles soient encore sous la direction d'ouvriers travaillant au service de l'entreprise; ni les unes, ni les autres ne pratiquent la participation aux bénéfices. Le fait est surtout frappant en Allemagne où, grâce à l'initiative d'un homme énergique, M. Schulze-Delitzsch, le développement des petites sociétés coopératives de production a été plus étendu qu'en aucun autre pays.

Nous sommes allé voir à Berlin M. Häntschke, aujourd'hui secrétaire général de ces associations, et nous lui avons demandé quelle était la proportion des coopératives de production faisant participer aux bénéfices leurs ouvriers non associés. « Parmi les coopératives fondées par les ouvriers, nous répondit-il, cette proportion est très faible. Seules pratiquent la *Gewinnbetheiligung* celles qui ont été créées par des patrons philanthropes qui ont pu imposer leurs volontés. Tel est le cas de l'imprimerie de Dessau. » Comme nous l'interrogions sur les raisons d'une abstention si générale : « Il y a une évidente contradiction, continua M. Häntschke, entre le principe de la coopération et la pratique des coopérateurs. Si ces derniers étaient des salariés ordinaires, je dirais qu'ils partagent les idées socialistes et voient dans la participation aux bénéfices un instrument dangereux d'exploitation par le patron. S'ils étaient de simples employeurs, je penserais qu'ils sont atteints d'une myopie assez fréquente et qui consiste à voir dans la participation un sacrifice immédiat sans espoir de compensation. Mais comment expliquer cette même attitude de la part de gens qui, réunissant en leur personne l'expérience de l'ouvrier et de son patron, devraient avoir l'esprit libre de tout préjugé? Pour moi, je me déclare incapable de démêler une pareille contradiction.... »

Quelques jours plus tard, la solution de cette énigme nous était présentée d'une manière saisissante par le directeur élu d'une coopérative de tailleurs à Dresde. Comme nous lui adressions la même question qu'à son secrétaire général : « Pourquoi ne faites-vous pas participer à vos bénéfices vos compagnons de travail qui n'ont pas pris part à la fondation de la société (*nichtgenossen*)? » « C'est très naturel, nous répondit-il. Nous avons fondé cette coopérative au prix de durs sacrifices. Jetés sur le pavé à la suite d'une grève, sans ressources, sans crédit, sans clients, nous avons connu bien des privations et bien des veilles avant de voir les jours meilleurs se lever. Qui oserait trouver injuste notre refus de partager des bénéfices si chèrement acquis avec des étrangers arrivés d'hier ? »

Il eût été en effet singulièrement hardi de le contredire et en prenant congé de lui, nous pensions en nous même que les solutions de bien des problèmes économiques se rencontrent sur la bouche de ceux qui ont été meurtris au contact de leurs difficultés, plutôt que dans les théories les mieux raisonnées et les plus harmonieuses.

Mais nous ne voulons pas nous arrêter plus longtemps à ces sociétés coopératives de production, car elles tiennent peu de place dans l'organisation économique contemporaine ; en Allemagne même, elles sont en déclin depuis quelques années ; en France, leur nombre n'augmente guère et en Angleterre on en compte 106 faisant un chiffre d'affaires tout à fait insignifiant (une seule compte quatre-vingts ouvriers, *The boot and shoe cooperative factory* de Leicester) (1). La question de la participation dans les coopératives de consommation a une importance beaucoup plus grande, en rapport avec le développement de ces sociétés dans les temps modernes.

(1) Au moment où nous corrigeons les épreuves de ces pages, l'Office du travail de Paris publie un important volume sur les Associations ouvrières de production en France Ce rapport, rédigé à la suite d'une enquête minutieuse, atteste que le nombre des sociétés coopératives de production est très restreint, puisque 202 seulement ont fonctionné pendant l'année 1896, dont il restait 181 au 1er janvier 1897. Ces sociétés comprenaient 9,000 associés sur lesquels 4.500 à peine travaillaient dans les ateliers ; elles employaient aussi en moyenne 5.500 ouvriers non sociétaires, dont la moitié environ participaient aux bénéfices, lorsqu'il y en avait.

§ 2. — Les sociétés coopératives de consommation et la participation aux bénéfices.

Une disposition merveilleuse de la Providence fait souvent réussir les entreprises des hommes dans un sens tout différent de celui que visaient leurs initiateurs ; l'institution qui pour les Pionniers de Rochdale n'était qu'un moyen transitoire, qu'un instrument, en vue d'une fin bien autrement importante, a reçu un développement extraordinaire, tandis que la réalisation de leur rêve semble s'éloigner chaque jour davantage.

On connaît le colossal succès des sociétés coopératives de consommation, des *cooperative Stores*. Une immense institution, qui est à elle-même sa propre fin, s'est développée ; et dans le pays où l'organisation commerciale est le mieux constituée et où les milieux ouvriers montrent le plus d'initiative et d'aptitude à s'associer en groupements autonomes, elle a donné les plus merveilleux résultats. Au 31 décembre 1895, il y avait, dans la Grande-Bretagne, 1750 sociétés coopératives réunissant plus d'un million de membres. Ces sociétés possédaient un capital de 15 millions de livres sterling, et leurs affaires, dont le chiffre s'élevait à 50 millions de livres, laissaient un bénéfice de cinq millions de livres sterling, soit 125 millions de francs.

Tel est cet immense mouvement : il est du plus haut intérêt d'examiner quelle va être l'attitude de ces légions de coopérateurs à l'égard de la participation aux bénéfices ?

L'occasion est belle d'appliquer largement cette institution ; ceux qui sont en grande majorité des « employés »

sont devenus à leur tour de grands employeurs de travail
(*large employers of labour*) et ils paient des salaires à plus
de quinze mille personnes. Ils ont attaché à leur service des
employés de tout sexe et de toute condition, depuis celui
qui, dans la *English wholesale*, achète plusieurs centaines
de tonnes de thé de Ceylan ou de Chine et que sa grande compétence fait juger digne d'un traitement de 25.000 francs
jusqu'au manœuvre qui charge et décharge les colis d'é-
picerie, depuis le commis préposé à la tenue des livres ou
à la vente jusqu'à l'ouvrier en chaussures et au garçon
boulanger (1).

(1) Pour comprendre comment les coopérateurs anglais sont devenus
de grands patrons, quelques explications sont indispensables.

Dans leurs magasins de vente, on rencontre d'abord de nombreux commis et hommes de peine occupés à la manutention des marchandises et
notamment de l'épicerie ; il existe des boulangeries et des boucheries coopératives qui emploient nécessairement un personnel assez étendu.

Dans les villes les plus peuplées, quelques sociétés de coopérateurs sont
allées plus loin et ont entrepris la production de certains articles; ainsi la
coopérative de Leeds a fondé une minoterie, et d'autres ont établi des
fabriques de conserves ou de vêtements : enfin un jour est venu où les
sociétés coopératives de consommation, réparties sur tous les points du
territoire des Iles Britanniques, se sont avisées que leur méthode d'achat
des denrées et des marchandises pouvait être singulièrement perfectionnée. Chacune s'adressait chez des fournisseurs différents, qui pouvaient
les tromper sur la qualité et sur le prix. Elles s'unirent et formèrent deux
immenses associations, l'une pour l'Angleterre proprement dite, la *English
Cooperative society*, l'autre pour l'Ecosse et l'Irlande, la *Scottish cooperative wholesale society*. Ces deux grandes « sociétés de gros » eurent pour
mission d'acheter en gros les denrées et de les revendre aux sociétés coopératives de détail ; on simplifiait par là les opérations d'achat, puisqu'il
suffisait de mettre à la tête de chaque « département » un homme d'une
compétence certaine pour se prémunir contre toute erreur dans la qualité et on réalisait en même temps une notable économie ; les bénéfices
étaient répartis entre les sociétés locales au prorata du montant de leurs
achats.

On fit un dernier pas : on fut bien vite frappé de voir à quelle effroya-
ble quantité pouvait s'élever dans ces wholesales le débit de plusieurs
denrées (farines, conserves, chaussures, etc.), et on remarqua que ces
mêmes produits soustraits à l'action de la mode, étaient d'une vente cer-

Il semble que ces hommes soient obligés, *par définition même*, et sous peine de faillir à leur programme essentiel, d'associer leurs ouvriers à leurs bénéfices.

Ils ont d'ailleurs la prétention de traiter leurs ouvriers mieux qu'aucun autre patron, de leur payer des salaires plus élevés et de les faire travailler dans des ateliers plus salubres ; et il suffit de visiter, comme nous l'avons fait, leurs grands établissements de Govan (Glasgow), de Leith ou de Leicester pour reconnaître que cette prétention est justifiée (1).

Or, malgré la réunion de toutes ces conditions *exceptionnellement favorables, on constate que l'immense majorité des coopérateurs britanniques est opposée à la participation aux bénéfices et sur les quinze mille employés dont les sociétés coopératives sont les patrons, le nombre de ceux qui reçoivent une part des bénéfices est très restreint.*

Il est très difficile de déterminer d'une manière précise le nombre des sociétés coopératives de consommation qui en Angleterre font participer leurs employés à leurs bé-

---

taine. Aussi résolut-on de les manufacturer directement, et les deux wholesales édifièrent chacune de leur côté d'immenses établissements industriels.

Ainsi au dernier terme de cette évolution, se trouvait réalisée à rebours la pensée des pionniers de Rochdale ; ils avaient voulu devenir directement producteurs et le *cooperative store* n'était qu'un moyen transitoire et accidentel de réunir, grâce aux bénéfices réalisés, les capitaux nécessaires ; et voilà que ce magasin coopératif est devenu au contraire le premier élément *autour et en vue* duquel se sont groupés tous les autres.

(1) La plupart des *leaders* du mouvement coopératif n'ont d'autre pensée que celle du bien-être des classes populaires et de leur élévation à une condition meilleure ; ils sont animés de l'esprit public, comme disent les Anglais, *they are public spirited.*

Derrière eux sont groupés des hommes dont les dispositions sont aussi excellentes : les coopérateurs ne cherchent pas à réaliser un bénéfice sur le travail des autres : chacun d'eux a sa profession distincte et ne désire que faire un meilleur emploi de l'argent qu'il dépense.

néfices. De deux enquêtes, dirigées séparément sur ce point par la *Cooperative Union* (1) en mai 1891 et par la *English Wholesale* le 31 janvier 1890 (2), il semble résulter que 15 0/0 à peine des sociétés coopératives britanniques associent leurs employés à leurs bénéfices. Bien plus, comme nous avons pu nous-même nous en rendre compte, cette proportion est encore plus faible, si au lieu de considérer le nombre des sociétés, on s'attache à l'importance de leurs affaires : par exemple la *English Wholesale cooperative society* formée par une fédération de 1039 sociétés de détail et dont le chiffre d'affaires dépasse actuellement 250 millions de francs n'associe aucun de ses 6000 employés et ouvriers aux larges bénéfices qu'elle réalise.

Enfin il est vraisemblable que ce taux subirait encore une nouvelle réduction si l'on voulait entrer dans l'examen détaillé de certaines pratiques que plusieurs sociétés coopératives présentent comme participation aux bénéfices. Quelques-unes confondent cette institution avec le système de la commission sur les ventes, qui est, comme nous l'avons vu, une simple forme de salaire à la tâche : d'autres, profitant de la fixité approximative de leurs béné-

(1) L'union coopérative, à laquelle sont affiliées 1142 sociétés coopératives, est une association formée dans le but de propager par la parole et par la plume les principes coopératifs.

(2) Ces deux enquêtes sont malheureusement incomplètes ; en effet sur 881 associés interrogés par la *English Wholesale*, 292 seulement répondirent et sur ce nombre 94 affirmèrent pratiquer la participation aux bénéfices ; la même question fut adressée par l'Union coopérative aux 1142 sociétés qui lui étaient affiliées : 60 seulement répondirent qu'elles pratiquaient le partage des profits ; si l'on veut admettre que la quasi-universalité des sociétés qui dans ces deux enquêtes gardèrent le silence ne distribuaient aucun dividende à leurs employés, on arrive à peu près au chiffre de 15 0/0 que nous avons admis. Nous pensons d'ailleurs avec M. David Schloss que ce chiffre est plutôt au-dessus de la réalité.

fices, font entrer en ligne de compte dans le calcul du salaire payé à leurs employés, la portion de bénéfices qu'elles leur attribuent et réduisent d'autant le salaire fixe (1). Ce dernier abus est assez fréquent, notamment à l'égard d'employés de magasin, et la participation aux bénéfices perd alors toute signification. En effet la rémunération de ces employés n'étant pas tarifée, il est difficile d'apprécier si leur part dans le profit est autre chose que la restitution d'une retenue opérée sur leur salaire. On est très porté à croire qu'elle a souvent ce caractère, quand on voit un certain nombre de sociétés coopératives associer à leurs bénéfices leurs employés de magasin, mais exclure de cette faveur leurs ouvriers « parce que ces derniers appartiennent à une Trade Union puissante et en conséquence exigent le salaire plein ».

Nous avons tenu à entrer dans ces détails, afin qu'on ne puisse mettre en doute que le mouvement coopératif anglais est, dans sa très grande majorité, opposé à la participation aux bénéfices. Ce fait est capital, car c'est en Angleterre que l'idée coopérative est la plus vivante, la plus féconde, c'est donc là qu'il importait essentiellement de voir si le *profit sharing* avait poussé des racines.

(1) Voici sur ce point le récit fait par un délégué à une réunion trimestrielle de la *English Wholesale society*. « Notre société, dit-il, avait essayé autrefois la participation aux bénéfices, nous l'avons abandonnée récemment et voici pourquoi. Lorsque nous avions besoin d'un employé, nous faisions insérer une annonce dans les journaux et lorsqu'un candidat se présentait devant le comité, qui, il ne faut pas l'oublier, était composé d'ouvriers, on lui demandait : quels appointements désirez-vous ? — Eh bien, je veux gagner trente shellings la semaine. — Savez-vous que nous donnons ici un *bonus* (participation aux bénéfices) ? — Non, je l'ignorais ; quel est ce bonus ? — En général 10 0/0, deux shellings par livre. — Oh ! alors si vous donnez deux shellings par livre, j'entrerai pour vingt-sept shellings. » — On appelle cela, ajouta le délégué, donner un bonus au travail ! Le président du meeting fit ensuite remarquer que d'autres sociétés, à sa connaissance, en faisaient autant. » *Cooperative news*, june 20th, 1891.

Mais si l'on examine successivement les sociétés coopératives de consommation de France, de Belgique, d'Allemagne et de Suisse, on arrive aux mêmes constatations ; la grande masse des employés et des ouvriers au service de ces sociétés ne reçoit aucune part des bénéfices recueillis par ces patrons.

En Belgique une enquête a été dirigée sur ce point ; cinquante sociétés furent interrogées, quinze répondirent ; sur ces quinze une seule, l'Union économique de Bruxelles, fait participer à ses bénéfices les huit ouvriers qu'elle emploie. Dans cette dernière ville, grâce au concours de M. Bertrand, membre de la Chambre des Représentants, nous avons pu étudier le fonctionnement d'une nouvelle société coopérative socialiste qui donne à ses ouvriers boulangers 2 1/2 0/0 de ses bénéfices, mais cette société est la première à témoigner du peu d'importance qu'elle attache à la participation et elle se préoccupe surtout de payer de hauts salaires. Le Vooruit de Gand, qui s'était acquis la réputation (bien entamée depuis, par un procès retentissant) de payer ses ouvriers 25 à 30 0/0 au-dessus du salaire normal, associe également à ses bénéfices les *brotbäcker* (garçons boulangers), les *brotausträger* (porteurs de pain) et les *kohlenarbeiter* (ouvriers occupés à la manutention du charbon).

En France d'après une statistique récente, il ressort que sur 1197 sociétés coopératives, 127 seulement associent leurs employés à leurs profits et ce chiffre serait encore réduit si l'on examinait avec soin les statuts et les pratiques réelles de ces associations.

En Allemagne on retrouve les mêmes constatations, et d'après M. Häntschke, secrétaire de l'Union des sociétés coopératives allemandes, les sociétés coopératives de consommation ne se montrent pas plus que celles de production favorables à la participation aux bénéfices.

L'importance de ces constatations devient plus grande encore, lorsqu'on est au courant des circonstances qui ont amené les sociétés coopératives de consommation à suivre cette ligne de conduite, car, loin d'être l'effet de l'ignorance ou de l'indifférence, elle n'a été prise *qu'à la suite d'un examen réfléchi et minutieux*. Afin de se rendre mieux compte de ce fait, il importe d'observer de nouveau les sociétés coopératives anglaises.

D'abord un certain nombre de sociétés ont fait l'expérience de la participation aux bénéfices ; elles l'ont pratiquée pendant plusieurs années et l'ont ensuite abandonnée. Tel est le cas notamment de la société coopérative anglaise de Gros, *wholesale*, celle qu'il faut toujours citer, puisqu'elle est la plus puissante de toutes et qu'elle présente en quelque sorte la synthèse du mouvement coopératif anglais ; elle pratiqua la participation aux bénéfices pendant trois années, de 1870 à 1873, et l'abandonna à cette époque pour ne plus jamais la reprendre.

Ces leçons de l'expérience accentuèrent l'opposition des autres coopératives au système du *profit sharing*. D'ailleurs les occasions de s'éclairer étaient fréquentes pour elles. Aucune question n'a été l'objet de plus longues discussions dans le sein des congrès, et à plusieurs reprises elle a failli amener une scission parmi les coopérateurs. Il importe d'entrer ici dans quelques détails sur cette lutte acharnée entre les deux ailes du mouvement coopératif (*the two wings of the cooperative movement*).

« Vous pensez bien, nous disait récemment un coopérateur anglais, que la très grande majorité de nos associés n'est pas guidée par des principes abstraits : sur vingt coopérateurs, il y en a dix-neuf qui n'ont d'autre préoccupation que d'obtenir à bon marché des marchandises de bonne qualité et la distribution des dividendes à la fin de l'année est le principal avantage qu'ils apprécient. Quant aux vrais principes de la coopération et à la théorie de l'ouvrier devenant employeur de son propre travail et recueillant tous les profits de la production, ils n'en ont cure et il leur suffit de donner à leurs employés un salaire convenable et autant que possible plus élevé que dans une maison patronale. »

Ces sentiments étaient en effet et sont encore ceux de la très grosse majorité des coopérateurs ; mais, ainsi que cela arrive dans tout grand mouvement, les *leaders* étaient au contraire des théoriciens, apôtres de la saine doctrine de la coopération et ils recueillaient les applaudissements unanimes d'un public bien décidé en pratique à faire le contraire de ce qu'on lui recommandait. Cette opposition entre la théorie et la pratique s'accusait parfois d'une manière piquante ; ainsi dans les statuts de la *Cooperative Union*, qui est formée par la fédération de toutes les sociétés coopératives britanniques, un article stipule comme condition d'affiliation, l'obligation pour toute société qui veut être membre, de faire participer ses employés et ouvriers à ses bénéfices ; cet article existe toujours et pourtant quatre-vingt-cinq pour cent environ des sociétés, qui y ont adhéré implicitement en s'affiliant, le violent *ouvertement et résolument.*

L'occasion était trop belle pour que les représentants des vrais principes ne vinssent pas reprocher à leurs frères la trahison dont ils se rendaient coupables, et, en effet, dans tous les congrès, dans toutes les réunions de comité ou de société, la question de la participation aux bénéfices n'a cessé d'être l'objet de nombreuses polémiques. Nous ne pouvons rapporter ici tous les arguments employés par les orateurs et les publicistes ; tour à tour on insistait sur la bizarrerie de la position dans laquelle se sont mis les coopérateurs ou sur les avantages théoriques de la participation aux bénéfices « ce lubrifiant efficace, capable de garantir contre le frottement les roues du capital et du travail » (*in Keeping the wheels of capital and labour running smoothly and satisfactorily*) (1).

Depuis vingt années ces objurgations et ces discours sont restés inutiles et aujourd'hui plus que jamais s'affirme avec netteté ce que dans son ouvrage, « The Cooperative Movement », Miss Beatrix Potter appelle justement *The anti profit sharing British Cooperative movement*, le mouvement coopératif britannique anti-participationniste. Au

___

(1) Productive cooperation by M. John Allan, of Glasgow, discours prononcé à la réunion de la « convention » coopérative écossaise tenue à Sterling le 24 septembre 1887. Au dernier congrès de Woolwich (25-27 mai 1896), lord Winchelsea s'exprimait ainsi : « Il me semble, dit-il, que la participation aux bénéfices est plus en harmonie (*is more on all fours*) avec les principes de la coopération, car vous ne pouvez dire à un principe tel que celui-ci : « tu iras jusqu'ici et pas plus loin » « *Thus far shall thou go and no farther* ». Cela me rappelle la parabole de l'homme qui, après s'être débarrassé d'un lourd fardeau, s'en alla et plaça un fardeau à peu près équivalent sur les épaules de son frère. Je pense, que vous, les représentants des classes ouvrières de ce pays, vous vous êtes débarrassés en grande partie du sentiment que vous êtes seulement des ouvriers salariés, sans aucune part dans la division des profits qui résultent de ce mouvement. Eh bien, il me semble qu'il ne nous appartient pas de nous constituer nous-mêmes en une classe privilégiée et de soumettre à notre tour d'autres ouvriers aux conditions auxquelles nous avons été soustraits. Sans doute vous donnez à ces ouvriers un salaire plus élevé que celui qu'ils pourraient obtenir ailleurs, mais il ne faut pas oublier qu'ils reçoivent ces salaires comme une faveur de notre part, tandis qu'il me semble que s'ils collaborent tous a cette grande entreprise de production, ils doivent, suivant notre propre théorie, avoir une part dans les bénéfices non par faveur, mais par droit. »

congrès de Woolwich (1896), on a une fois de plus refusé de prendre parti sur la question la plus troublante et la plus agitée (*the most vexed question*) qui divise les coopérateurs, et de voter une résolution que la très grande majorité des membres était nettement résolue à ne pas appliquer ; on n'a pas voulu davantage se prononcer en faveur d'une motion qui eût été l'abandon formel et explicite des vrais principes de l'institution représentée.

Les coopérateurs anglais — nous ne disons pas britanniques — ont seulement pris occasion des incidents du congrès de Woolwich pour « dire leur fait » aux membres de « l'aile adverse » et leur déclarer qu'ils revendiquaient pour chacune des coopératives « le droit de suivre son propre chemin de son mieux » et qu'ils étaient fatigués de voir chaque congrès annuel être l'occasion d'attaques dirigées contre leur conduite (1).

(1) Voici le récit des incidents du congrès de Woolwich. Le congrès coopératif britannique, tenu à Huddersfield en 1895, avait voté la résolution suivante : « Ce congrès sympathise avec les idées émises dans le discours du Président et tendant à concilier les deux ailes des coopérateurs sur le sujet de la participation aux bénéfices ; il autorise son bureau à réunir les représentants de ces deux ailes, afin qu'on puisse établir une entente sur une action commune de nature à faciliter cette conciliation. »

Le bureau coopératif fédéral (*united board*) jugea utile de former pour la circonstance un comité spécial composé de ses quatre représentants et de trois délégués de chacune des deux sociétés de Gros (anglaise et écossaise) et de la fédération des sociétés coopératives de production.

Ce comité a tenu trois séances à Manchester les 11 janvier, 21 février et 30 mars 1896 : il a rédigé le rapport dont la teneur suit :

« Nous nous accordons à penser que l'intention formulée par le congrès est que ce comité s'efforce de trouver les moyens de réconcilier les opinions divergentes au sujet de la participation aux bénéfices.

Nous croyons que ces opinions divergentes ont eu pour principale cause les tentatives qui ont été faites de fixer d'une manière stricte et rigoureuse ce qu'est la participation aux bénéfices et comment elle doit être appliquée.

On doit observer que le congrès n'a jamais essayé de fixer aucune règle rigide et s'est contenté de recommander une alliance formée sur une base

Chose curieuse, la participation aux bénéfices qui a failli amener une scission parmi les coopérateurs britanniques, a soulevé des querelles non moins vives parmi les coopérateurs du continent.

équitable pour le partage des profits et des risques entre le travailleur, le capitaliste et le consommateur...

Notre opinion est que cette alliance peut être réalisée de diverses manières. Puisque le mouvement coopératif s'est divisé si profondément sur cette question et puisqu'il est devenu impossible de tomber d'accord sur aucune des idées et des méthodes mentionnées plus haut, nous estimons qu'il serait sage de la part du congrès de commencer et de poser les assises du système en vertu duquel les travailleurs, les consommateurs et les capitalistes doivent être équitablement associés.

Aussi nous recommandons les principes suivants comme base d'une entente générale :

I. L'objet de la coopération est d'utiliser le capital des coopérateurs, en l'employant dans l'industrie coopérative, sous un régime équitable de rémunération du travail, à la production et à la distribution de toutes les marchandises requises par les sociétés coopératives et le public en général.

II. Dans toute entreprise coopérative de distribution ou de production, on doit mettre de côté une part des profits, dans le but d'en disposer en faveur des ouvriers en sus et au delà de la rémunération qu'ils recevraient dans des établissements patronaux ordinaires.

III. Cette portion des profits peut être utilisée en faveur des travailleurs soit : 1° au moyen d'un accroissement de rétribution ; soit 2° en leur facilitant les moyens de devenir actionnaires ; soit 3° en leur assurant des pensions pour l'invalidité ou la vieillesse ; ces différentes mesures restant soumises aux conditions qu'il plaira à la société de fixer.

Si ces recommandations sont adoptées, nous pensons qu'on trouvera en elles une élasticité suffisante pour que la plupart des coopérateurs puissent s'entendre ; en même temps serait atteint le but que nous avons en vue à savoir que l'industrie coopérative doit mieux payer ses ouvriers que l'industrie privée.

Les quatre délégués du bureau coopératif fédéral (*united board*), les trois représentants de la Fédération des sociétés coopératives de production, deux (sur trois) des délégués de la société coopérative écossaise, en tout neuf membres du comité signèrent ce rapport. Un membre de la Société écossaise de Gros, M. Mac Nab, le signa également mais sous la réserve suivante : « Il est entendu que la réserve d'une portion des bénéfices (article 2) est un acte purement volontaire des sociétés qui acceptent la proposition, en sorte que l'adoption de ladite proposition ne doit pas être considérée comme une condition indispensable de la coopération

Ainsi que nous l'avons vu, ce fut dans le dessein spécial de faire une plus grande propagande en faveur de la

véritable, pas plus que son rejet ne devait être considéré comme l'abandon de cette même coopération.

Cette réserve, pourtant très formelle, et qui est la négation même du rapport de la majorité, n'a point paru suffisante aux trois délégués de la société coopérative de Gros et cette minorité a de son côté rédigé le rapport suivant :

« Nous avons examiné avec soin cette question et ayant égard à l'expérience et au témoignage des faits pendant de nombreuses années, nous professons que l'organisation actuelle des ateliers de production de la société coopérative de Gros est la plus équitable et la plus juste pour les grands corps des coopérateurs.

Nous avons essayé d'associer les employés aux bénéfices avec le plus loyal désir de mettre à l'épreuve les prétendus avantages du *profit sharing* et nous n'avons pas trouvé que ce système ait produit les effets qu'on lui attribue.

Nous sommes d'avis que les employés doivent être traités avec équité et générosité et que les bienfaits de la coopération doivent leur profiter par l'entremise du magasin coopératif *de la même manière qu'à la masse des coopérateurs qui ne sont point employés au service de nos sociétés.*

La société coopérative de Gros étant l'œuvre des magasins coopératifs et leur institution propre, a pour mission de fournir à ces magasins les marchandises nécessaires, et ainsi la société de Gros doit fabriquer les produits dont ses membres ont besoin.

Dans cette conviction très ferme, nous ne voyons d'autres moyens de donner une solution à la question, qu'en poursuivant notre tâche de la manière sus-indiquée.

Nous n'avons pas le désir de contraindre à partager cette manière de voir ceux qui n'admettent pas notre opinion, mais nous pensons que le temps est venu où les coopérateurs qui ne marchent pas la main dans la main avec nous (*Who do not see eye to eye with us*) doivent suivre leur propre chemin du mieux qu'ils peuvent et ne point profiter de notre congrès annuel pour diriger des attaques contre notre politique. C'est un fait, et nous nous sentons obligés de le mettre en lumière, que les querelles quelque peu regrettables (*somewhat undesirable contention*) qui se sont produites à nos congrès, ont été suscitées par les adversaires de la politique suivie par notre société coopérative de gros et approuvée par ses membres.

Pour la société coopérative anglaise de Gros.

John Shillito.
Thomas Bland.
William Lander.

Après une longue discussion de laquelle il se dégage surtout que la ques-

participation aux bénéfices que l'Alliance coopérative internationale fut fondée, et le paragraphe 3 de l'article 1er des statuts définitifs de cette association indique explicitement cet objectif (1).

Mais en présence de la décision bien arrêtée des coopérateurs anglais, n'est-il pas évident que l'Alliance internationale a la certitude de ne jamais atteindre le but en vue duquel elle a été *spécialement* fondée. Sa destinée n'est-elle pas de s'en tenir à des résolutions peu compromettantes du genre de celle qu'elle a votée dans son dernier congrès de Paris, octobre 1896, où elle a formulé un vœu en faveur de la participation aux bénéfices (2) et

tion de la participation aux bénéfices n'est pas nouvelle pour les coopérateurs, qu'elle a été au contraire débattue chaque année, *this is no new question sprung upon them, it has been considered year after year*, et qu'elle a déjà donné beaucoup de mal et d'ennuis, *has already given a good deal of trouble and annoyance*, le congrès a une fois de plus refusé d'admettre un vote précis et renvoyé la question au congrès de 1897. Au congrès de Perth en 1897, les partis opposés ont gardé la même attitude et on a prudemment « enterré » la question.

(1) Ce paragraphe est ainsi conçu : « L'Alliance coopérative internationale a pour but...... 3° de hâter par tous les moyens de propagande à sa disposition — la participation du personnel dans les bénéfices étant le propre de tou te coopération — le moment où toutes les associations portant le nom de Coopératives, qu'elles soient de production industrielle ou agricole, de consommation, de crédit ou de construction, auront organisé en faveur du travail la participation aux bénéfices étendue à tout leur personnel sans exception et auront inscrit dans leurs statuts l'obligation de pratiquer cette participation. »

L'adoption de ce paragraphe donna lieu à une vive discussion : plusieurs membres demandaient que l'affiliation ne fût permise qu'aux sociétés qui pratiquaient réellement le partage des profits. C'eût été exclure presque toutes les sociétés anglaises, c'est-à-dire les associations coopératives les plus puissantes et les plus riches, dont les subventions alimentent d'ailleurs presque à elles seules le budget de l'Alliance (Cf. rapport de M. Gray, au congrès de l'Alliance, tenu à Paris en 1896).

(2) Sur le rapport de M. Buisson et après une longue discussion dans laquelle un membre socialiste, délégué de la Moissonneuse, était allé jusqu'à nier le droit du patron de recueillir aucune part des bénéfices et demandait l'addition aux conclusions du rapporteur de la formule sui-

nommé une commission pour l'étude pratique de cette institution (1).

« En réalité les coopérateurs sont au bout d'une impasse
et ils n'auraient qu'un moyen d'en sortir, ce serait d'affirmer courageusement qu'il y a beaucoup de « blague »
(*humbug*) dans toute cette théorie de la coopération : qu'ils
disent clairement que le mouvement coopératif est un fait

vante : « Tout prélèvement arbitraire fait sur le travail d'autrui est un dol
et une exaction », le congrès de Paris a voté la résolution suivante :
Prenant pour base de ses délibérations les principes admis et les résolutions votées par le congrès de Londres (août 1895), en ce qui concerne
la participation dans les bénéfices et la coopération de production, le congrès est d'avis :

« 1° Qu'en vertu du principe d'équité d'après lequel chacun doit être rétribué suivant ses œuvres, le capital travail a un droit naturel comme le
capital argent à une part dans les bénéfices résultant de toute entreprise
où il est fait appel à sa collaboration ;

2° Qu'il n'y a pas lieu cependant de se prononcer en faveur de l'adoption par toutes les sociétés coopératives et par tous les établissements d'un
mode uniforme de partage ;

3° Mais qu'il convient de déclarer que les systèmes vraiment coopératifs d'association de production et de participation contractuelles sont
ceux qui, — donnant des garanties à tous les intérêts et à tous les droits,
— cherchent, dans un esprit de justice, à répartir la valeur des produits
du travail proportionnellement au concours apporté par les divers facteurs
dans l'œuvre de production, en tenant compte des risques financiers ou
corporels courus par chacun d'eux. »

(1) « 1° Une commission internationale permanente est constituée pour
l'étude pratique de la participation aux bénéfices ;

2° Cette commission se composera de deux ou plusieurs délégués de
chaque nation ;

3° Il conviendra que la commission s'entende d'une façon définitive sur
le sens des mots « copartnership » et « profit-sharing » en vue d'établir dans
tous les pays une ligne de démarcation absolue entre la vraie et la fausse
participation.

Sont élus membres de cette commission :

MM. Reece (Antilles) ; Böhmert (Allemagne) ; James Deans, Gray, Greening, Holyoake, Sedley Taylor, Schloss, Wolff (Angleterre) ; Micha (Belgique) ; de Montéléon (Espagne) ; Gilman, Nelson (États-Unis) ; De Boyve
Ch. Robert, Laroche-Joubert, Romanet, Trombert (France) ; Van Marken
(Hollande) ; Buffoli et Ponti (Italie) ; Schär (Suisse). — L'*Émancipation*,
numéro du 13 novembre 1896. p. 176.

et non un système, qu'ils proclament leur dessein bien arrêté de ne pas faire participer à leurs bénéfices des employés à qui ils paient un salaire très convenable ; une telle déclaration aurait le triple avantage d'être franche, d'être logique et d'être vraie. » Ces paroles d'une personne que nous ne pouvons nommer nous semblent exprimer une idée très juste, mais avant qu'on en vienne là, plusieurs années s'écouleront encore. En attendant, contentons-nous de rechercher les motifs de la décision bien arrêtée des coopérateurs ; demandons-les en particulier aux coopérateurs anglais qui depuis si longtemps se sont préoccupés de la question, l'ont débattue et en ont expérimenté les solutions.

Une femme, qui est une économiste de haute valeur, a essayé d'offrir aux coopérateurs anglais une porte de sortie. Frappée de l'embarras de ses amis et estimant que leur attitude était justifiée, elle s'est donné pour tâche d'édifier une théorie qui, sans contredire les « vrais principes », légitimerait la conduite de tous. « Les coopérateurs organisés en vue de la consommation se refusent à associer leurs employés à leurs bénéfices ; mais en vérité, dit-elle, ils ont raison, et ils n'ont même pas la possibilité d'agir autrement, car il est impossible que des consommateurs réalisent aucun profit. Je m'imagine que le profit est le résultat de deux opérations distinctes, le fait d'acheter et le fait de vendre (et dans le premier, je comprends toutes les dépenses, telles que celles de loyers, d'intérêts, des services de direction, d'achats de matières premières, de salaire des ouvriers, etc.). Or si je produis pour ma consommation personnelle, et si après avoir acheté la matière première, je ne vends pas le produit manufacturé, *je ne réalise aucun bénéfice.* La substitution d'un groupe de consommateurs, réunis en une association et agissant par l'intermédiaire de leurs représentants, à un chef de maison qui subvient à ses propres besoins et à ceux de sa famille, ne modifie d'aucune manière le fait fondamental que ces personnes produisent pour consommer et non pour vendre (1). »

Cette théorie spécieuse repose tout entière sur un jeu de mots et M. David Schloss a répondu plaisamment que s'il n'y a pas vente dans l'acte d'un membre d'une société coopérative qui va acheter un pain à la boulangerie de sa société, il pourrait aussi bien ne pas le payer, ce qui d'ailleurs l'exposerait à être conduit aussitôt au poste de police. Lorsque je produis pour ma propre consommation, moyennant une dépense d'un franc, un objet qui, acheté dans un magasin, me coûterait un franc cinquante, je réalise un bénéfice de 50 centimes; et si un auxiliaire salarié m'a aidé à fabriquer cet objet ou même l'a fabriqué seul pour moi, la question de savoir si cet auxiliaire doit être associé au bénéfice que je réalise se pose pour moi comme elle se pose pour l'industriel qui fabrique pour vendre. Miss Beatrix Potter (Mme Sidney Webb) a bien voulu nous exposer elle-même son argumentation; en dépit de la grande érudition et de la singulière finesse d'esprit de cette économiste, nous avouons n'avoir pas été convaincu.

Cette ingénieuse théorie n'explique, ni ne légitime l'hostilité des coopérateurs anglais à l'égard de la participation aux bénéfices; et des hommes qui, chaque année, encaissent 125 millions de profits, auraient mauvaise grâce à soutenir qu'ils ne font pas de bénéfices.

---

(1) *The cooperative Movement,* p. 96 et 97.

Il faut chercher une autre explication. Dans ce but nous sommes allé interroger à Manchester un des employés supérieurs de la *English Cooperative Wholesale Society*, M. Goodwin. Nous croyons devoir rapporter le récit qu'il a bien voulu nous faire :

« Nous ne pratiquons pas, dit-il, le partage des profits, et nous avons à cela deux raisons : d'abord nous n'estimons pas que les bénéfices énormes réalisés par notre société (qui fait aujourd'hui 250 millions d'affaires) soient dus à notre habileté et à nos qualités personnelles ; en second lieu il n'existe aucune base équitable de répartition.

« La première de ces deux raisons est évidente, si notre société est si prospère, elle le doit au talent de tous ces hommes, qui ont su fonder des sociétés coopératives de détail, qui leur sont restés fidèles, et qui, par cette fidélité même, leur font produire presque mathématiquement des bénéfices (1).

« Voici maintenant la seconde raison : au début, notre société associait ses employés à ses gains et après une expérience de trois années, elle a en 1873 abandonné ce système, faute de pouvoir trouver un moyen équitable de répartir les bénéfices entre les employés. Deux solutions différentes s'offraient : ou bien partager entre les ouvriers les bénéfices produits par le travail auquel ils sont em-

---

(1) « Lorsque, dans une petite ville ou un village, ajoute M. Goodwin, mille ouvriers se réunissent pour fonder une société coopérative de consommation, grâce à laquelle ils réalisent une économie de 15 0/0 — les bénéfices ne sont pas aussi élevés dans les grandes villes — tout le mérite de cette combinaison leur revient, et dès lors tous les bénéfices doivent leur être attribués. S'ils ont la sagesse de ne pas faire suer (*not to sweat*) leurs employés, de leur payer un salaire convenable, la justice est satisfaite ; elle ne le serait pas, si des employés qui sont largement rémunérés, prétendaient avoir droit à une part des bénéfices *qui ne dérivent d'aucune* manière de leurs efforts. »

ployés, par exemple donner aux cordonniers de Leicester les bénéfices provenant de cette fabrique, aux minotiers de Newcastle les gains produits par la minoterie où ils travaillent ; ou bien faire une masse totale de *tous* les profits de tous les établissements, magasins et bureaux, et distribuer à chacun un *boni égal*. Le premier procédé ne nous a pas paru satisfaisant, parce que les bénéfices varient beaucoup suivant les établissements et suivant la nature du travail ; ainsi notre industrie de Newcastle qui représente un énorme capital et emploie 100 ouvriers donne autant de bénéfices que notre fabrique de chaussures de Leicester qui n'a demandé que peu de capital et emploie 2000 ouvriers. Faudra-t-il partager entre 100 ouvriers la même somme de bénéfices qu'entre 2000 ? cela nous paraîtrait injuste, et nous qui sommes ouvriers, nous estimons que la rémunération doit être égale pour des efforts et une capacité technique équivalents. Si au contraire nous faisons une seule masse des bénéfices de tous les « départements », nous ne sommes guère moins exposés à des injustices ! D'abord ce ne serait plus de la participation aux bénéfices, puisque certains ouvriers recevraient un *boni* alors même que l'atelier dans lequel ils travaillent n'aurait rien rapporté. Et puis nous risquerions de récompenser des ouvriers qui par leurs exigences ou leurs grèves ont peut-être causé à notre société un grave préjudice. C'est ce qui est arrivé, cette année même, à la coopérative écossaise de gros dont les cordonniers sont restés en grève pendant treize semaines ; *ces ouvriers qui ont fait perdre à leur département une grosse somme n'en ont pas moins, au semestre suivant, touché la même part de bénéfices que leurs camarades des autres ateliers.* Sous prétexte d'établir une institution équitable, on aboutit à une injustice criante.

« Voilà les difficultés pratiques qui ont arrêté jusqu'ici notre comité directeur et qui lui ont paru insurmontables. D'ailleurs, je dois ajouter qu'à un autre point de vue, le partage des profits ne nous paraît pas très juste. Avec la participation aux bénéfices, les six mille employés et ouvriers de notre société recevraient sur les bénéfices une part égale et proportionnelle à leur traitement et à leurs salaires. Or l'activité et le zèle de chacun sont loin de se ressembler. Aussi préférons-nous le système actuel dans lequel les appointements de chacun des employés des magasins et des bureaux sont soumis chaque année à l'examen du comité directeur, et ceux qui font preuve d'une activité et d'une capacité spéciales voient leurs salaires s'élever progressivement ; chacun reçoit en proportion de ses mérites individuels.

« C'est là mon opinion personnelle mais je sais qu'elle est aussi l'opinion d'un grand nombre, *it is my private opinion, but I know it to be the feeling of a good many.* »

Après avoir écouté M. Goodwin, nous sommes allé poser la même question à M. Gray, le secrétaire distingué de l'Union coopérative. « Il est vrai, nous dit-il, que les ouvriers anglais ne sont pas partisans de la participation aux bénéfices. Est-ce, comme on le dit parfois, que, devenus « employeurs » à leur tour, ils soient comme les bourgeois désireux de ne pas payer deux francs le travail qu'ils peuvent obtenir pour un franc quatre-vingt-dix centimes ; je crois que ceux qui disent cela oublient que les coopérateurs sont surtout recrutés parmi les meilleurs ouvriers, et que la plupart d'entre eux, surtout lorsqu'il s'agit de prendre des décisions relatives à des intérêts généraux, ont trop le sentiment de la respectabilité et du caractère élevé de leur mandat pour se laisser toucher par un pareil mobile. Le vrai motif me semble être celui-ci : les ouvriers se disent que, dans la maison où ils travaillent, il n'existe aucune participation aux bénéfices et qu'il n'en existera jamais ; dès lors ils se demandent pourquoi leurs 6000 ouvriers et employés jouiraient d'avantages plus grands qu'eux-mêmes. Voilà leur sentiment, et on comprend qu'il ne peut pas être différent. »

Ce raisonnement de M. Gray se rapproche de l'argument que l'on retrouve souvent dans la bouche et sous la plume de M. Mitchell, le président de la *English Cooperative Wholesale Society*. « En fait, écrit ce dernier, les ouvriers de cette société représentent une très faible minorité ; il n'est pas juste que cette infime minorité soit une charge pour la grande majorité et diminue ses bénéfices. »

Telles sont les raisons alléguées par les coopérateurs eux-mêmes, pour expliquer leur hostilité contre la participation aux bénéfices.

Faut-il dire que plusieurs de ces raisons déguisent mal le vrai motif de leur attitude (1). Il importe seulement de

(1) Ainsi le désir de ne pas assurer à d'autres ouvriers un sort meilleur que celui que l'on se sait réservé à soi-même ne semble pas suffisant pour rendre raison de cette attitude. Il est bien dans le tempérament anglo-saxon de prendre l'initiative d'une mesure que l'on juge excellente, afin de lui frayer la voie et de la pousser (*push*) dans l'esprit de ses voisins. Les coopérateurs anglais n'hésitent pas à payer leurs ouvriers un peu plus cher que ne le fait l'industrie privée et à construire pour eux à grands frais des ateliers dont tout le monde admire le confort et la salubrité : et pourtant, en cela, ils accordent à un petit nombre de salariés un traitement meilleur que celui sur lequel ils peuvent compter eux-mêmes.

Quant à la difficulté pratique que suscite la répartition entre les ouvriers des divers établissements, elle ne devrait pas arrêter des hommes qui ont résolu bien d'autres problèmes. On pourrait notamment, si nous reprenons l'exemple de M. Goodwin, donner aux minotiers de Newcastle un pourcentage de bénéfices vingt fois inférieur au pourcentage accordé

retenir trois conclusions qui se dégagent de ces entretiens et des constatations qui les ont précédés.

I. Aux yeux de la grande majorité des 1.300.000 coopérateurs britanniques, la justice n'exige pas que les employés soient associés aux bénéfices qui dérivent uniquement de l'habileté avec laquelle leurs employeurs ont su se grouper.

II. La plupart de ces coopérateurs considèrent que le système connu sous le nom de participation aux bénéfices aboutit à des résultats injustes, récompensant pêle-mêle les bons et les mauvais employés ; un ajustement rigoureux des mérites et du salaire de chacun leur paraît préférable.

III. Enfin, contrairement à ce que les partisans de la participation aux bénéfices affirment, ils estiment que la méthode du partage des profits aboutit à une perte nette pour l'employeur. Il est certain en effet, comme l'écrivent MM. Acland et B. Jones, que « la plupart des directeurs des sociétés coopératives seraient heureux d'appliquer ce principe, s'ils pouvaient persuader à leurs associés qu'il y a une réelle économie à réaliser » (1). *Mais en fait tous sont persuadés que cette économie n'existe pas* (2) et s'ils sont assez équitables pour ne rien faire qui soit contraire à la justice, ils sont trop bons commerçants pour aller contre leurs intérêts.

aux ouvriers en chaussures de Leicester ; on rétablirait ainsi l'équilibre rompu par l'inégalité du nombre des ouvriers.

(1) *Workingmen cooperative*, p. 54.

(2) Comment voulez-vous, nous disait M. Goodwin, que nos ouvriers des ateliers de chaussures, de sacs, de conserves, de meubles, etc., puissent produire davantage qu'ils ne le font ! tous ces hommes sont payés à la tâche et ce mode de rémunération les excite d'une manière si puissante que la participation aux bénéfices serait un stimulant comparativement ridicule et insignifiant, et quant à la qualité des produits fabriqués, nous y veillons par un examen sévère de chaque article.

Sur ces deux points, la très grande majorité des coopérateurs continentaux adopte la même opinion. Des deux côtés de la Manche cette conviction est si ferme qu'ils préfèrent, plutôt que de l'abandonner, se laisser accuser d'illogisme et de trahison.

Faut-il les blâmer ou les approuver ? Pour nous, nous n'hésitons pas à prendre ce second parti : d'abord il paraît impossible de soutenir qu'une grande masse d'hommes adopte arbitrairement dans divers pays une ligne de conduite aussi précise, alors surtout que cette décision les expose à des critiques aussi faciles ; de plus cette conduite est le résultat de l'expérience ; parmi les sociétés qui pratiquaient le partage des profits, un certain nombre l'ont abandonné, les autres semblent n'en retirer aucun avantage.

Voulant sur ce dernier point nous renseigner d'une manière précise, nous avons étudié en détail le fonctionnement de la *Scottish Wholesale cooperative Society*, qui, différente en cela de sa grande rivale, la *English Wholesale Society*, pratique la participation aux bénéfices (1). Or, de notre enquête, deux conclusions se dégagent.

(1) Voici l'organisation de la participation aux bénéfices dans les ateliers de la société coopérative écossaise de gros. Tous les ateliers de fabrication sont, au point de vue du calcul des bénéfices, réunis en une seule masse ; le produit net est divisé en deux : une moitié est attribuée aux sociétés coopératives de détail et répartie entre elles au prorata du montant de leurs achats, l'autre moitié est attribuée aux ouvriers et employés (vu la fixité des bénéfices, elle équivaut pour le travail à un dividende de 7 à 8 pence par livre sterling de salaire, soit environ 3 0/0). Comme, en ce qui concerne la participation aux bénéfices, chaque atelier n'est pas l'objet d'une comptabilité distincte, *tous* les ouvriers de *tous* les ateliers touchent le même dividende ; ainsi, comme nous l'avons vu, les cordonniers qui, l'année dernière par leur grève de 13 semaines, ont causé à la société une lourde perte, ont touché à la fin du premier semestre le même dividende que leurs camarades des autres ateliers. La somme attribuée aux ouvriers leur est remise comptant jusqu'à concurrence de la moitié,

D'abord, on ne saisit nulle part un seul fait attestant que la production se trouve augmentée par l'intérêt qu'ont les ouvriers à l'accroissement des bénéfices. Nous avons spécialement étudié l'atelier de fabrication de chaussures dans la coopérative anglaise de gros et dans la coopérative écossaise, et nous les avons comparés. L'outillage de l'une et de l'autre est du modèle le plus perfectionné; toutes les conditions de succès, l'existence de débouchés étendus, l'habileté de la direction paraissent assurer à ces deux ateliers une égale prospérité, et cependant il semble que l'avantage soit plutôt du côté des ateliers de Leicester que du côté de ceux de Govan. La participation aux bénéfices s'analyse donc bien en définitive en une perte nette pour les coopérateurs écossais.

En second lieu, la société écossaise n'entretient pas avec ses ouvriers de meilleurs rapports que la société anglaise. A la vérité les directeurs et contremaîtres de l'usine de Govan affirment que leurs relations avec leurs ouvriers sont excellentes et que leurs employés paraissent très satisfaits de leur condition ; mais, c'est ce que disent aussi les directeurs des diverses usines que possède la *English Wholesale*, et en fait, le confortable spécial des usines fondées par les coopératives, joint aux hauts salaires qui y sont payés, suffit à expliquer pour l'une et

---

l'autre moitié est inscrite sur un livret (*passbook*) et porte intérêt à 1 0/0. « Autrefois, jusqu'en 1893, nous dit M. Campbell, nous versions au comptant aux mains des ouvriers leur *boni*; mais parfois ils dépensaient follement cet argent, plusieurs s'enivraient, notre travail s'en ressentait. Maintenant nous ne remettons plus que la moitié comptant. Vous me demandez pourquoi nous versons même cette moitié. Nous aurions en effet désiré ne rien distribuer immédiatement, mais nous ne l'avons pas fait dans la crainte que notre institution ne fût plus pour eux un stimulant assez actif. » Il n'est pas tenu compte de l'ancienneté dans la répartition entre ouvriers.

pour l'autre cette satisfaction générale de leurs ouvriers. Mais si, au lieu d'interroger des personnes associées à l'une ou à l'autre de ces deux sociétés, on demande à des tiers désintéressés et bien renseignés leur appréciation, ils répondent invariablement que les coopérateurs écossais ont plus de conflits avec leurs ouvriers que leurs confrères d'Angleterre. Cela nous a été affirmé par des personnes dont il est impossible de suspecter l'impartialité, entre autres par certains membres du bureau du travail de Londres. La grève des cordonniers de l'usine de Govan, grève dont le motif était des plus futiles (1), en est un exemple.

Ces constatations démontrent que la méthode du partage des profits n'a pas, dans la grande industrie, les effets qu'on lui reconnaît en théorie, alors même que le milieu social est particulièrement favorable à son développement et bien préparé pour en recueillir les bienfaits.

Aussi bien, la société coopérative écossaise de gros semble-t-elle faiblir dans sa sympathie pour la participation aux bénéfices. Lorsqu'en 1870, deux années après sa fondation, elle introduisit la méthode du partage des pro-

___

(1) La cause occasionnelle de la grève fut la prétention des ouvriers de contrôler les rebuts ; ils prétendaient que les déchets étaient écoulés par la société comme marchandise de bonne qualité et que dès lors on ne pouvait leur imputer des réductions arbitraires de salaire. En fait, il fut démontré que les ouvriers n'avaient à se plaindre d'aucun abus de ce chef et que les malfaçons réelles étaient seules comptées. Cette grève dirigée par les Trade-Unionistes contre les coopérateurs mettait en présence les deux puissantes associations qui réunissent en Angleterre les meilleurs ouvriers : on convoqua en assemblée les délégués des sociétés coopératives écossaises et irlandaises qui sont membres de la société coopérative de gros et 576 voix contre 11 décidèrent que le règlement définitif de cette grève devait être laissé aux mains du directeur des ateliers de chaussures de Govan. Enfin, M. Inskip, le grand leader des ouvriers en chaussures de la Grande-Bretagne, entremit ses bons offices et engagea ses amis à reprendre le travail.

fits, elle décida que les bénéfices seraient distribués entre les salariés et les acheteurs proportionnellement aux montants respectifs des salaires et des achats, sous cette réserve pourtant que le taux de répartition appliqué aux premiers serait double de celui appliqué aux seconds.

En 1884, en présence de l'accroissement considérable des profits, il fut résolu que le taux de répartition serait le même pour les acheteurs et pour les salariés.

Ce fait est intéressant à signaler et bien que les Écossais soient, par leur tempérament celtique, plus enclins à diriger leur conduite d'après des principes abstraits, les renseignements personnels que nous avons recueillis nous permettent de croire que cette mesure n'est que l'avant-coureur d'une autre plus absolue, la suppression de la participation aux bénéfices elle-même. Les incidents de cette année ont montré que l'organisation actuelle du *profit sharing* dans les ateliers de la *Scottish Wholesale* pouvait aboutir à une iniquité, et les tendances positives des hommes d'affaires (*businessmen*) l'emporteront de plus en plus sur l'esprit de fidélité de quelques sociétés à la théorie et aux vrais principes de la coopération (1).

(1) En 1892, on a imaginé une combinaison nouvelle qui pourrait dans l'avenir contribuer à cette suppression du *profit sharing*. Par exception au principe en vertu duquel les actions de la Wholesale ne peuvent appartenir qu'à des sociétés coopératives, les ouvriers et employés de cette association pourraient devenir individuellement actionnaires, et acquérir 5 actions au moins, d'une livre sterling chacune, et 50 au plus.

CHAPITRE VII

Le moment est venu de formuler les conclusions qui se dégagent de cette longue étude dans laquelle nous avons successivement envisagé la participation aux bénéfices sous ses divers aspects : théorique, pratique, juridique et économique.

Nous avons dit que cette institution peut rendre aux compagnies d'assurances un service précis. Elle leur offre un moyen ingénieux de s'attacher un personnel dont la stabilité les intéresse spécialement. Aussi longtemps que ces sociétés auront un intérêt sérieux à défendre leurs employés contre les offres alléchantes des maisons concurrentes, elles trouveront dans cette institution un préservatif efficace contre le danger qu'elles redoutent (1).

De même, dans *certains* établissements de la petite industrie, la méthode du partage des profits est bien adaptée aux conditions du travail. Elle associe dans la rémunération ceux que rapproche *une communauté effective d'efforts*. Elle entretient et développe le sentiment de solidarité réelle qui unit les ouvriers entre eux, et les ouvriers au patron ; elle corrige ce que le salariat simple pourrait avoir de rigide.

Mais la petite industrie décline tous les jours, et les

(1) Nous avons dit que cet intérêt tend à disparaitre et par suite la participation aux bénéfices devient inutile.

grands ateliers ne cessent de s'édifier sur les ruines des petits. Entre le grand patron et ces multitudes de travailleurs qui dirigent pour son compte des centaines de métiers mécaniques, de fréquents conflits surgissent. *La participation aux bénéfices peut-elle, en perfectionnant le contrat de travail, aider à résoudre ces conflits, ou du moins à les rendre plus rares ?*

On serait en contradiction flagrante avec les faits qui ont été rapportés dans les deux derniers chapitres, si l'on donnait à cette question une réponse affirmative, et il nous paraît certain que, dans son évolution, la grande industrie moderne s'éloigne progressivement de la participation aux bénéfices : *cette institution est en contradiction directe avec l'organisation nécessaire de cette industrie à notre époque, et elle repose sur des idées et des principes absolument incompatibles avec les faits* : tel est le seul point sur lequel nous voudrions insister dans ces conclusions (1).

La participation aux bénéfices suppose une solidarité partielle dans la rémunération, et cette solidarité serait double puisqu'elle unirait les ouvriers à la fois entre eux

(1) Il serait facile de montrer aussi les nombreuses difficultés d'organisation et de fonctionnement qui rendent souvent très délicate l'expérience de la participation aux bénéfices. Parmi celles que nous avons surtout rencontrées au cours de notre enquête et qui ressortiront de la lecture de l'annexe, trois ou quatre sont plus particulièrement graves.

La première, par ordre logique, se rapporte à l'évaluation des bénéfices nets, car il existe sur ce point une opposition d'intérêts entre les deux associés. Le patron veille à l'amortissement de son capital, prévoit les risques des exercices futurs ; l'ouvrier, souvent libre de son avenir, réclame une part de bénéfices exempte de toute charge.

Le contrôle des comptes n'est pas moins difficile à organiser : puis vient la question, presque impossible à résoudre d'une manière équitable, de la répartition des bénéfices entre ouvriers (*vide suprà*, p. 213) ; enfin on n'a pas encore trouvé un mode d'emploi qui satisfasse en même temps l'employeur et l'employé.

et à leur patron. Or les employeurs et les employés repoussent avec raison cette double solidarité.

Sans doute une communauté générale d'intérêts porte les ouvriers d'une même profession à se grouper pour la défense de tous et de chacun. Mais cette solidarité, sur laquelle ils insistent éloquemment dans les syndicats, ne va pas jusqu'à la renonciation de chacun des membres au droit de réclamer la rétribution que sa capacité personnelle lui semble mériter (1).

La participation aux bénéfices suppose généralement que, dans un atelier de 500 à 2.000 ouvriers environ, des hommes accepteront d'accroître leurs efforts dans l'espoir de recevoir *collectivement* un supplément de salaire. Or cela est directement contraire à la nature humaine, et tous les faits de la vie industrielle sont en sens opposé. Des ouvriers n'acceptent une rémunération collective de leur travail qu'autant que le groupe est peu nombreux, que chaque membre du groupe peut surveiller son voisin, et a, d'une manière plus ou moins directe, part au choix de ses compagnons de travail (2). Ces conditions sont *essentielles* et lorsqu'elles ne se trouvent pas réunies, l'ouvrier rejette obstinément, et avec raison, toute rémunération collective.

L'association que la participation aux bénéfices doit éta-

(1) En fait le syndicat par lui-même, et aussi un peu par nécessité, incline vers le nivellement universel des salaires d'une même profession ; mais, à côté de l'ouvrier membre d'un groupe, il y a l'ouvrier considéré isolément et celui-ci exige toujours une rémunération *individuelle*, comme les efforts et les mérites qu'elle doit rétribuer.

(2) On trouvera dans le chapitre des primes à la production de nombreux exemples qui démontrent cette vérité : notamment dans le paragraphe consacré au forfait collectif, on a vu que l'équipe contractante doit être peu nombreuse et que, chez M. Hills, l'introduction du système de la bonne camaraderie entraîna le renvoi de 300 à 400 ouvriers.

blir entre l'ouvrier et le patron est plus contraire encore
à l'évolution moderne de la grande industrie.

D'abord l'employeur a parfois raison de refuser de partager ses profits avec ses ouvriers. Nous avons vu, au début de cette étude, que les bénéfices d'une entreprise peuvent être répartis en trois classes : ceux dont les efforts de
l'ouvrier sont la cause, ceux qui doivent être attribués
aux capacités spéciales du patron, ceux enfin qui dérivent de l'état général du marché et de la production. Or
si les patrons se sont souvent montrés prêts à associer
leurs ouvriers aux bénéfices de la première catégorie, si
les ouvriers ont réussi le plus souvent à obtenir une part
des gains de la troisième, les patrons au contraire ont
toujours refusé énergiquement de partager avec leurs
employés les profits dont ils se savaient les seuls auteurs.

Lorsqu'un patron a la conviction précise que ses qualités propres sont la véritable force qui engendre les bénéfices, il entend toujours les garder pour lui seul. Ce sentiment se retrouve même chez des hommes dans
l'esprit desquels on s'attendait le moins à le rencontrer :
les sociétés coopératives de consommation refusent pour
ce motif d'associer leurs employés aux énormes profits
qu'elles recueillent chaque année (1).

L'ouvrier a des raisons plus fortes encore pour repousser la participation aux bénéfices : il sait que cette association même partielle risquerait de fausser le mécanisme

---

(1) « Je n'ai pas travaillé pendant vingt ans, comme je l'ai fait, nous disait M. Servais, industriel près de Trèves, je ne me suis pas exposé à tous
les tracas et à tous les risques d'une entreprise industrielle, pour aboutir,
au moment où mon affaire commence à produire des bénéfices, à partager
avec mes ouvriers le fruit de mon travail. »

On a entendu plus haut, p. 194, le directeur d'une société coopérative
de tailleurs de Dresde faire écho à ces paroles.

merveilleux qui protège le taux de son salaire; sa rémunération varierait avec les résultats de chaque entreprise, et comme, en la réduisant, le patron triompherait plus aisément de ses concurrents, elle tomberait bien vite au taux le plus bas, au *starving wage*, au salaire de la faim (1).

En fait, la grande industrie s'organise à notre époque d'une manière toute différente. L'ouvrier, connaissant ou croyant connaître le prix que les conditions *générales* de la production à un moment donné l'autorisent à réclamer pour son travail, exige ce prix, et il se désintéresse du résultat que la vente de son travail aura pour le patron. Si ce dernier réalise un bénéfice plus élevé que ses concurrents, ce sera tant mieux pour lui; si, au contraire, il subit des pertes, seul il devra en souffrir. Le salaire est un élément de frais généraux que l'employeur doit retrouver dans la vente des produits fabriqués, et l'employé tient essentiellement, et à juste titre, à maintenir ce salaire dans le chapitre des frais généraux.

Sans doute, il y a une grande exagération dans la théorie qui affirme que les prix des marchandises doivent se fixer d'après le taux des salaires (2), mais il y aurait une erreur plus funeste encore à vouloir soutenir que la rémunération, même partielle, du travail est à prendre sur le résultat éventuel de l'entreprise.

____

(1) *Vide suprà*, p. 95.

(2) Les ouvriers, dit-on, pourront, par une puissante organisation syndicale, fixer à leur aise le taux de leur salaire. On oublie qu'il existe un double frein : d'abord il est rare qu'il y ait une union parfaite entre les ouvriers d'une même profession, d'un pays ou d'une ville à l'autre : ainsi les chapeliers d'Albi n'ont réussi par leurs grèves qu'à tuer l'industrie de la chapellerie dans cette ville. En second lieu, le consommateur modère par son action toute puissante et cachée les prétentions exagérées des patrons et des ouvriers : il restreint ses achats ou choisit d'autres produits. C'est la grande loi de la substitution.

C'est précisément le trait admirable et trop peu remarqué du système du salariat d'avoir su, sous un régime de concurrence effrénée, constituer pour le travailleur manuel un mécanisme protecteur. Le grand patron affronte la bataille, et s'il n'est pas absolument seul dans la lutte à en courir les risques, du moins ses collaborateurs salariés ne les ressentent-ils, très atténués, que pendant les périodes de crise aiguë. En temps normal, la réduction du salaire des ouvriers n'est pas une arme aux mains des industriels engagés dans le combat ; il est bon, il est nécessaire qu'il en soit ainsi, et les salariés doivent veiller sans relâche au maintien de cet état de choses (1).

« Lorsqu'un patron, nous disait M. Sydney Webb, est pressé par la concurrence, il a trois moyens de se tirer d'affaire : réduire le salaire de ses ouvriers, allonger la durée de la journée de travail, perfectionner les méthodes ou les machines. Or, n'en doutez pas, si une barrière infranchissable ne se dresse pas devant lui, il recourra certainement à l'un ou l'autre des deux premiers moyens, et cette barrière n'existe que si les intérêts de l'ouvrier sont nettement séparés de ceux de l'employeur (2). »

Afin de mieux défendre leurs intérêts séparés, les ouvriers ont été conduits à s'organiser en syndicats.

Moins que personne, nous sommes disposé à excuser les abus dont ces associations se rendent parfois coupa-

---

(1) « Il est évident, nous disait un économiste anglais, que, le jour où toute la production serait faite par des sociétés coopératives, ces sociétés se feraient concurrence en faisant travailler leurs membres quinze heures par jour pour un salaire dérisoire. »

(2) M. Sydney Webb ajoutait : « les ouvriers, en affirmant cette distinction, ont rendu aux progrès de la production des services inappréciables. Les réductions des salaires ou de la journée de travail n'eussent pu produire que des résultats insignifiants, en comparaison des merveilleux effets du perfectionnement des machines et des méthodes. »

bles. Mais il faut se garder de mettre ces excès au compte de l'organisation syndicale elle-même, puisque, dans les pays où l'organisation est la mieux assise et la plus ré-, pandue, ils deviennent de plus en plus rares.

« Le groupement syndical est une nécessité que proclament tous ceux qui ont une vue clairvoyante des conditions de l'industrie moderne (1). »

Or on a vu qu'il existe une incompatibilité de nature entre la méthode du partage des profits et les associations ouvrières ; dès lors on ne saurait blâmer celles-ci de l'opposition constante qu'elles témoignent à une institution dont plusieurs industriels ont tenu à accentuer le caractère hostile. Un organisme essentiel a toujours le droit et le devoir de se défendre au risque même d'atteindre des innocents (2). A la vérité on prétend que la méthode du partage des profits aurait pour effet de rendre les syndicats inutiles en les remplaçant par une institution préférable, et, suivant l'expression de M. Stanley Jevons, la division des collaborateurs de la production pourrait être verticale au lieu d'être horizontale (3). Les ouvriers se refusent avec raison à suivre ce

(1) David Schloss. M. P. de Rousiers écrit dans un ouvrage récent *Le Trade Unionisme* en Angleterre (A. Colin, 1897) ; « Partout où il y a vitalité et avenir, le problème du Trade Unionisme se pose, et cela ne doit pas nous surprendre, puisque la même évolution transforme le travail et amène la nécessité du groupement syndical. La sphère d'influence du Trade Unionisme s'étend jusqu'aux limites de la vie industrielle saine et vigoureuse. » M. de Rousiers constate que seuls les métiers atteints de maladies chroniques ou en voie de disparition ne donnent pas lieu au groupement syndical.

(2) Il n'est aucune institution, si excellente soit-elle, qui ne fasse exceptionnellement des victimes. On pourrait citer tour à tour le mariage monogamique et indissoluble, la puissance paternelle, l'organisation des tribunaux.

(3) *Vide supra*, le chapitre sur la théorie de la participation aux bénéfices, page 131.

conseil, et ils ne sont pas disposés, en vue d'obtenir un supplément faible et aléatoire de rémunération, *qui disparaîtrait nécessairement le jour où la participation aux bénéfices se généraliserait* (1), à abandonner une organisation qui concourt si puissamment à la hausse de leurs salaires.

On sait combien cette hausse a été considérable, surtout si l'on tient compte des réductions successives de la durée du travail journalier qui l'ont accompagnée (2). Ces deux mouvements se sont développés parallèlement et ils n'eussent pas été possibles si l'employé eût été l'associé de l'employeur.

(1) Bien des institutions, des usages, des vertus ou des vices semblent avantageux lorsqu'ils existent à titre exceptionnel; en généraliser l'application serait ruiner leur crédit. Ainsi en est-il de la participation aux bénéfices qui peut, à titre isolé, procurer quelques avantages, mais dont le succès tant désiré anéantirait lui-même tout effet utile : en effet, de ce jour elle entrerait dans la fixation du salaire normal sur le marché du travail.

(2) Il faut applaudir à cette réduction de la durée de la journée de travail, puisqu'elle diminue la fatigue et accroît les loisirs. L'extension chaque jour plus grande en Angleterre de la journée de huit heures et demie est une chose excellente. En 1896, MM. Mather and Platt, constructeurs-mécaniciens à Manchester, ont spontanément introduit la journée de huit heures et leur expérience, dont les résultats parurent excellents, a été l'origine du grand mouvement à la suite duquel cinquante mille, puis bientôt quatre-vingt mille mécaniciens anglais ont chômé cette année pendant plusieurs semaines. On sait que dans la plupart des industries, la réduction de la journée de travail n'entraîne aucune réduction de la production, et M. Schuler, inspecteur des fabriques du troisième département du travail de Suisse, nous disait que la filature a seule paru souffrir de la loi qui a limité la durée de travail. Au surplus M. Mœller, constructeur de machines à Brakwede et député au Landtag prussien, trouve à la journée de huit heures les mêmes inconvénients que ceux auxquels elle essaie de parer; il estime qu'elle use rapidement les forces de l'ouvrier dont l'attention est tendue à l'excès. Cette observation, appliquée à la journée de huit heures, ne semble pas exacte, mais du moins faut-il reconnaître qu'on ne saurait, sans danger, réduire indéfiniment le temps de la journée de travail.

Sans doute ces deux améliorations ont été obtenues par l'ouvrier pendant les périodes de prospérité générale qui, à des intervalles à peu près égaux, amènent le développement de l'industrie, mais ce n'était pas à titre d'associé du patron qu'il les réclamait ; il soutenait seulement que son travail avait, suivant les moments, une valeur variable, que l'étendue des profits du patron indiquait que cette valeur avait augmenté, et que, dès lors, un salaire plus élevé devait être payé. Quant à revendiquer la qualité d'associé, l'ouvrier s'en garde avec soin en toute circonstance ; il sait que cette situation serait pour lui pleine de dangers et lui rendrait impossible, en temps de crise, la défense de son salaire.

Ces idées, que certains voudraient faire croire surannées, sont, plus ou moins, à l'état latent dans l'esprit de beaucoup d'ouvriers. Loin de tenir au défaut d'éducation économique de ceux qui les professent, elles se condensent au contraire et se précisent dans les milieux ouvriers qui, de l'aveu de tous, se sont élevés le plus haut et ont le mieux pris conscience de leur responsabilité et de leur rôle, tels que les milieux ouvriers britanniques.

En définitive, la participation aux bénéfices se propose d'atteindre un triple but : intéresser l'ouvrier à son travail, l'associer au profit global de l'entreprise, faire régner la paix sociale.

Or, il existe d'autres moyens plus directs et plus sûrs de parvenir aux mêmes résultats.

Grâce au salaire à la tâche et aux primes à la production, l'ouvrier ne peut plus se désintéresser du résultat de son travail, et l'intérêt qu'il y prend est le plus puissant de tous, puisque sa rémunération même est en cause.

Il sait qu'il n'a point à compter sur les efforts de ses camarades pour accroître sa rétribution, et, à l'inverse, il n'a pas à craindre que leur incurie n'en diminue le taux. On soutient que la participation aux bénéfices porterait l'ouvrier à s'intéresser à la fois à tous les éléments de la production qui peuvent avoir une répercussion sur les bénéfices.

Mais il est également possible de combiner si habilement les primes qu'elles attirent l'attention de l'ouvrier sur chacun des points qui intéressent le patron (primes à l'invention, à l'économie des matières premières, à la qualité) et, dans ce cas, elles ont sur la méthode du partage des profits l'immense supériorité de leur caractère individuel.

La nature collective de la participation aux bénéfices l'empêche d'être un stimulant pour l'ouvrier, et il suffit, pour attester ce fait, de rappeler qu'elle n'a pu dans aucun établissement dispenser le patron de recourir au salaire à la tâche et aux pièces, et que les industriels mêmes, qui avaient en elle le plus de confiance, ont été obligés de recourir à des procédés de réclame, pour en accentuer la portée (1). Aussi bien, le témoignage de tous les patrons atteste-t-il que la participation aux bénéfices est une perte pure et simple pour eux, et les sociétés coopératives de consommation elles-mêmes ont refusé énergiquement

---

(1) Ainsi M. Freese à Berlin jette un gros sac d'écus sur la table au moment de la répartition. Dans les ateliers de la Compagnie Procter et Gamble (fabrique de savon), à Ivorydale (Ohio) sont suspendues des pancartes avec des formules telles que celles-ci : « L'intérêt que vous portez à votre travail raccourcit la tâche de votre journée et accroît votre dividende. » — « L'homme négligent et gaspilleur ne se vole pas seulement lui-même, mais il vole aussi ses compagnons de travail. » — « Essayez d'être les meilleurs ouvriers de votre atelier, cela vous rapportera. »

d'adopter cette institution malgré les raisons qui semblaient les y contraindre.

En deuxième lieu, le régime actuel du salariat permet aussi d'associer les employés aux bénéfices généraux de l'entreprise (1). Toutes les fois que les conditions du marché sont favorables, ou que le perfectionnement des machines ou des méthodes amène une économie dans le prix de revient, les ouvriers réclament une augmentation de salaire et, grâce à leurs syndicats, ils l'obtiennent.

Mais, nous l'avons vu, ce n'est pas en qualité d'associé que l'ouvrier reçoit une part des bénéfices patronaux, et ainsi s'explique ce fait que, depuis cinquante années, la progression des salaires ait coïncidé avec une baisse des profits de l'entrepreneur (2).

Ceux qui désirent l'accroissement des salaires de l'employé ne doivent pas chercher à établir une association entre l'employeur et les employés et on devrait désespérer d'obtenir cet accroissement si l'on ne devait le prendre que sur les dividendes des actionnaires (3).

Enfin, on a tort de croire que la participation aux bénéfices soit une institution nécessaire au maintien et au dé-

---

(1) Mais dans ces bénéfices généraux ne sont pas compris ceux qui dérivent des qualités personnelles de l'entrepreneur (*vide supra*).

(2) On cite volontiers certaines entreprises qui ont réalisé des profits extraordinaires et on connaît des actions de charbonnage, qui émises en 1852 à 350 et 400 francs, se vendaient le 31 décembre 1894, 18.000 francs, 20.000 francs et 15.000 francs. Mais ces faits exceptionnels, assimilables à la découverte d'un trésor, ne produisent impression que sur les esprits insuffisamment renseignés, et la vérité est que, dans la majorité des cas, les bénéfices patronaux ont une tendance marquée à baisser.

(3) « Aujourd'hui, nous disait le secrétaire d'une Trade Union américaine, la question n'est pas de faire obtenir aux ouvriers une partie des bénéfices du patron ; c'est une question résolue, et elle n'est pas pour embarrasser nos syndicats. La seule question qui nous préoccupe est celle du chômage. »

veloppement de la paix sociale, et de chercher l'harmonie des rapports entre patrons et ouvriers dans une organisation contractuelle qui, fusionnant les intérêts des uns et des autres, répartirait automatiquement les bénéfices entre eux.

La grande industrie moderne s'organise sous nos yeux dans un sens opposé à cette conception. Deux immenses associations se forment : d'un côté, celle des employeurs ; de l'autre, celle des employés. C'est la guerre certaine, pensent quelques esprits. C'est la paix assurée, disent, au contraire, ceux qui aperçoivent combien ces associations concourent à l'éducation économique des milieux ouvriers.

On dit que le réajustage du taux des salaires, au retour de chaque période de prospérité industrielle, suscite souvent des conflits et il serait commode d'avoir un mécanisme capable de répartir automatiquement les bénéfices entre les deux collaborateurs de la production.

Il faut pourtant en prendre son parti, ce beau rêve ne se réalisera pas ; ce n'est pas à une époque où tant de rouages externes à l'homme (autorité paternelle, autorité du patron, autorité du pouvoir gouvernemental, sanction de la loi en matière morale, contrôle de l'opinion, prestige du vêtement ou des solennités extérieures), se désagrègent ou se transforment, qu'il faut espérer en instituer un nouveau. Chaque jour la Providence nous met davantage en face de la nécessité d'être des hommes forts et vigoureux, capables aussi de contrôler nos actes par notre propre sagesse ; si nous répondons à cette exigence, la paix préside naturellement au commerce qui s'établit entre des hommes prudents et habitués à un même respect.

Chaque jour, la vie usuelle met en relation des hommes

qui ont des intérêts opposés. Le client veut acheter bon marché, le marchand veut vendre cher. Le propriétaire veut obtenir un loyer élevé, et le locataire désire être logé à bas prix ; et pourtant ce commerce journalier n'amène aucun conflit.

Ainsi en peut-il être pour le contrat de travail. « Je crois, nous disait un leader ouvrier anglais, aux associations fortes de patrons et aux associations fortes d'ouvriers. Plus elles seront puissantes et organisées, plus elles seront capables de connaître les conditions économiques de la production, plus elles seront en état d'assurer le respect des engagements contractés. »

Pour que les syndicats concourent au maintien de la paix sociale, il suffit que leurs membres aient le sentiment de leur responsabilité. Cette évolution économique est partiellement accomplie aux Etats-Unis et en Angleterre. Elle est en voie de progrès dans d'autres pays du continent européen.

En France notamment, certains indices ne permettent-ils pas de constater que les syndicats tendent de plus en plus à s'affranchir de l'influence des politiciens ? Ce serait le premier pas vers une conception plus exacte de leur fonction économique, vers une intelligence plus nette de l'importance et de la complexité du problème, qui est posé à la fois aux employeurs et aux employés et dont la solution permettra d'établir sur une base juste le contrat de travail.

ANNEXES

—— ——

I

LES APPLICATIONS PRATIQUES DE LA PARTICIPATION AUX BÉNÉFICES.

SECTION I. — Définition.

Il y a quelque difficulté à donner une définition exacte de la participation aux bénéfices. Une formule trop étroite exclurait des établissements qui associent réellement leurs ouvriers aux profits du patron, et une formule trop large risque de décerner ce nom à des institutions d'un caractère et d'une portée totalement différents.

Parmi les publicistes qui se sont prononcés en faveur de la participation aux bénéfices, il existe deux tendances opposées : les uns cherchent à satisfaire tout le monde et à encourager les bonnes volontés, en prodiguant à des combinaisons fort diverses la qualification de participation aux bénéfices, comme si ce fût une décoration. D'autres, au contraire, donnent une définition restrictive et se montrent plus méticuleux dans le choix d'un critérium.

Sans prendre parti entre ces deux tendances adverses, il suffit de rappeler ici la définition proposée par M. Ch. Robert, et généralement acceptée :

« La participation aux bénéfices est une libre convention, expresse ou tacite suivant les cas, par laquelle un patron donne à son ouvrier, à son employé, en sus du salaire normal, une part dans les bénéfices, sans participation aux pertes. »

Voici les observations que suggère la lecture de ces lignes :

D'abord cette institution résulte d'une convention. Sans doute ce contrat pourra être exprès ou tacite ; mais il faut qu'il y ait eu accord de deux volontés, promesse formelle ou implicite par l'une des parties (le patron) au profit de l'autre (l'ouvrier). Comme, suivant notre législation française, toute convention engendre un droit, la faculté pour l'ouvrier de contraindre son patron à lui verser sa part dans les bénéfices sera une des marques de la véritable participation aux bénéfices, et toutes les fois que cette faculté fera défaut, on devra dire que l'institution en cause n'est pas une association dans les gains. Ainsi les gratifications, que certains chefs de maison donnent à leurs employés à l'occasion du nouvel an, alors même que le taux de ces gratifications varierait en fait suivant les fluctuations des bénéfices de la maison (1), ne sont point de la participation aux bénéfices ; l'employé en effet n'a pas le droit de les exiger.

En second lieu, la participation aux bénéfices est une addition au salaire normal, elle est donnée *en sus* ; de là il suit que les primes comprises dans le salaire lui-même, les sursalaires, n'y rentrent pas.

M. Ch. Robert a eu la prévoyante perspicacité d'ajouter le qualificatif *normal*, visant par là le taux ordinaire des salaires, de telle profession déterminée dans *tel district déterminé*.

Si, sous forme d'addition, le patron se contente de restituer des retenues opérées sournoisement sur le salaire, la participation devient le plus dangereux des trompe-l'œil ; car le gagne-pain de l'ouvrier se trouve en partie subordonné à l'aléa des bénéfices.

En troisième lieu, cette addition au salaire doit consister en une part dans les bénéfices. Donc toute addition au salaire qui serait distribuée, *alors même que la maison n'aurait pas fait de bénéfices*, ne rentrerait pas dans notre cadre. Ainsi la guelte que les magasins donnent à leurs employés suivant le montant de leurs recettes et la nature de la marchandise vendue, n'est pas une par-

____

(1) Cela est très fréquent. Lorsque les affaires « marchent », le patron se montre plus généreux dans ses libéralités.

ticipation, parce qu'elle appartient à l'employé alors même que l'exercice courant se solderait en perte. Au surplus, il suffit que cette part soit prise sur les bénéfices ; il n'est pas nécessaire qu'elle soit calculée sur eux. Ainsi, il y a participation quand la part, étant proportionnée au chiffre d'affaires, n'est payée que s'il y a bénéfices.

Ce troisième élément constitue le point central de l'institution ; d'une part, ce surcroît de salaires pousse l'ouvrier à plus de travail et plus de soin, afin de voir s'augmenter les bénéfices auxquels il doit participer ; d'autre part, même après l'effort, le supplément de rémunération reste aléatoire, au même titre que les bénéfices.

A propos de ce troisième point, M. D. Schloss souleva dans le congrès international de 1889 une discussion : il demanda que la part de l'ouvrier dans les bénéfices fût fixée à l'avance, et qu'en l'absence de cette fixation, on se refusât à y voir une véritable participation aux bénéfices. Cette proposition fut accueillie, malgré l'avis de plusieurs congressistes. Elle paraît très raisonnable, mais elle est de nature, nous le verrons, à soulever quelques difficultés pratiques.

Il faut ajouter à ces deux éléments de la définition, une condition qui est certainement dans l'esprit de tous : à savoir que la participation n'existe réellement comme institution sociale et économique qu'autant qu'un nombre notable des employés ou des ouvriers de la maison est admis au partage.

En effet, depuis très longtemps, des maisons ont l'habitude d'associer leurs principaux employés, leurs chefs de rayons, leurs directeurs, leurs premiers contremaîtres aux bénéfices généraux de l'entreprise : ce fait n'a point en lui-même de conséquences sociales précises : au point de vue économique, il intéresse certains employés à la prospérité de la maison, mais ceux-ci, par le salaire élevé qu'ils touchent d'ordinaire, par leur rang social, et par leur petit nombre ne sont pas de ceux que concerne le grand problème des relations du capital et du travail. Sans prétendre déterminer la proportion minima ou les catégories d'ouvriers que doit atteindre la « participation aux bénéfices », sous peine de perdre son caractère original, nous ne ferons rentrer sous cette appellation que les institutions accessibles au simple ouvrier, et s'étendant, en fait, à une proportion notable d'entre eux (1). Ces conditions d'admission pourront être quelconques, pourvu qu'elles visent l'ouvrier en tant que producteur, et se bornent à des exigences d'âge ou **de capacité** technique (obtention d'un salaire déterminé ; accession à **un** certain emploi ; ancienneté ; exactitude, etc.).

Enfin la participation aux **bénéfices existe** indépendamment de tout mode de distribution aux ouvriers **de la** somme qui leur revient ; donc, la part pourra être donnée au comptant, ou être affectée à la dotation d'institutions de prévoyance, être **versée** dans des caisses d'épargne ou servir à l'achat d'actions de la **maison** ; toutes ces combinaisons sont indifférentes, non pas au **regard** des effets de la participation aux bénéfices, mais du moins au point de vue de son existence.

Une observation doit être faite à la fin de ces remarques préliminaires. On a vu que certains publicistes, notamment M. David Schloss, désireraient que la définition de la participation aux bénéfices délimitât, d'une manière plus précise, les conditions qu'ils jugent essentielles à toute combinaison de cette nature. Il y a notamment trois questions délicates et très débattues: celle de la fixation du quantum attribué aux ouvriers, celle du contrôle et celle de la proportion des ouvriers admis. La définition proposée par M. Charles Robert ne prend parti sur aucune de ces trois questions ; la commission internationale récemment nommée par le congrès de l'alliance coopérative internationale (octobre 1896), pour formuler une définition officielle de la participation aux bénéfices, verra si elle doit s'en tenir à la définition du président de la société française pour l'étude de cette institution. Il est probable qu'elle adoptera cette ligne de conduite, afin d'éviter bien des querelles intestines et de n'excommunier personne.

______

(1) M. David Schloss nous déclarait qu'à son avis, un établissement ne doit être compris parmi ceux qui pratiquent la participation, que si 20 0/0 au moins des employés sont admis au partage.

SECTION II. — Modes de fonctionnement de la participation aux bénéfices.

Après avoir défini la participation aux bénéfices, il importe d'en étudier les applications pratiques dans l'agriculture, le commerce et l'industrie. Pour le faire, on peut recourir à deux méthodes : ou bien observer tour à tour le fonctionnement de l'institution dans chacun des établissements qui l'ont adoptée, ou étudier successivement chacun des éléments de la participation aux bénéfices et suivre cette même section à travers tous les cas d'application. Nous choisirons la première de ces méthodes pour l'examen de la participation aux bénéfices dans l'agriculture, parce que les exemples sont en petit nombre, et le peu d'intérêt qu'ils présentent nous autorise à passer rapidement. Nous adopterons, au contraire, la seconde méthode pour l'étude de la participation aux bénéfices dans l'industrie et le commerce, car, les exemples étant très nombreux, c'est le seul moyen d'établir une comparaison instructive entre les différentes solutions que les patrons ont données aux problèmes qui se sont posés devant eux (1).

§ 1. — La participation aux bénéfices proprement dite dans l'agriculture.

Le métayage, nous l'avons vu, est une adaptation parfaite au travail agricole des principes de la participation aux bénéfices, et il faut renoncer à trouver, pour ce genre de travail, une méthode qui associe plus complètement les deux collaborateurs d'une exploitation rurale. Cependant, il ne répond pas à tous les besoins ; il n'est pas et ne peut pas être le mode universel de la culture de la terre ; à côté de lui, il y a place pour le fermage et le faire-valoir direct, et cette place est d'autant plus grande que lui-même par les effets

____

(1) Au surplus, on trouvera dans les ouvrages de M. Trombert une étude monographique de chacun des établissements qui pratiquent la participation.

sociaux qu'il produit, — lorsqu'il fonctionne bien, — contribue à l'étendre ; l'ancien métayer enrichi aura une tendance à devenir fermier ou petit propriétaire exploitant. Si l'on tient compte de l'immense superficie qui, en fait, est exploitée par de grands fermiers ou de grands propriétaires, il y a un nombre considérable de patrons agricoles qui recourent au service d'ouvriers salariés et qui, par suite, devraient avoir avantage à promettre à leurs auxiliaires, en sus de leurs salaires, une part des bénéfices constatés par l'inventaire de fin d'année. La participation aux bénéfices proprement dite pourrait ne pas être moins utile à ces patrons de l'agriculture qu'à leurs confrères du commerce ou de l'industrie.

Certains propriétaires ruraux, *très peu nombreux* il est vrai, ont en effet cherché à associer leurs ouvriers aux bénéfices de leur exploitation. Dès 1829, M. John Gurdon dans son domaine d'Ashington Hall, et en 1831 M. Vandeleur dans son domaine de Ralahine, inaugurèrent un système assez voisin de la participation aux bénéfices. Pourtant il y avait plutôt dans le premier cas (1) une simple association coopérative de production, et, quant à la seconde expérience, elle ne dura que deux années par suite de la faillite de son fondateur qui s'était ruiné au jeu (2).

En 1832 Lord Wallscourt qui venait de visiter le domaine de Ralahine introduisit dans ses propriétés la vraie participation aux bénéfices et on peut le considérer comme le premier qui ait fait cette tentative en Angleterre. Pour fixer la part des travailleurs dans les profits, il considérait chaque ouvrier comme ayant placé

---

(1) M. Gurdon avait réuni ses ouvriers en une association à laquelle il prêtait de l'argent sans intérêt.

(2) L'expérience de M. Vandeleur demeura longtemps célèbre en Angleterre ; la participation aux bénéfices avait été introduite au milieu des circonstances les plus défavorables, alors que des meurtres et des pillages désolaient les comtés de Golway et de Tipperary. Au moment de la saisie, les 52 ouvriers participants aux bénéfices signèrent une note dans laquelle ils reconnaissaient que l'institution leur avait procuré pendant deux années « paix, bonheur et contentement. Au début nous étions opposés au système, mais bientôt nous vîmes notre condition générale améliorée et nos sentiments à l'égard de notre patron complètement changés ; la jalousie, la haine, l'esprit de vengeance avaient fait place à la confiance, à l'amitié et à la tolérance (*forbearance*). » *Coopérative agricole*, par Pax, p. 137 et 138.

dans l'exploitation un capital suffisant pour que les intérêts à 5 0/0 fussent égaux au salaire payé à cet ouvrier ; en d'autres termes, il multipliait par 20 le salaire de chacun. Ces capitaux du travail étaient additionnés au capital proprement dit de la propriété, et l'on procédait à une répartition proportionnelle (1).

Quelques années plus tard des expériences similaires se poursuivaient en Allemagne (2). La plus connue est celle de M. Von Thünen à Tellow dans le Mecklembourg. Cet économiste, dont le nom est resté associé à la théorie aujourd'hui répudiée des cercles concentriques, introduisit dans son domaine le partage des profits ; lorsque l'inventaire dressé au 30 juin donnait un profit net de 16.500 marks (18.000 m. depuis 1873), chacun des 22 ouvriers participants avait droit à un demi pour cent du surplus ; lorsque le revenu net ne s'élevait pas à 16.500 marks, la perte était compensée sur les bénéfices de l'année suivante. Dans des lettres écrites en 1877 à M. Bœhmert et à M. Sedley Taylor en 1881, le propriétaire actuel du domaine de Tellow, qui est le petit-fils de M. Von Thünen, se déclare très satisfait d'une combinaison qui a produit les meilleurs résultats (3).

En 1872 M. Jahnke, propriétaire d'une ferme de 250 acres à

(1) Ce mode de calcul aboutissait à donner aux ouvriers une part très large ; il paraît d'ailleurs que Lord Wallscourt fut très satisfait de cette combinaison. *Treatise on the steam engine*, cité dans *Industrial partnership Record*, janvier 1868.

(2) S'il faut en croire une déposition faite en 1883 à la commission d'enquête (Commission d'enquête, 1883, 2ᵉ volume, p. 477), le Comte Liezkoweski publiait, dès 1846, un mémoire sur la question de la participation envisagée surtout par rapport aux populations agricoles du grand-duché de Posen : l'auteur y soutenait avoir le premier signalé les avantages de la participation, même avant Leclaire.

(3) La part attribuée à chaque ouvrier est inscrite sur un livre d'épargne et les intérêts à 4 0/0 qu'elle produit sont seuls remis chaque année à l'ouvrier, le capital ne lui est versé qu'à l'âge de 60 ans. Au début, écrit M. Von Thünen, les ouvriers semblent avoir été assez mécontents parce qu'on ne leur payait pas leur part au comptant. Peu à peu, à mesure que le capital de chacun s'accroissait, ils ont reconnu l'excellence du système, car, pour beaucoup d'entre eux, l'intérêt qu'ils touchent dans les années moyennes dépasse leur part de participation. Pour plus de détails sur l'expérience poursuivie à Tellow, Cf. *Bull. Part.*, 1891. Communication de M. Cazeneuve, et Gilman, *op. cit.*, p. 240.

Bredov près de Nauen (Prusse), forma une société entre lui et
5 ouvriers mariés qui logeaient sur son domaine. Ceux-ci s'engageaient à faire tout le travail nécessaire moyennant un salaire de
9 marks la semaine, en hiver, et de 10 marks 1/2 en été. Toute dépense de main-d'œuvre supplémentaire était à leur charge.
M. Jahnke prélevait 900 marks comme salaire de direction. A la
fin de l'année on faisait l'inventaire, en ne comptant pas dans
les frais généraux les salaires payés ; les bénéfices étaient divisés
en deux, et de la moitié afférente aux ouvriers on déduisait les
salaires payés, que l'on considérait comme une dette des employés
vis-à-vis de leur employeur (1).

Avec un tel système on n'est pas surpris d'entendre M. Jahnke
dire que 10 hommes firent le travail qui exigeait auparavant
14 ouvriers. Ils se faisaient aider par leurs femmes et par leurs enfants, la surveillance était devenue inutile et « on ne brisait plus
que 1 vase à lait en terre contre 12 qu'on brisait autrefois » ;
enfin les rapports avec le patron étaient excellents. C'était un
succès complet. Pourtant, nous ne sommes que médiocrement surpris de voir qu'en 1877, M. Jahnke ayant vendu sa ferme, le successeur ne renouvela pas la convention avec les ouvriers.

Une telle convention était en réalité un système perfectionné
de surmenage, de *sweating*, et on ne doit pas être étonné qu'elle
ait soulevé les protestations des voisins, propriétaires et ouvriers (2), et que les intéressés l'aient bientôt abandonnée.

Nous avons eu le plaisir de visiter en Allemagne l'exploitation
de M. Limburg, agriculteur à Bittburg (Prusse rhénane). M. Limburg a adopté une combinaison qui semble tenir le milieu entre
le métayage et la participation aux bénéfices proprement dite ;
d'un côté, en effet, il dirige et il exploite personnellement avec

(1) Il y a tant de manières diverses de dresser un compte et de faire un
inventaire qu'on est toujours mal fondé à critiquer le procédé employé
par un patron ; pourtant on peut remarquer que la méthode employée par
M. Jahnke est bizarre et serait impraticable dans l'industrie.

(2) Un auteur, pour expliquer ces protestations, se contente de dire que
le système rencontrait au dehors la triple hostilité des propriétaires qui
veulent de hauts prix de vente et de bas salaires, des ouvriers qui désirent donner un faible travail pour un gros salaire, enfin de toutes les
personnes qui vivent de la désunion du patron et des ouvriers.

l'aide de domestiques, mais il rémunère les 12 ouvriers qu'il
emploie en leur donnant la moitié des récoltes de pommes de
terre, de betteraves et de trèfle, les dépenses de fumier et d'entretien des animaux restant à sa charge exclusive. Pour la fauchaison des prairies, les ouvriers reçoivent de un tiers à un huitième
de l'herbe fauchée, de telle sorte que leur salaire de ce chef soit
toujours sensiblement proportionné au travail accompli. Enfin la
culture des autres produits, et notamment de l'avoine, ne donne
plus lieu à aucun partage : les ouvriers de la ferme sont payés à
la journée pour le temps qu'elle exige. Comme on le voit, ce système est essentiellement empirique, et il deviendrait arbitraire, si
en fait, les superficies emblavées en pommes de terre, betteraves
et trèfle, n'étaient sensiblement équivalentes chaque année. Au
surplus M. Limburg n'hésite pas à le préférer au salariat simple ; « il est avantageux, dit il, pour les deux parties et propre à
favoriser le maintien des relations amicales ».

Ces exemples sont à peu près les seuls que l'on puisse citer pour
l'Allemagne. En Angleterre ils ne sont guère plus nombreux. Le
plus connu est celui de lord Albert Grey, propriétaire de quatre
grandes fermes dans le Northumberland, qui, en 1886, associa ses
ouvriers de culture à ses bénéfices ; 25 0/0 du profit net leur étaient
attribués, et ils supportaient une part égale des pertes. Depuis 1894,
la participation aux bénéfices a été abandonnée dans deux fermes,
et, dans les deux autres, il n'a été fait aucune distribution aux
ouvriers depuis 1891. Cet exemple est donc sans portée ; pourtant, dans une lettre adressée au comptable de la ferme de Lear-
mouth, et qui a été publiée (1), lord Grey affirmait que les résultats étaient excellents sous le double rapport de la qualité du
travail exécuté et des bonnes relations.

En France, le nombre des propriétaires fonciers qui ont fait la
même expérience est à peu près insignifiant. Citons seulement le
domaine du Grésy, à Lalande (Gironde), dans lequel M. Goffinon
a introduit récemment la participation aux bénéfices : lui-même
en a exposé le mécanisme dans une communication faite à la Société pour le développement de la participation aux bénéfices (2).

(1) *Economic Review*, janvier 1894, p. 187.
(2) Une brochure spéciale a reproduit la teneur de cette communication

L'expérience de M. Goffinon est trop récente pour qu'il soit possible d'en apprécier les résultats. Il est à craindre, toutefois, qu'elle n'ait la même destinée que celle de M. Mathieu Dolfus à Château Montrose, de M. Edmond Laroche-Joubert à la Texanderie, de M. le comte de Lariboisière dans son vaste domaine de Monthorin. Ces propriétaires ont été obligés de renoncer au bout de peu d'années à une combinaison qui se traduisait pour eux en une perte pécuniaire sans aucune compensation.

Et pourtant, dans toutes ces hypothèses, il semble que les trois conditions indiquées comme nécessaires dans la communication de M. Goffinon, qui vient d'être visée, aient été remplies : il y avait une direction éclairée et prudente, soutenue par de bons cadres ; en second lieu, les patrons disposaient d'un capital suffisant ; enfin il y avait une comptabilité bien tenue et exacte.

Cette dernière condition est, semble-t-il, la plus difficile à remplir ; beaucoup de propriétaires ruraux, lorsqu'ils exploitent eux-mêmes leurs domaines, conservent pour leur consommation personnelle et celle de leur maison une partie des produits (froment, avoine, laitages, légumes, bestiaux donnés au boucher en paiement de ses fournitures), et, à moins de précautions très spéciales, cette consommation échappe à toute comptabilité. De même, les domestiques de ferme sont souvent employés au service de la maison et ceux de la maison aux travaux de la ferme, et, de ce

(Paris, Chaix, 1894). On y trouve notamment mentionnés les statuts dont voici l'article 2 : « Pour être admis comme participant, il faut être Français, avoir une année de présence non interrompue dans le domaine, et avoir fait preuve de zèle et d'aptitude dans son emploi. Les conditions ci-dessus remplies, le candidat devra faire une demande écrite et l'adresser au propriétaire, en y annexant une copie de son casier judiciaire, et un certificat du président de la société de secours mutuels de la commune de Lalande ou d'une commune voisine, constatant qu'il fait partie de la société, qu'il paie régulièrement ses cotisations, et qu'il remplit fidèlement ses obligations statutaires. » Comme il s'agit de donner un nouveau collaborateur intéressé au personnel existant, cette demande, avec le dossier complet, sera adressée au comité consultatif composé ainsi qu'il est indiqué à l'article 8. Le comité entendu, le propriétaire prononcera l'admission, l'ajournement ou le rejet de la demande, sans avoir à fournir aux intéressés le motif de sa décision. — Toutes ces formalités semblent compliquées et il ne faut jamais oublier que les milieux agricoles ne peuvent s'accommoder que de choses simples.

chef encore, naît une difficulté pour apprécier exactement le revenu net d'une exploitation.

D'ailleurs une institution aussi complexe ne semble pas convenir à la nature du travail agricole qui est simple, et à la tournure d'esprit du paysan, absolument étranger aux détails minutieux de la tenue des livres.

Nous aurons plus loin à apprécier les causes générales et profondes de la rareté de la participation et de ses échecs. Il nous suffit ici de noter que nous sommes très loin des beaux résultats signalés dans le chapitre sur la *théorie* de la participation aux bénéfices.

§ 2. — La participation aux bénéfices proprement dite dans l'industrie et le commerce.

Notre but n'est pas de faire un traité *complet* des différentes formes que revêt la participation aux bénéfices dans ses applications industrielles et commerciales. Nous avons pensé qu'après les travaux de M. Trombert (le *Guide pratique*, la traduction de l'ouvrage de M. Böhmert avec appendice — ouvrage continué et mis à jour dans la récente publication sur *les applications de la participation aux bénéfices*, 1896). et à côté du *Bulletin trimestriel de la participation aux bénéfices*, une semblable tâche serait inutile et par là même dénuée d'intérêt. Il nous a paru préférable d'étudier à grands traits l'institution dans ses éléments essentiels, et, tout en nous inspirant des exemples tirés des ouvrages précédents, de vivifier surtout notre exposé par les faits que nous avons personnellement observés.

La participation aux bénéfices est une institution qui essaie, avons-nous vu, d'embrasser tous les intérêts communs entre patrons et ouvriers. Aussi y a t-il presque autant d'organisations différentes que de cas d'application, suivant le point de vue qui domine.

Une classification s'impose ; mais à l'entreprendre on éprouve quelque embarras. La participation, dans sa complexité, apparaît comme un bloc très homogène où tout se tient et s'enchaîne, et dont il est impossible de dégager une idée sans qu'aussitôt toutes les autres lui fassent cortège.

Si l'on commence par étudier la répartition des bénéfices entre le capital et le travail, on pourra regretter de ne pas savoir combien d'ouvriers participent ; car de cette question doit dépendre la portée et la signification même du *quantum* des bénéfices attribués au travail. D'un autre côté, le patron commence peut-être par proportionner ses dépenses à ses revenus, et règle les conditions d'admission et de répartition d'après le *quantum*.

En vérité, les différentes parties du sujet se commandent l'une l'autre, et aucune classification ne sera parfaite.

La plus logique nous paraît la plus communément adoptée :

1° Détermination du quantum ;

2° Contrôle des comptes ;

3° Conditions d'admission ;

4° Base de répartition entre ouvriers ;

5° Modes d'emploi ;

6° Déchéances ;

7° Comités consultatifs.

En effet, des doubles liens qui unissent le patron à l'ensemble de ses ouvriers et à chacun d'eux en particulier, cette méthode commence par démêler le plus général : en quelle mesure le capital a-t-il voulu s'associer avec le travail ? Dans les conditions d'admission, les rapports individuels de patron à ouvrier commenceront à apparaître, et le but de l'institution à se préciser. Les modes de répartition viendront accuser les différentes tendances du système : ayant vu avec quels ouvriers le patron veut s'associer nous verrons aussi dans quelle mesure exacte il s'associe à chacun d'eux. Les modes d'emploi achèveront de préciser le but que poursuivent les patrons et l'étude de ce dernier élément nous le révélera comme le plus important facteur du succès de l'institution.

1. Le quantum.

Les points qui, dans une question de partage, s'imposent naturellement à l'examen sont les deux suivants : 1° quelle va être la chose à partager ; 2° comment va-t-on la partager.

D'après la définition de la participation aux bénéfices il s'agit de partager le bénéfice global.

Nous devons donc écarter les cas où un seul élément de bénéfices est pris en considération, tel que le chiffre d'affaires (1), l'économie des matières premières, de combustibles, de temps, etc., car ce sont là de véritables primes. Comme nous avons eu occasion de le voir, le partage devra porter sur le solde actif de toutes les opérations d'une entreprise, confondues dans un même inventaire, c'est-à-dire sur le bénéfice net.

Sur ce bénéfice il sera fait souvent des prélèvements statutaires au profit des fonds de réserve (2) et d'amortissement (3), enfin dans un très grand nombre de cas, le capital-action déduit un intérêt (4) et la direction une prime (5) avant tout partage. Le travail ne vient ensuite que pour le surplus du dividende.

Les prélèvements d'un intérêt pour le capital et d'une rémunération fixe pour le directeur ont été critiqués (6), mais bien à tort

(1) Nous citerons, entre autres, la maison Buttner-Thierry, imprimerie-lithographie, où 1 0/0 du produit des ventes est partagé entre les employés, etc.

(2) Quelquefois, comme chez Mlle Lecœur, il y a un fonds spécial pour parer aux évaluations d'inventaire.

(3, Chez M. Pétillat, le fonds d'amortissement perçoit des prélèvements spécifiés de 2 0/0 de la valeur du bâtiment pour usure et détérioration, 5 0/0 de la valeur de l'outillage pour le même motif.

(4) On peut citer entre autres l'imprimerie Dupont, la Compagnie de navigation du lac Léman, où l'intérêt prelevé est respectivement de 5 0/0 et 10 0/0.

(5) Chez MM. Thuillier, de Naeyer, les patrons s'attribuent un traitement fixe avant tout partage à titre de salaire de l'intelligence. MM. Laroche-Joubert et Godin ont eux-mêmes donné cet exemple.

(6) D'après M. Brewster, carrossier à New-York, le côté faible du « profit sharing » est de déduire des bénéfices les intérêts du capital et les traitements de gérance, avant d'y faire participer le travail. Si les bénéfices ne dépassent pas ces intérêts et traitements, le travail n'en a pas été moins actif et les ouvriers verront d'un mauvais œil les actionnaires et directeurs toucher des bénéfices sans en avoir eux aussi leur part. M. Brewster croit donc préférable de prélever la part du travail la première, le quantum dût-il être réduit.

M. Freese, qui a adopté le même système, nous déclarait attribuer l'échec retentissant éprouvé par M. Borchert, il y a quelques années, à ce qu'il avait voulu réserver 6 0/0 d'intérêt à ses actionnaires et un traitement fixe

semble-t-il. En effet, le directeur doit venir au partage au moins au même rang que l'ouvrier, car son influence sur la production est prépondérante. Si le directeur de l'usine en est en même temps le propriétaire, on ne peut lui reprocher de s'attribuer la même rétribution qu'il donnerait à un remplaçant.

Quant au capital engagé dans l'affaire, il est tout naturel qu'en présence d'ouvriers qui ont déjà reçu leur salaire, il commence par prélever sa rémunération (1). On ne peut pas dire que le capital profite ainsi des bonnes chances à l'exclusion du travail, car, jusqu'à concurrence de l'intérêt normal fixé d'après les aléas de l'entreprise, il reçoit un simple dédommagement D'ailleurs, en pratique, ce système constitue souvent pour les ouvriers un stimulant plus efficace que la participation aux bénéfices sans prélèvement

L'atelier de construction de machines de M. Bollinckx à Bruxelles en est un exemple typique. En 1894, les bénéfices de l'usine atteignaient 150.000 francs. M. Bollinckx décida que les bénéfices qui dépasseraient ce chiffre à l'avenir seraient partagés en deux moitiés, l'une attribuée à la direction et au capital, l'autre au personnel (2). Les ouvriers étaient donc intéressés *de très près* à toutes les améliorations de détail (suppression de postes inutiles, économie de matières premières, etc.), qui, venant s'ajouter aux bénéfices de l'année antérieure, tournaient pour moitié à leur profit, M. Bollinckx triompha ainsi de toutes les résistances individuelles et collectives qu'il éprouvait autrefois, à chaque instant, de la part de ses ouvriers.

Quelquefois il est fait, sur la part qui revient au travail, des prélèvements qui garantiront le paiement des intérêts du capital

pour lui. De mauvaises années survinrent, et les ouvriers furent mécontents.

(1) M. Baille-Lemaire a adopté un système de prélèvement assez original. Il amortit actuellement son capital au moyen des 3/4 de ses bénéfices annuels, l'autre 1/4 étant réparti entre ses ouvriers. En 15 ans il espère avoir achevé l'amortissement, et pouvoir partager les bénéfices par moitié entre le travail et le capital, sans autre prélèvement. Commencée en 1885, l'opération doit être complètement liquidée en 1900.

(2) Au cas où des agrandissements, de nouvelles installations de machines deviendraient nécessaires, il augmentera les 150.000 francs à prélever avant tout partage de 10 0/0 du nouveau capital engagé.

les années suivantes, comme le conseille le *Bulletin de la société industrielle de Mulhouse* (1874, p. 411). C'est ainsi qu'à l'imprimerie de M. Van Marken, les participants ne touchent une part des bénéfices qu'après le paiement intégral de tous les arriérés d'intérêt à 6 0/0 qui peuvent être dus au capital. On trouve plusieurs autres exemples de cette clause, notamment chez M. Billon.

Ce prélèvement réalise une sorte de *participation aux pertes*. Sans doute, les risques sont limités au dividende, et l'ouvrier n'aura pas à craindre de perdre un capital qu'il n'a pas. Mais il doit combler les vides des mauvaises années au moyen des parts de bénéfices qui lui ont été autrefois acquises, et qui sont sa propriété. C'est donc une véritable perte qu'éprouve le participant (1).

A côté des prélèvements en faveur du capital ou de la direction, on trouve enfin des prélèvements spéciaux en faveur du travail : tel est dans la maison Chaix celui qui est fait en faveur d'anciens ouvriers. Chez M. Saunier et dans la grande fabrique de produits chimiques de M. Thann, ce sont des subventions à des caisses de retraite et de secours pour maladies et décès. On considère ces institutions comme si nécessaires qu'on veut le moins possible les soumettre à l'aléa des bénéfices. On les assimile au fonds de réserve du capital (2).

Connaissant maintenant l'objet du partage, il est utile d'examiner la deuxième question, et de se demander quels sont les modes de partage employés.

Le procédé le plus simple est celui qui consiste, de la part du patron, à déterminer le quantum à la fin de chaque année, suivant

(1) Il y a une deuxième méthode moins rigoureuse de faire participer l'ouvrier aux pertes d'une mauvaise année. On la trouve appliquée par la maison d'horlogerie Dupasquier. La part de bénéfices qui revient aux ouvriers est calculée tous les 3 ans sur la moyenne des résultats de l'entreprise. Ainsi les pertes subies par le capital pendant les mauvaises années ne se répercutent sur les parts acquises aux ouvriers que pendant 3 ans.

(2) Il m'est aussi difficile, dit M. Engel Dolfus, d'admettre l'existence d'un établissement manufacturier sans caisse de secours et de retraites, que de concevoir le grand commerce extérieur sans l'assurance maritime, ou toute grande exploitation industrielle sans l'assurance contre le feu. — Maison Dolfus Mieg et Cie (Mulhouse).

l'importance de ses bénéfices et la possibilité où il se trouve d'en abandonner une part. C'est le quantum indéterminé. En général le patron élève plutôt le pourcentage de la part des ouvriers dans les mauvaises années et l'abaisse dans les bonnes, afin d'arriver à une moyenne à peu près constante (1). Cette moyenne sera plutôt favorable à l'ouvrier car, les années de dépression industrielle étant généralement plus nombreuses que celles de prospérité, les réductions de quantum dans la bonne fortune seront largement compensées, dans la mauvaise, par les augmentations. De plus, l'ouvrier, donnant chaque année un surcroît d'efforts constant, verra avec satisfaction sa rémunération ne pas diminuer pour des causes indépendantes de son travail.

Dans certains ateliers on tient spécialement compte du travail général des ouvriers pendant l'année, et la participation aux bénéfices perd son caractère aléatoire qui paraissait donner aux salariés la situation d'associés, pour devenir une simple prime au travail ; la participation aux bénéfices n'est plus un baromètre oscillant sous la pression du marché, c'est un thermomètre indiquant l'intensité du travail dans l'atelier.

Quels que soient les avantages ou les inconvénients de ces modes de fixation du quantum, ils ne rentrent pas dans le cadre de notre étude.

En effet d'après la définition adoptée par le Congrès international de 1889, le *quantum doit être fixé d'avance* (2). Le Congrès nous semble avoir eu raison, et la condition qu'il a précisée paraît essentielle à la constitution du contrat de participation. Dans tout

____

(1) Un employé de la Compagnie de chemin de fer Louis de Hesse (Mayence) nous disait avoir vu quelquefois les dividendes doubler tandis que sa part de bénéfices ne montait dans l'intervalle que de 7 0/0 à 8 0/0 de son traitement, et inversement.

(2) Il est assez curieux de remarquer que la première précision qui ait été imposée à toutes les institutions qui revendiquent le titre de participation aux bénéfices, a porté sur le quantum tandis qu'on n'a pas spécifié la proportion des ouvriers ou employés qui doivent participer et qu'on a laissé dans l'ombre la question du contrôle. Deux raisons justifient ce choix : tout d'abord un grand nombre de maisons déjà classées comme pratiquant la participation aux bénéfices, se trouvaient en fait avoir rempli la condition requise ; de plus cette garantie était la première à accorder aux ouvriers, car son absence rend toutes les autres inutiles.

contrat les parties doivent déterminer les prestations auxquelles elles s'engagent ; dans l'espèce, le patron doit fixer d'une manière définitive le taux des bénéfices qui reviendront aux ouvriers à la fin de l'exercice.

Mais, pour donner à l'ouvrier les garanties nécessaires, il ne suffit pas de fixer le *quantum*, il faut le lui faire connaître et la divulgation du *quantum* aboutit à celle des bénéfices.

Or de nombreux inconvénients sont liés à la publicité donnée aux bénéfices, et les adversaires de la participation ne manquent pas de les faire ressortir. Vis-à-vis de l'ensemble du public, une sorte de pudeur empêche le commerçant ou l'industriel de divulguer ses bénéfices, de même que les rentiers ne publient pas le chiffre de leurs revenus. Vis-à-vis de la clientèle, il est maladroit de divulguer le profit dont elle a été la victime.

D'autre part, il y a un grand intérêt, au point de vue du crédit, à ne pas faire connaître le chiffre des bénéfices : le moment où une maison a le plus besoin d'avances est souvent celui où elle gagne le moins. Elle tâche alors de ne pas mettre à nu sa détresse (1).

Le troisième intérêt concerne la concurrence : « si les bénéfices sont élevés, nous disait M. Godchaux, l'industrie éveillera l'attention des concurrents et des chercheurs d'affaires ».

Il peut aussi y avoir un danger fiscal (2).

Enfin, au regard de leurs ouvriers, les patrons ne veulent pas accuser une trop grande disproportion dans le partage des bénéfices ; mais *surtout* ils ne veulent pas donner à leurs ouvriers des

---

(1) C'est la même question qui se posait en France au commencement de ce siècle à propos de la publicité des hypothèques, et c'est le même argument qu'invoquaient ses adversaires.

En Belgique et en France, où la question de l'impôt sur le revenu est à l'ordre du jour, les patrons ne sont pas disposés à donner aujourd'hui au fisc des éléments d'appréciation que l'on pourrait utiliser demain.

(2) En Prusse, où existe l'impôt sur le revenu, ce point a son importance. Sans doute le fisc allemand est très soupçonneux et contrôle les livres lorsque les déclarations lui semblent mensongères, punissant de fortes amendes les écarts de plus de 1/10. Mais souvent les bénéfices industriels ne sont pas apparents, et le droit de contrôle ne s'exerce pas.

points de repère qui leur feront saisir l'occasion favorable d'une augmentation de salaire (1).

Tous ces inconvénients sont réels. On oppose que les sociétés anonymes publient annuellement leur bilan et ne paraissent pas en souffrir. Mais à cela on peut répondre avec M. Mac Vitie d'Edimbourg : « Les sociétés anonymes n'ont de crédit que dans la mesure où elles font des bénéfices ; car seuls les bénéfices donnent de la valeur aux actions, et les actions sont le seul gage des créanciers ; il n'en est pas de même dans les entreprises privées où le patron est responsable de ses dettes sur tous ses biens. »

Les sociétés anonymes sont donc une exception, et leur exemple n'affaiblit en rien la portée des observations antérieures.

Certains industriels ont pensé remédier à ces inconvénients en ne publiant pas le chiffre de leurs bénéfices, tout en déterminant, suivant une base fixe, le quantum. De ce nombre est M. Ballard, fabricant de pendants et couronnes, à Genève. Mais à la vérité il y a antinomie entre le quantum fixé d'avance et le quantum secret. L'ouvrier peut avoir confiance dans la bonne foi du patron et se passer de contrôle lorsqu'il s'agit de mettre à exécution le contrat de participation, mais les clauses du contrat lui-même doivent être connues.

En fait, la publicité du quantum peut ne pas entraîner la divulgation des bénéfices, et les inconvénients précédents se trouvent alors évités. Il en est ainsi lorsque le grand nombre de participants et la complexité de la répartition ne permettent pas à ceux qui pourraient y avoir intérêt de reconstituer le chiffre des bénéfices répartis.

Le premier mode de fixation du quantum consiste dans l'attribution aux ouvriers d'un pourcentage des bénéfices nets. En principe, cette fixation est définitive, car la variation arbitraire du taux de bénéfices attribué à l'ouvrier serait de nature à décourager ses efforts. Mais, en fait, si un patron découvre que le taux fixé est trop bas ou trop élevé, il peut le modifier, car une clause

(1) Les patrons n'osent pas toujours avouer cette raison déterminante mais il est facile, au milieu des explications qu'ils donnent, de deviner le fond de leur pensée.

des statuts lui réserve toujours le droit de supprimer la participation aux bénéfices et *a fortiori* d'en modifier le quantum.

L'industriel qui introduit la participation aux bénéfices ne sait
pas d'abord à quelle proportion s'arrêter pour stimuler le zèle de
ses ouvriers, sans exagérer la récompense. Aussi fera-t-il bien de
commencer par un taux assez bas, quitte à l'élever dans la suite,
plutôt que de s'exposer à mécontenter les ouvriers en abaissant
un tarif au début trop généreux. C'est ainsi que M. Freese, fabricant de jalousies à Berlin, a commencé par fixer un quantum assez
bas : 2 0/0, puis peu à peu l'expérience l'a conduit à l'élever jusqu'à 5 0/0, chiffre qu'il a inscrit dans ses statuts.

On aperçoit tout l'arbitraire de ce premier mode de fixation, et
nous constatons que parmi les maisons qui l'ont adopté, les ouvriers
obtiennent des parts variant de 2 à 50 0/0 des bénéfices.

Aussi certains industriels ont-ils cherché un moyen plus scientifique de déterminer le quantum à attribuer au travail.

Deux théories ont été proposées. L'une veut qu'on répartisse les
bénéfices proportionnellement au capital et à la somme totale
des salaires. On considère le salaire comme le capital-travail et
on le met sur un pied d'égalité avec le capital-argent. L'autre
système voit dans les salaires le *loyer* du travail, de même que
l'intérêt du capital est le loyer de l'argent. Les bénéfices devront
être répartis proportionnellement à ces deux facteurs. A l'appui
de ce dernier système, on ajoute que, le capital humain étant
l'homme, le travail est un produit, et qu'il faut amortir ce
deuxième capital, comme on amortit le premier, par une part
des bénéfices.

Au point de vue économique, ce système est inexact, car l'ouvrier ne se donne pas lui-même, mais prête seulement des services momentanés. Au point de vue moral, il en est autrement là
où l'ouvrier, étant incapable de suffire à ses besoins et d'amortir
le capital de ses forces pour l'avenir, a besoin de patronage.

Nous ne voulons pas nous attarder davantage à la discussion
théorique de ces systèmes; de nombreux auteurs s'y sont appliqués.

Nous signalerons parmi eux M. Godin, et M. Poindron dans une
brochure intitulée : « Détermination de la formule minimum de
la participation aux bénéfices ». Il est assez curieux, plutôt pour
l'étude de l'esprit humain que pour celle de notre sujet, de voir

en lisant cette brochure jusqu'où peut être poussé l'amour de la théorie. M. Poindron déclare qu'il existe une formule de répartition des bénéfices adéquate à la vérité pure et applicable à tous les genres de productions ; puis il se met en devoir de la calculer : il concède au capital de roulement l'intérêt normal de l'argent, mais, d'une part, il lui refuse tout prélèvement pour amortissement, et, d'autre part, il exige un amortissement pour le travail qui n'a pas reçu l'équivalent des services par lui rendus ; il arrive ainsi à répartir les bénéfices entre les intérêts du capital et la somme de salaires. Une formule mathématique doit permettre de faire l'application de ces idées : il suffit de remplacer les lettres par des chiffres dans chaque cas déterminé (1).

En pratique on s'inquiète peu de la valeur spéculative de ces distinctions, et la quotité du quantum dépendra surtout du genre d'industrie.

---

(1) Soit talent = tout ce qui dans la production a une influence personnelle (contremaitre, chef de chantier, régisseur de culture).

Somme de ses appointements = I

Soit T = somme des salaires de la main-d'œuvre ;

C E = Capital de 1er établissement = (somme consacrée aux bâtiments, outillage, à l'exclusion de tout approvisionnement).

C R = capital de roulement, approvisionnements de toute sorte, y compris matières premières, paiement de salaires et frais généraux.

B = Bénéfice brut, écart entre le prix de revient et prix de vente, avant tout prélèvement même du loyer de l'argent.

B N = Bénéfice net, même écart après prélèvement de l'intérêt par les capitaux engagés.

Soit $\frac{i}{100}$ le taux d'intérêt des capitaux (loyer de l'argent). Le loyer des capitaux engagés est $i\left(\dfrac{C E + C R}{100}\right)$

Soit n le coefficient par lequel il faut multiplier CR pour avoir la somme des dépenses d'exploitation de l'exercice, déduction faite des existences accusées par l'inventaire. On a capitaux engagés = (CE × nCR). Si la somme des appointements du talent et du travail = I + T. — La masse sur laquelle on aura à répartir les bénéfices sera M = (CE + nCR) + (I + T).

$$B\,N = \frac{C E + n\,C R}{M} + \frac{I + T}{M}.$$

La 1re partie de la formule représente le maximum de bénéfices auquel a droit le capital et la 2e le minimum qui revient au travail.

On ne trouve que des exemples très rares du système de MM. Godin et Poindron (1).

Le deuxième système est pratiqué par un assez grand nombre d'industriels, notamment par M. Tuleu. *Lorsqu'il correspond à la quotité que le patron avait l'intention de fixer,* un pareil système a l'avantage de paraître plus équitable et d'être plus stable que le tant pour cent arbitraire. M. Goffinon qui, avec une quotité fixe de 5 0/0, arrive au même résultat, trouve que cette égalité de traitement est de nature à réconcilier le travail et le capital (2).

Dans tous ces modes de fixation du quantum dans lesquels le capital et le travail viennent concourir dans une proportion déterminée de leur valeur au partage des bénéfices, l'évaluation du capital apparaît comme un point particulièrement délicat. La même difficulté d'estimation se retrouve, avons-nous vu, dans tous les modes d'inventaire à propos du calcul des bénéfices : ici encore il faut déterminer la solvabilité des débiteurs, la dépréciation des produits en magasin etc. Nous touchons ici à l'importante question du contrôle.

2. Le contrôle.

L'employé a grand intérêt à être représenté à l'expertise des évaluations des bénéfices ou du capital. Il est toujours difficile de faire un inventaire et d'autre part les intérêts de l'employé diffèrent de ceux de l'employeur. La prévoyance invite le dernier à faire les évaluations très basses afin de s'assurer contre les mauvaises chances de l'avenir, qu'il sera seul à supporter. De plus, les inexactitudes d'inventaire peuvent, à son point de vue, se compenser d'une année à l'autre. Il n'en est pas de même pour l'employé. Le report des profits d'une année sur les résultats de l'année suivante ne sau-

(1) M. Godin a pourtant joint la pratique à la théorie. Au familistère de Guise, 1 franc de salaire est mis sur le même pied que 1 franc d'intérêt. L'intelligence a des droits supplémentaires, 25 0/0 du quantum sont, avant tout partage, prélevés en sa faveur. Dans l'ancienne maison Bord, les bénéfices furent au début partagés proportionnellement aux salaires et à l'intérêt du capital.

(2) M. Fourdinois prend la moitié des salaires payés dans l'année et attribue à ce capital travail un dividende égal à celui qui revient au capital argent.

rait être indifférent à un homme susceptible de quitter l'atelier du jour au lendemain ; il lui faut une évaluation annuelle rigoureuse.

D'ailleurs si la participation aux bénéfices est un véritable contrat, il en découle naturellement le droit de contrôler si les bénéfices ont été *bien calculés*, et s'ils ont été *exactement répartis* suivant le quantum fixé (1). Ce contrôle paraît particulièrement nécessaire, lorsque la part de participation n'est pas versée au comptant aux mains des ouvriers.

Le mode normal de contrôle est la communication des livres à l'intéressé ou à son représentant.

Dans l'impossibilité matérielle et morale de donner le contrôle à chaque ouvrier individuellement, on l'accorde à un ou plusieurs délégués. Malgré cette sélection, le fait de la soumission des comptes du patron au contrôle de l'ouvrier n'en subsiste pas moins ; voici les inconvénients qui peuvent en résulter et les atténuations diverses qui y ont été apportées.

Les deux principaux dangers du contrôle sont les indiscrétions et l'affaiblissement de l'autorité patronale.

Les indiscrétions sont à craindre de la part d'associés contre lesquels on ne peut invoquer le *jus fraternitatis*, et qui parfois seront heureux de jouer un mauvais tour au patron, ou iront vendre à un concurrent les renseignements dérobés (2).

La vérification de l'inventaire révélerait certains prix de vente qu'il importe de tenir cachés (3), les noms des clients (4), ceux des

(1) Le troisième objet du contrôle, celui de vérifier la répartition entre ouvriers, est moins important ; nous n'en parlerons pas ici.

(2) Les exemples de pareils larcins dans les procédés de fabrication sont déjà fréquents. Dans la région d'Elberfeld et dans le district d'Aix-la-Chapelle, non seulement certains patrons essayent de se « souffler » les uns aux autres leurs ouvriers capables, mais souvent ils entretiennent, dans les ateliers mêmes de leurs concurrents, des espions qui les renseignent sur les nouveaux procédés de fabrication, l'organisation de l'atelier, les salaires, etc. La Participation faciliterait ces indiscrétions.

(3) Quelquefois les industriels d'une même branche s'entendent pour ne pas descendre au-dessous d'un certain prix. Mais il arrive (on nous en citait un exemple en Suisse) que l'un d'eux trouve avantage à enfreindre la convention : affichant les prix du syndicat, il consent en sous-main des réductions à la clientèle. On comprend qu'il redoute les indiscrétions.

(4) Un marchand d'ambre de Dantzig racontait à M. Schuller, inspec-

représentants et le montant de leurs commissions. Or le patron a souvent intérêt à les tenir secrets pour empêcher les concurrents de venir proposer des conditions plus avantageuses.

Au regard du client, il importe quelquefois de masquer tel gain réalisé par le patron (1). Le cas se présente surtout lorsque le client n'est pas au courant du marché, par exemple lorsqu'il s'agit de produits de luxe ou de précision où la concurrence ne fait pas sentir son action régulatrice. Il aurait alors grand intérêt à être renseigné sur le prix de revient.

Le contrôle des livres a un second inconvénient, l'affaiblissement de l'autorité patronale. Diverses causes y contribuent : l'ouvrier sera porté à critiquer les prélèvements et les évaluations du capital ; en cas de mauvaise fortune, il critiquera la gestion. Vivant au jour le jour, en quête d'une place mieux rémunérée, sans autre intérêt à la prospérité future de la maison que son intérêt personnel, il verra d'un mauvais œil les prélèvements dont il ne tirera aucun profit.

C'est pourquoi, si un changement de matériel vient à s'imposer à l'improviste, exigeant un nouvel amortissement plus rapide, il refusera d'y souscrire ; et le patron n'aura plus la liberté nécessaire.

Enfin, le plus grave danger est celui de la critique de la gestion par l'ouvrier. C'est celui qui frappe tout d'abord l'esprit des directeurs auxquels on parle du contrôle. « Il est déjà assez pénible d'avoir à déclarer les mauvaises années aux actionnaires intelligents, nous disait le directeur d'une société ; que serait-ce s'il nous fallait rendre nos comptes à nos subordonnés et à des gens incapables de les comprendre ? »

Plusieurs industriels qui pratiquent la participation aux bénéfices, notamment M. Balland à Genève, M. Michel à Nyons, M. Piguet à Lyon, etc., nous faisaient entendre que du jour où leur personnel leur demanderait le contrôle des comptes, ils

______

teur du travail en Suisse, qu'il avait comme cliente la reine d'une peuplade noire d'Afrique ; il faisait avec elle des affaires fructueuses et il n'aurait jamais voulu en révéler le nom.

(1) Un constructeur de machines nous disait qu'il lui arrivait souvent de compenser les pertes réalisées dans une vente par une élévation de prix dans l'opération suivante.

abandonneraient aussitôt la participation aux bénéfices, car ce serait la mort de la direction.

Les raisons d'un sentiment si général sont les suivantes : l'ouvrier ne connaît pas assez la comptabilité pour pouvoir vérifier scientifiquement les comptes. D'autre part il est porté à juger l'ensemble de l'affaire, d'après les réflexions que lui suggère la connaissance spéciale de la branche de production à laquelle il collabore.

Il risque d'être à la fois incapable et défiant. Vienne la mauvaise fortune : ou bien l'ouvrier, voyant le patron continuer son train de vie, avoir le même nombre de chevaux dans son écurie, par exemple, soupçonnerait l'employeur d'avoir masqué la vérité, ou il se plaindrait d'avoir à sa tête un incapable et un imprévoyant.

De pareils inconvénients ont paru à quelques patrons un obstacle insurmontable et leur font rejeter toute idée de participation (1).

Mais, en fait, ces difficultés peuvent être écartées et l'autorité patronale nécessaire à toute entreprise peut se concilier avec le contrôle des comptes (2).

Les solutions proposées ont toutes pour but de donner des garanties au patron dans le choix du délégué des ouvriers : on veut éviter que l'élection ne porte sur un ouvrier animé de sentiments hostiles. Généralement le choix doit être agréé par le patron ; parfois il ne peut porter que sur des tiers qui, par leurs fonctions, présentent de grandes garanties : c'est l'arbitre expert (3). Souvent enfin, on limite les attributions de ce délégué. Il doit se borner à vérifier si les bénéfices, tels qu'ils ont été calculés en premier et en dernier ressort par le patron, ont été répartis suivant le quantum, et employés conformément aux statuts. Il en est ainsi dans la maison Chaix. Dans la maison Barbas, Tassart et Ballas, l'arbitre expert vérifie si les bénéfices ont été calculés suivant les anciens errements de l'inventaire. Les arbitres n'appuient leur décision sur aucun motif, ils se bornent à donner leurs conclusions.

(1) Enquête extra-parlementaire, 1883, déposition Barbas. Interview avec M. Mœller, industriel à Brakwede, Prusse.

(2) *Bulletin de la participation aux bénéfices*, tome VII, p. 173. Mémoire de M. Charles Robert.

(3) Dans plusieurs cas, cet arbitre doit être pris sur la liste des experts accrédités près des tribunaux.

Nous avons trouvé quelquefois une solution qui ne paraît pas aussi satisfaisante : c'est le contrôle par les employés teneurs de livres. La situation de ceux-ci est trop différente de celle des ouvriers pour qu'ils puissent les représenter. L'employé teneur de livres est généralement l'homme de confiance du patron ; travaillant sans cesse à ses côtés, il entretient avec lui des rapports personnels, quelquefois intimes ; en toute occasion il prendra la défense des intérêts patronaux (1).

La garantie du contrôle des livres par les employés est donc insuffisante.

Quelquefois la solution donnée au problème du contrôle se trouve dans la fixation du quantum. On s'arrange pour enlever aux ouvriers toutes raisons de vérifier l'inventaire. A cet effet, la participation ne sera plus une part de bénéfices, mais une proportion du dividende. On évite ainsi toute discussion à propos de la réserve, de l'amortissement, de l'évaluation du capital, et les intérêts de l'ouvrier sont étroitement liés à ceux des actionnaires. Ainsi en est-il dans l'atelier de construction de Halle (Prusse) où les ouvriers reçoivent, suivant leur ancienneté, 2, 3 ou 5 marks par mark de dividende (2).

Enfin les ouvriers peuvent trouver des garanties de sincérité dans les circonstances mêmes. Ainsi, dans les sociétés par actions, le contrôle de l'inventaire et des bénéfices est fait par le comité de surveillance et par l'assemblée générale. Le grand nombre des intéressés donne à la divulgation des bénéfices une authenticité bien plus grande que dans le cas où l'entreprise est la propriété d'un seul. Dans les industries où la diminution des bénéfices a pour contre-coup la réduction des heures de travail, les ouvriers sont les premiers à souffrir du mauvais état des affaires. Leur surprise ne sera donc pas grande au jour de l'inventaire, et le contrôle ne serait nécessaire que pour préciser la situation.

---

(1) M. Freese à Berlin est obligé de prendre lui-même la défense de ses ouvriers contre ses employés ; ceux-ci trouvent toujours les salaires trop élevés et le quantum de la participation trop onéreux. En rapports continuels avec les clients, ils considèrent les salaires comme des frais de production qu'il faut réduire le plus possible.

(2) Comme celui-ci atteint 25 à 30 0/0, la participation aux bénéfices a une certaine importance.

En dehors et au-dessus des circonstances de fait, la véritable solution de la question du contrôle se trouve dans la confiance réciproque entre les participants et la direction. Cette confiance est d'ordinaire rendue plus facile par les bonnes dispositions des ouvriers admis à la participation ; d'ailleurs, la participation aux bénéfices qui s'adresse la plupart du temps à des ouvriers de choix, est elle-même une preuve de la bienveillance et de la sincérité du patron. Les ouvriers ne voudront pas, en réclamant un contrôle personnel, s'exposer à voir supprimer la participation aux bénéfices elle-même. La confiance aplanit si bien toutes les difficultés et tous les obstacles que, dans un certain nombre de cas, on voit les ouvriers ne pas profiter du droit de contrôle qui leur a été concédé. C'est ainsi que, chez M. Winckler, libraire à Leipzig (Saxe), les participants ont négligé de nommer, en 1896, les trois délégués qui avaient l'habitude de vérifier les livres. Chez M. Delalonde il en a été de même. Les comités ouvriers, en facilitant les rapports entre ouvriers et patrons, font faire un grand pas à la question du contrôle.

On voit donc que, grâce à la confiance, le contrôle et l'absence de contrôle donnent tour à tour d'excellents résultats.

3. Conditions d'admission.

Les questions qui se posent tout naturellement au patron après la fixation du quantum, sont de savoir quelles classes d'ouvriers doivent être admis au partage, et suivant quelles règles il convient de faire la distribution entre les participants ainsi choisis. Ces deux problèmes vont être étudiés dans les chapitres sur « les conditions d'admission » et « les modes de répartition » (1).

Pour les résoudre, les patrons auront à tenir compte de deux

(1) Ils ont une grande connexité entre eux, car des raisons analogues dictent au patron telle classification des ouvriers en participants et non participants, et tel classement des participants entre eux. Cependant nous les envisageons séparément, car la sélection des ouvriers dont on veut faire ses associés, et leur classement, sont deux questions qui logiquement se suivent, et en fait, les applications de la deuxième sont plus variées et plus nuancées.

considérations de fait : c'est que, étant donné un quantum fixe à partager, la part de chaque participant, c'est-à-dire l'efficacité de la participation aux bénéfices diminue lorsque le nombre des co-partageants augmente, et d'un autre côté la portée sociale d'une participation trop peu extensive est à peu près nulle. Il est très délicat de combiner en une solution harmonieuse et également éloignée de ces deux dangers une proportion de participants suffisante et une quote-part individuelle efficace.

Une idée générale domine tout ce chapitre : le patron n'associera ses ouvriers à ses bénéfices que dans la mesure où ces auxiliaires seront susceptibles de le dédommager de son sacrifice.

Mais comment faire ce choix ? Deux méthodes s'offrent à lui. La plus simple est d'apprécier lui-même le mérite de chaque ouvrier, et d'admettre ceux qu'il juge dignes. C'est le système de l'arbitraire. Une seconde méthode consiste à poser des conditions générales d'admission, et à s'obliger dans chaque cas particulier à observer sa propre loi. De ces deux systèmes, le premier a l'avantage d'être plus simple et de se mieux prêter aux subtilités des choses, mais le second, pour être plus rigide, offre plus de garanties.

On trouve çà et là des exemples d'admission réglés par le patron, qui donnent les meilleurs résultats. Il n'est peut-être pas trop téméraire de les attribuer à la valeur personnelle du patron qui s'est fait ainsi juge des admissions, et à l'entière confiance qu'inspirent ses décisions. Tel est le cas de la maison Balland à Genève. M. Balland attribue la moitié du quantum d'après sa libre appréciation, l'autre moitié étant répartie entre tous les ouvriers qui ont plus de deux ans de services. Grâce aux fréquents rapports qu'il a avec ses quatre-vingts ouvriers, il arrive à connaître leur mérite personnel, sans avoir besoin de recourir aux appréciations des contremaîtres et peut dresser avec justice chaque année la liste des ouvriers entrés depuis moins de deux ans qu'il importe d'admettre à la participation, et des ouvriers entrés depuis plus de deux ans, dont il convient d'augmenter la part. Cette taxation arbitraire ne provoque aucune jalousie, car les ouvriers exclus en reconnaissent eux-mêmes la justice.

Il n'en est pas de même dans une usine des environs de Sarrebrück (directeur, M. Bœkling). Ce sont des hauts-fourneaux et fonderiesoù deux mille ouvriers sont employés. Outre une prime fixe donnée aux fondeurs de plus de vingt-cinq ans de services, une certaine participation aux bénéfices (à quantum fixe, mais non public) est répartie entre les ouvriers et contremaîtres qui en sont jugés dignes. Mais, d'après ce que nous disait un des membres autorisés du cercle ouvrier de Sarrebrück, malgré la haute estime qu'ils ont pour M. Bœkling, les ouvriers sont mécontents de cet arbitraire. M. Bœkling ne peut pas se rendre compte par lui-même du mérite de chacun et est obligé de s'en rapporter aux contremaîtres. Ceux-ci se laissent quelquefois guider par des considérations personnelles, étrangères au travail. « Il en résulte », nous disait cet ouvrier, « un aplatissement de l'ouvrier devant ses chefs, beaucoup plus qu'un bon travail. »

Ces deux exemples autorisent, sinon une conclusion générale, du moins une remarque.

Dans un petit atelier où il y a entre patrons et ouvriers des rapports personnels, la confiance réciproque et, dans une certaine mesure, le contrôle des décisions par le personnel tout entier, rendent le système du libre choix possible et bon. Dans un grand atelier, le justiciable est trop loin de son juge, et la défiance devient naturelle et elle peut être fondée.

On trouve quelquefois le choix des participants confié à un comité ouvrier, ou à l'assemblée générale des participants, notamment dans la maison Petillat ; comme le quantum à répartir est fixe, l'intérêt des juges est de se montrer sévères sur les admissions et de choisir pour co-associés de bons travailleurs. Aussi leurs jugements sont-ils généralement équitables (1). Cette admission des participants par leurs camarades est un des avantages que

(1) On a vu pourtant des cas où les décisions des ouvriers étaient déterminées par d'autres mobiles que la stricte et sévère justice. Dans la maison Balland dont il vient d'être parlé, l'admission des participants était autrefois votée par l'assemblée des ouvriers. Chaque ouvrier donnait une boule blanche ou noire selon qu'il jugeait le candidat digne ou non. La majorité des boules blanches entraînait l'admission. Or, il arriva que lors du dépouillement du scrutin, les jolis garçons et les jolies filles emportaient presque tous les suffrages et que les déshérités de la nature voyaient tous leurs droits méconnus. M. Balland dut supprimer le suffrage universel et devint seul juge.

présentent les comités, nous y reviendrons plus loin. Il faut ajouter d'ailleurs que ce système n'est possible que s'il y a entente entre la direction et le personnel.

La deuxième méthode est la plus usitée et la plus conforme au caractère contractuel de la participation aux bénéfices. Le patron pose à l'entrée de la participation des conditions d'ordre général. Suivant les circonstances, le genre de travail, en un mot suivant l'influence que l'ouvrier peut avoir sur la production, il tiendra compte de l'importance de la fonction, de l'ancienneté ou des deux à la fois (1).

1° La fonction de l'ouvrier est souvent le seul élément pris en considération. Les directeurs participent aux bénéfices d'une manière à peu près générale ; les employés de la direction sont rarement admis au partage des profits ; au contraire ce droit est très souvent reconnu aux contremaîtres et aux employés ordinaires ; enfin au bas de l'échelle, les ouvriers sont souvent répartis en plusieurs classes. Dans un grand nombre de cas, il est fait une distinction entre les ouvriers responsables de leur travail et ceux qui ne le sont pas, les chefs de métier et les aides. A tous les degrés de la production la raison est la même. L'ouvrier qui a de l'influence sur les bénéfices nets doit être stimulé, tandis qu'il importe peu d'encourager le manœuvre. Ainsi dans les industries où, à côté des journaliers, il y a des artisans à leurs pièces, ces derniers seuls sont généralement intéressés. Dans la poterie de M. Michel, à Nyons (Suisse), le directeur nous dit que les ouvriers façonniers, tourneurs et mouleurs, dirigeant eux-mêmes leur travail, sont seuls associés aux profits. Ils ont sous leurs ordres deux aides payés par l'ouvrier et non participants. Dans la maison Thuillier frères (fabrique de plomberie, couvertures, eau et gaz), sur trente-quatre ouvriers et employés, il n'y a que quinze participants ; ce sont des compagnons ayant à leur service des aides ou garçons qui exécutent leurs ordres. Ceux-ci ne sont que des manouvriers et peuvent du jour au lendemain être remplacés. Les compagnons vont à domicile poser des appa-

(1) Nous n'avons pas l'intention d'entrer dans les détails des nombreuses combinaisons diverses auxquelles ces conditions donnent lieu et nous n'étudierons ces différentes tendances que dans leurs expressions les plus simples,

reils et peuvent rebuter ou attirer la clientèle par la manière dont ils s'acquittent de leur travail. Ici la valeur professionnelle se complique d'un rôle de confiance. C'est également à raison du caractère plus ou moins délicat des fonctions, que le personnel de la compagnie de navigation du lac Léman a été séparé en deux catégories, l'une qui participe aux bénéfices, l'autre qui n'y participe pas. A la première, appartiennent les capitaines, pilotes, mécaniciens, comptables, enfin tous ceux qui ont dans leurs fonctions une part de responsabilité, soit soixante employés environ sur cent soixante. Les autres, débardeurs, pontoniers, matelots sont considérés comme de simples unités abstraites (1).

2° Là où l'atelier est divisé par la nature du travail en différentes catégories d'ouvriers, il est très logique de s'attacher à cette condition. Mais dans les filatures, les fabriques de tissus, teintureries, etc., où tous les ouvriers manuels ont un travail analogue, et toutes les fois que le travail, sans être identique, ne se hiérarchise pas comme dans les fabriques de glaces, de machines, dans les fonderies et hauts-fourneaux, etc., les termes du problème à résoudre diffèrent. Il convient alors de chercher une autre base d'appréciation de la valeur de l'ouvrier. Cette nouvelle condition d'admission est l'ancienneté.

On a déjà vu, en étudiant les primes, que l'ancienneté dans la maison est généralement considérée comme une qualité de l'ouvrier. Le vieil ouvrier a l'expérience des traditions de la maison, la confiance du patron, et il assure la stabilité du travail au milieu du mouvement de va et vient des jeunes. Enfin, dans le commerce, il a parfois la confiance personnelle d'une clientèle habituée à ses services et il ajoute ainsi à sa propre valeur d'ouvrier celle de l'achalandage qui repose sur sa tête. Aussi la plupart du temps, le patron est-il intéressé et disposé à faire profiter de ses bénéfices « les forces anciennes et éprouvées de l'établissement (2) ».

(1) Cette classification s'accuse d'une autre manière encore : les employés supérieurs seuls sont gardés et payés comme de coutume pendant la morte saison ; le reste du personnel est remercié, la compagnie ne sera pas en peine d'en retrouver l'équivalent à l'ouverture de l'été.

(2) (Trombert, *Guide pratique*), note de M. Lalanne sur l'organisation de la participation aux bénéfices en 1871, chez MM. Schaeffer-Lalanne et Cie.

Il est difficile de résoudre théoriquement le problème de la longueur du stage à imposer aux ouvriers avant de les admettre comme participants. Nous allons examiner diverses solutions qui ont été données dans la pratique et nous les accompagnerons de quelques remarques.

En fait, les conditions du stage varient beaucoup : dix, cinq, trois, deux ans. Quant au stage d'un an et d'une durée moindre, il peut être considéré comme un simple moyen de ne pas compliquer la comptabilité de la participation aux bénéfices et nous rangerons les maisons qui l'exigent à côté de celles qui font participer la généralité de leurs ouvriers.

Dans le comptoir d'Escompte de Rouen, les employés autres que les fondés de pouvoirs et les chefs de service ne sont admis à la participation aux bénéfices qu'après un stage de dix ans.

Dans la fabrique de papiers et de chaudières de la société de Naeyer à Willebrook (Belgique) le stage est de cinq ans (1). Enfin, on trouve un stage de trois ans dans de très nombreuses entreprises, par exemple dans l'imprimerie Chaix, chez MM. Barbas, Tassart et Balas.

Les maisons Monduit, Delalonde nous offrent, entre beaucoup d'autres, la pratique du stage de deux ans.

Cette grande variété de conditions de stage montre que le besoin que l'on a de vieux ouvriers et le moyen de se les attacher, varient beaucoup d'une industrie à l'autre, d'un milieu social à l'autre.

On remarque généralement que les conditions de stage sont plus longues là où le milieu est plus stable. De fait, dans les milieux ouvriers plus mobiles, l'exigence d'un stage un peu prolongé aurait pour effet de rendre impossible le fonctionnement de la participation aux bénéfices. Ainsi les rares établissements qui, en Angleterre et aux Etats-Unis, pratiquent la participation aux bénéfices ont eu soin de ne pas inscrire l'ancienneté dans leurs conditions d'admission. Dans la banque de Rouen, l'employé débutant est considéré comme n'ayant aucune valeur professionnelle : il sait ce que tous les employés savent, c'est-à-dire

(1) Il en était de même dans la fabrique de M. Besselièvre lorsque la participation aux bénéfices y était en vigueur.

rien d'immédiatement utile ; tant qu'il ne sera pas parfaitement au courant des affaires de la maison, le patron n'aura donc aucun intérêt spécial à se l'attacher. D'autre part l'employé n'a aucune envie de perdre sa place : le personnel de bureau est généralement stable. Chez M. de Naeyer, l'éloignement de tout centre ouvrier, les nombreuses institutions économiques qui rendent la vie plus confortable qu'ailleurs malgré des salaires très réduits, les longues traditions de la maison ont assuré à l'établissement une stabilité telle que sur deux mille ouvriers il y en a plus de

On est d'abord frappé de voir combien les exemples d'une pareille participation sont rares. D'après les renseignements que nous avons pu recueillir et d'après nos propres observations, ce problème de l'extension de la participation aux bénéfices à tous les ouvriers soulève les difficultés suivantes.

En premier lieu, on risque de donner un droit d'association à des ouvriers ambulants, inexpérimentés, ou que le patron lui-même n'a voulu embaucher que pour une période courte. Sans doute dans les industries où le travail n'exige pas une capacité professionnelle spéciale, l'ouvrier débutant est, au point de vue de l'exécution du travail, presque sur le même pied que les anciens. Mais, alors même, la trop courte durée des services paraît devoir être une cause d'exclusion de la participation. Dans un atelier, l'ouvrier qui part après quelques jours de travail,.ne procure au patron qu'un petit profit, et, si le fait se généralise, comme dans l'usine de M. Klein Hundt à Dusseldorf, cette instabilité devient une cause d'irrégularité dans le travail et de pertes.

L'instabilité est un obstacle à la participation aux bénéfices généralisée, alors même qu'elle résulte d'embauchages de courte durée. L'échec de M. Baur, entrepreneur de bâtiments à Zurich, montre sur le vif le danger. Des maçons, Italiens et Tyroliens pour la plupart, viennent chaque printemps chercher du travail en Suisse et retournent dans leur pays à l'entrée de l'hiver. M. Baur avait établi la participation aux bénéfices au profit de ces ouvriers, espérant les garder d'une année à l'autre. La participation aux bénéfices a échoué ; elle s'est transformée en une gratification donnée à un petit groupe d'ouvriers, fidèles à chaque nouvel embauchage. Nous nous sommes aperçus à nos dépens, nous dit M. Baur, qu'il ne convenait point de nous associer des ouvriers de passage, « d'intéresser à nos affaires des gens qui ne s'y intéressaient nullement ».

Au surplus, presque tous les statuts stipulent avec raison l'obligation pour l'ouvrier d'avoir travaillé pendant l'année entière. Il y a pourtant des ateliers, comme ceux de M. Leclaire et de son disciple M. Freese, où, pour une seule heure de travail, l'ouvrier reçoit une part de bénéfices à la fin de l'année. Il paraît difficile d'expliquer cette anomalie autrement que par le désir de réaliser la participation dans toute la pureté de sa théorie. Et on sait que ce n'est pas spontanément, mais à la suite d'une boutade sarcastique d'un ouvrier socialiste, que Leclaire fut conduit à donner à son système une extension qui le rendrait impraticable dans presque tous les établissements (1).

En second lieu, dans les métiers où le travail est difficile et exige de la part de tous les ouvriers une valeur professionnelle, cette valeur est un élément de succès bien plus important que l'ancienneté ; et la participation aux bénéfices extensive peut être essayée (2). Mais on ne la voit réussir que là où le contrôle du travail est sévère, et où le danger de récompenser de mauvais ouvriers est écarté.

Le contrôle est très efficace dans les petits ateliers où le patron peut se rendre compte des qualités d'un ouvrier dès son premier travail. Il n'hésite pas à se débarrasser sur le champ de ceux dont il n'apprécie pas le concours (3).

Enfin dans certains grands ateliers où le contrôle du patron n'est plus possible, les conditions du travail elles-mêmes se chargent de sélectionner les bons et les mauvais ouvriers. Ainsi en est-il dans le grand atelier de construction de machines de Halle. Les cinq cents ouvriers sont admis à la participation

(1) Jusqu'en 1871, n'étaient admis à la participation que les ouvriers formant le personnel permanent. Mais en 1871, un ouvrier socialiste dit un jour à Leclaire : « Votre maison n'est qu'une boîte de petits patrons qui exploitent les autres ». Leclaire sentit la force de cette critique et résolut de généraliser la participation aux bénéfices. Il en est de même chez M. Freese où les ouvriers, partant d'une idée égalitaire, ont eux-mêmes voté l'extension de la participation à tous les ouvriers de passage, alors que le patron n'avait pas voulu prendre l'initiative d'une pareille extension.

(2) On remarque que, dans ces ateliers, la participation se joint à de hauts salaires.

(3) Dans les grands ateliers où le patron a l'œil sur chacun de ses ouvriers, il peut en être de même. La maison Bollinckx (ateliers de constructions mécaniques) à Bruxelles, en est un curieux exemple : la participation aux bénéfices extensive réussit grâce au contrôle très perspicace que le patron exerce sur le choix de ses collaborateurs. Il est de règle que tous les ouvriers soient pris parmi les apprentis. Or, M. Bollinckx fait venir chaque année de la campagne quelques jeunes gens et les forme lui même au travail de précision des machines. Ceux qui se montrent incapables sont renvoyés à leurs champs. M. Bollinckx connait la valeur personnelle de chacun de ses trois cents ouvriers et les admet tous à la participation.

dès la première année. La raison en est que, le travail étant très intense et les salaires aux pièces très élevés, les ouvriers médiocres ne peuvent pas y rester. Les conditions du travail et du milieu ont rapidement fait le triage.

Nous venons de montrer les dangers de l'extension de la participation à tous les ouvriers en dehors de certaines conditions. Mais il est difficile de poser une règle générale et les tâtonnements de la pratique seront souvent le meilleur guide.

« On ne saurait étendre, dit M. Lalande, les avantages de la participation à tout le personnel que dans les maisons où les ouvriers sont peu nombreux et les bénéfices considérables. Les établissements, par contre, qui occupent beaucoup de travailleurs, tels que les filatures, les tissages, les fabriques de machines, ne peuvent associer à leurs bénéfices qu'un nombre déterminé d'ouvriers choisis, autrement elles auraient à supporter des charges trop grandes, ou ne pourraient allouer que des parts individuelles trop petites : conditions qui enlèveraient toute efficacité à l'institution (1). »

On trouve çà et là des conditions d'admission variées venant s'ajouter à celles que nous venons d'énumérer. Ainsi, dans plusieurs maisons, notamment chez MM. Chaix, Delalande, Barbas-Tassart et Balas, les ouvriers doivent demander eux-mêmes à profiter de la participation aux bénéfices. C'est un signe que l'ouvrier prend intérêt à l'institution et a l'intention de se fixer à l'usine.

Une autre condition se rencontre aussi dans quelques établissements, notamment chez M. Godchaux, imprimeur à Paris, chez M. Fourdinois, fabricant d'ameublements d'art à Paris, etc. L'ouvrier doit faire partie d'une caisse de secours avant d'être admis comme participant. Cette condition se comprend très bien. On ne veut pas que l'ouvrier, après avoir gaspillé sa part de participation, se trouve dans le dénuement en cas de maladie et tombe

---

(1) On peut à bon droit s'étonner que la Chambre des députés ait purement et simplement *supprimé* le 3ᵉ paragraphe de l'article du projet de loi sur les coopératives et la participation, voté par le Sénat en 1894. — § 3 : « Les ouvriers ou employés non associés ne seront admis à la répartition que s'ils ont au moins un an de présence dans la société. Celui ou ceux qui entreront dans l'entreprise ou la quitteront au cours d'un exercice perdront tous droits aux bénéfices dudit exercice. »

peut-être à la charge du patron. Le produit de la participation
sera grevé du meilleur des impôts, celui dont l'ouvrier profite
directement.

4. Répartition entre ouvriers.

Le bénéfice net résultant de la production a, jusqu'ici, fait l'objet d'un premier partage entre le capital et le travail. Nous connaissons les noms des associés; il reste à faire entre ces ayants
droit une équitable répartition.

Si déjà la division des bénéfices entre le travail et le capital
est une opération délicate, dans laquelle on est exposé à ne point
donner au travail la part qui lui revient, l'attribution finale à chaque ouvrier individuellement est plus minutieuse encore ; les
erreurs y seraient plus graves car nous touchons aux points les
plus sensibles du cœur humain : il faut ménager l'intérêt personnel,
et éviter les froissements de la jalousie, ou plutôt de ce profond
besoin d'une parfaite justice dans la rémunération du travail. La
question de la répartition des bénéfices entre ouvriers est donc
capitale.

Parfois le patron avant de fixer la part de chaque ouvrier fait
un premier partage entre les différents ateliers de son usine.
Cela n'est possible que dans les industries où la fabrication se
sépare en plusieurs services indépendants. Chaque atelier vient
concourir aux bénéfices globaux en proportion des profits qu'il
a produits séparément. Ce calcul intermédiaire rend tangible
pour l'esprit de l'ouvrier la relation qui existe entre son travail
et le bénéfice, et par là même augmente le stimulant.

Mais il n'est possible que si le produit, dans les différentes
phases de sa production, peut être coté au cours du marché.
Ainsi, dit M. Fourdinois, fabricant de meubles, « un siège se
compose de nombreux éléments, bois, découpures, menuiserie,
sculpture, garniture d'étoffe, passementerie. Je connais exactement le prix de revient et le prix de vente d'un siège terminé,
mais je ne peux évaluer le compte de profit de chaque élément et
je suis obligé de faire un ensemble du tout » (1).

(1) Communication de M. Fourdinois à son personnel, 1873.

Il en est autrement par exemple dans l'industrie du bâtiment. L'entreprise peut se partager en un certain nombre de chantiers distincts et indépendants. Le chantier est une unité, il a des ouvriers spéciaux et son compte spécial. Le quantum que le patron se propose de répartir peut donc être distribué suivant les bénéfices de chaque chantier. On peut de même décomposer en différents services une fabrique de papier. On en trouve un exemple chez M. Laroche-Joubert et Cie, à Angoulême, où les bénéfices sont répartis entre ateliers (1). Afin de maintenir une certaine égalité entre les ouvriers des différents ateliers, la part qui revient à la main-d'œuvre dans chacun d'eux est variable. On évite ainsi la jalousie qui peut résulter d'une trop forte inégalité entre les parts individuelles (2).

M. Dubois, sous directeur de l'imprimerie Chaix, propose pour arriver à une répartition équitable entre ateliers de distribuer le quantum pendant les deux ou trois premières années à raison d'un tant pour cent des salaires sans distinction entre les ateliers. Lorsque l'expérience aura montré à quel pourcentage de salaires

---

(1) La fabrication du papier se subdivise en services de fabrication proprement dite et services de façons. Ces deux services se subdivisent eux-mêmes en différentes branches. Au 30 septembre, chacune fait son inventaire. On évalue les produits à la sortie au cours du jour ; on en déduit le prix des matières premières à l'entrée, le prix de fabrication (salaires, quote-part de frais généraux, etc.) et cinq pour cent d'intérêt au capital. La différence constitue le bénéfice de l'atelier et elle donne lieu à une première répartition à laquelle s'ajoutent les 40 pour cent du bénéfice global attribués au personnel exploitant.

(2) Dans la maison Chaix, l'atelier de librairie avait été séparé de celui de l'imprimerie au point de vue de la participation aux bénéfices et le même quantum avait été fixé pour chacun d'eux. Or, il arriva qu'en raison des bénéfices et du petit nombre d'employés de la librairie, les parts de ces derniers furent hors de proportion avec celles de leurs camarades. Ceux-ci réclamèrent la réunion des deux comptes en un seul, et M. Chaix dut introduire dans les statuts une clause, par laquelle le maximum de la participation individuelle était fixé à un quart des salaires. En 1881, M. Chaix réunit les services de la librairie et de l'imprimerie. Si un service travaille à perte, le système des comptes séparés présente d'autres inconvénients, car l'ouvrier de ce service verra d'un mauvais œil un patron retirer des bénéfices de l'ensemble de l'affaire, tandis que lui ne participera qu'aux mauvaises chances.

s'élève la part de bénéfices attribuée aux ouvriers, il verra quelle
est la moyenne du quantum dans chaque atelier. Dans celui où il
y aura peu d'ouvriers et beaucoup de bénéfices nets, ce quantum
moyen sera peu élevé, et inversement. Cette base une fois fixée,
chaque atelier vivra désormais d'une vie indépendante et l'augmentation ou la diminution de ses bénéfices profitera ou nuira
à lui seul.

La répartition entre ateliers fait faire un pas à la répartition
individuelle, elle ne l'achève pas. Il reste à se demander quelle
sera en définitive la part de chacun.

La solution la plus simple et la moins contractuelle est celle de
la libre appréciation du patron.

On remarquera que ce système est généralement appliqué à
l'égard des employés ; en effet, ils travaillent sous les yeux du
patron et peuvent être appréciés à leur juste valeur. D'ailleurs,
il n'y a aucun point de repère qui puisse faire la base d'une règle
de répartition. Leurs appointements sont indépendants de la
quantité ou de la durée du travail, et représentent les services
qu'on attend d'eux et non les services rendus. L'ancienneté elle-
même n'est pas toujours un critérium de l'influence que l'employé
exerce sur la production. Dans la Compagnie générale transatlantique, les employés de chaque agence ont une part fixe et une
part arbitrée par le patron. Chez MM. Steinheil et Rothau, le
directeur a la faculté de répartir entre les employés quatre pour
cent à prendre sur les dix pour cent qui forment le quantum réservé au personnel. Il en est de même dans la fabrique de feuilles
d'étain du Dr Morgenstern à Porcheim (Bavière).

Le système de la répartition arbitraire s'étend quelquefois aux
ouvriers. Mais ici on commence à apercevoir des règles fixes qui
ont pour objet de réduire les chances d'erreur et assurent aux
intéressés une certaine garantie. Ainsi, dans les petits ateliers, il
est donné des notes à intervalles rapprochés suivant le travail de
chacun. Telle est la pratique chez MM. Nayrolles et Petillat.

Dans les grands ateliers les notes du patron sont quelquefois
combinées avec celles des contremaîtres et des chefs d'atelier, il
est fait une moyenne de ces trois coefficients ; c'est la « moyenne
de mérite » qui, espère-t-on, équilibre les chances d'erreur provenant de l'ignorance du patron et de l'injustice des chefs infé-

rieurs. Tel était autrefois le système en usage dans l'usine de
M. Lombard (aujourd'hui Menier) (1).

Généralement le système de l'arbitraire est remplacé par des
règles fixes de répartition. L'ouvrier y trouve plus de garanties ;
et il semble que celles-ci lui seront encore plus nécessaires que
dans les conditions d'admission, car il s'agit de classer chacun
suivant son mérite. Les règles de répartition varient suivant le
point de vue où se place le patron pour apprécier les qualités de
l'ouvrier.

On peut d'abord admettre le principe d'une égale répartition
entre tous les participants. Ce premier système est l'antithèse de
celui de l'arbitraire, mais il risque pour d'autres raisons de ne
pas être plus juste que lui. Il est usité dans le cas où le produit
de la participation aux bénéfices est versé dans un fonds de
prévoyance collectif tel qu'une caisse de secours, de retraites,
etc. (2). Tout participant est appelé au même titre à profiter
éventuellement de la caisse. Ainsi en est-il chez M. Godchaux
où tous les associés touchent à cinquante-cinq ans d'âge et vingt
ans de service une pension fixe de mille francs, chez le Dr Morgenstern, etc.

Les exemples d'égalité dans la répartition *en espèces* sont moins
fréquents. En effet il semble que, si le mode d'emploi prévoyant
peut répondre à un intérêt collectif, la participation aux bénéfices
versée en espèces soit nécessairement une prime au travail présent
et par suite qu'elle doive être proportionnée au mérite de chaque
ouvrier.

Mais il n'en est pas toujours ainsi et pour plusieurs raisons. Le
salaire aux pièces et même le salaire à la journée peuvent tenir
un compte très exact, dit-on, du mérite de chaque ouvrier ; la
participation aux bénéfices ne vient pas s'y ajouter à titre de
prime individuelle ; elle ferait double emploi avec le salaire. Elle
est dans ce cas une récompense collective et répond au bon esprit, à l'assiduité, à l'absence de grèves, à toutes les choses enfin
qu'il faut non seulement obtenir des bons ouvriers, mais aussi et
surtout des mauvais. Cette méthode est suivie par la maison

(1) La participation n'existe plus depuis longtemps dans la maison
Lombard-Menier.

(2) Voir *infra* le paragraphe relatif aux modes d'emploi.

Saunier, peinture et vitrerie à Paris, et par M. Bollinckx à Bruxelles (1).

Dans ces systèmes, la participation aux bénéfices est attachée au
seul titre d'ouvrier. Voici maintenant les règles au moyen desquelles
on s'est efforcé de récompenser chacun d'après l'influence spéciale
qu'il a sur les bénéfices.

Le patron peut envisager le mérite de ses ouvriers à trois points
de vue différents. Ou bien, il s'en rapportera au chiffre du salaire,
ou bien il tiendra compte de l'emploi, enfin il considérera l'ancienneté.

La répartition qui semble la plus naturelle est celle qui est proportionnelle au salaire. En effet, le salaire peut être considéré
comme l'expression exacte du mérite de chacun, surtout lorsqu'il
est à la tâche, ou accompagné de primes ou de sursalaires. Nous
croyons même qu'il faut tenir compte des gratifications et autres
allocations variables que l'ouvrier reçoit en plus de son salaire
courant et qui sont la récompense d'un mérite spécial (2).

Quelques patrons ont voulu perfectionner cette répartition
en la rendant progressive. Ils estiment que la valeur du bon
ouvrier est toujours supérieure à la rémunération qu'il reçoit. Or
la participation aux bénéfices a été précisément créée pour re-
dresser les imperfections inhérentes au régime du salariat, et res-
serrer les liens qui unissent ouvrier et patron dans la production.
Sa répartition doit donc s'inspirer de ce but. On réalise cette pensée en multipliant le salaire par un coefficient progressif. Ainsi
en est-il chez M. Van Marken, à Delft. Les 10 0/0 des bénéfices
annuels sont répartis au prorata des salaires avec des coefficients
égaux à 1/2, 3/4, 1, 1 1/2, 2, suivant celle des cinq classes à
laquelle appartient l'ouvrier. Chez M. de Naeyer et Cie, la somme
à distribuer est divisée en parts égales. 2 parts 1/2 reviennent aux ouvriers dont le salaire minimum est de 5 francs par

(1) M. Bollinckx alléguait une raison, spéciale aux ateliers où le
travail se fait par équipe (coulée de la fonte). L'ouvrier, disait-il, cherchera
à se donner moins de peine que ses compagnons, si ces derniers sont plus
intéressés que lui à l'achèvement du travail.

(2) MM. Chaix, Delalonde, Monduit, etc, en ont décidé autrement. Peut-
être est-ce pour ne pas faire d'un supplément de salaire l'objet d'un nouveau supplément, *Non bis in idem*, ou est-ce pour ne pas retomber dans l'arbitraire qu'on a voulu éviter en établissant des règles fixes de répartition?

jour, 2 parts à ceux dont le salaire est de 4 à 5 francs, 1 part 1/2 pour les salaires de 3 à 4 francs, et 1 part pour les salaires en dessous de 3 francs.

Le seul fait que les patrons ont été conduits à multiplier les salaires par des coefficients progressifs, atteste que le chiffre de ces salaires n'est pas toujours à lui seul le critérium du droit de chacun dans les bénéfices. Aussi bien, les patrons ont-ils trouvé souvent plus simple de laisser de côté le salaire et de ne s'attacher qu'à la fonction. De même que les employés et chefs d'atelier sont parfois seuls admis à la participation aux bénéfices, souvent aussi ils ne concourent pas sur le même pied que les ouvriers inférieurs au partage des bénéfices, et il est tenu compte de leurs situations respectives.

Il y a deux manières de leur constituer ce privilège. Ou bien l'on fixe deux quantum séparés : c'est le mode le plus généralement adopté. On le retrouve notamment chez M. Freese à Berlin, où 5 0/0 sont répartis entre six employés et deux contremaîtres, et 5 0/0 entre les 80 ouvriers (1). Ou bien on répartit les bénéfices au marc le franc des salaires ou traitements, en multipliant le résultat par un coefficient déterminé suivant la fonction. Ainsi dans la Compagnie d'assurances l'*Union*, les chefs et sous-chefs de bureau participent les premiers pour deux fois, les seconds pour deux fois 1/2 leurs appointements. Dans la Compagnie *la Providence*, les traitements des chefs et sous-chefs de bureau et des inspecteurs sont de même majorés fictivement.

L'ancienneté est, comme nous avons eu l'occasion de le voir, une qualité de l'ouvrier. Elle est souvent une condition d'admission : elle est aussi un mode de différenciation entre participants, surtout lorsqu'ils ont le même emploi.

Elle forme le seul élément de répartition entre les ouvriers du grand atelier de construction de machines de Halle. Par chaque marc de dividende distribué aux actionnaires, les ouvriers reçoivent deux marcs après un an de service, trois marcs au bout de deux ans, quatre après trois ans. Les salaires n'entrent pas en ligne de compte. On trouve peu d'exemples d'un pareil système,

(1) Dans la maison Gayet-Pérignon, entrepreneur de plomberie et cuivrerie d'art, les agents de la 1re classe touchent 1 0/0 du bénéfice, ceux de la 2e 1/2 0/0, ceux de la 3e 1/4 0/0.

surtout dans les industries qui demandent une habileté professionnelle de la part de l'ouvrier ; l'ancienneté n'y est pas un signe suffisant du mérite. L'exemple de Halle serait inexplicable sans les
conditions très spéciales où se trouve cet établissement (1).

Il est au contraire fréquent de voir l'ancienneté se superposer
au salaire. Il ne convient pas en effet qu'un ouvrier, si habile soit-
il, ne puisse pas atteindre le même taux de bénéfices qu'un ouvrier
ancien. Le patron est intéressé à encourager l'un et l'autre. Il y a
différents procédés employés dans la pratique pour atteindre ce
but : on divise les bénéfices à répartir en deux parts suivant une
certaine proportion. L'une de ces parts est distribuée au prorata
des salaires, l'autre suivant le nombre d'années de service. Cette
première méthode est appliquée, notamment dans les ateliers de
M. Lefranc, imprimeur à Paris et de M. Mermod, horloger à
Ste-Croix (Suisse). M. Tuleu divise en deux le bénéfice à répartir : une moitié est distribuée proportionnellement à toutes les journées de travail des ouvriers depuis leur entrée dans la maison ; la
deuxième moitié est répartie entre les salaires gagnés depuis la
même époque. L'ancienneté est ainsi comptée deux fois (2).

Une deuxième méthode consiste à réserver une partie du quantum aux seuls ouvriers qui ont atteint un certain temps de service.
Telle est la pratique chez MM. Chaix et Gounouilhou : chez ce dernier, les ouvriers ayant sept ans de service ont droit à un tiers de
la participation aux bénéfices. Enfin souvent les salaires sont majorés fictivement au moyen de coefficients variables suivant le
temps de service, et la répartition a lieu au prorata des salaires
ainsi majorés. Tel est le cas dans la maison Bréguet pour les ouvriers.

(1) Les salaires sont très élevés, et suffisent à attirer et à retenir les
ouvriers laborieux. De plus le socialisme ayant beaucoup d'adeptes, et la
participation aux bénéfices ayant entre autres buts celui de le combattre, les directeurs ont voulu intéresser d'une manière égale tous leurs
ouvriers stables. C'est une concession aux tendances d'esprit de ce milieu.

(2) Il est à remarquer que généralement on fixe un maximum d'années
au delà duquel on ne tient plus compte de l'ancienneté. Le chiffre varie
de dix à vingt ans. Cette limitation se comprend très bien, car il arrive
un moment où non seulement l'ouvrier n'acquiert plus de valeur proportionnellement à ses années de service, mais où il décline.

Quelquefois les trois éléments qui servent de base aux différents modes de répartition se trouvent combinés. La fonction sert à différencier les mérites d'ouvriers de catégories différentes : le salaire et l'ancienneté servent dans chaque catégorie à achever la classification. Nous trouvons des exemples de ce mode de répartition chez M. Leclerc, fabricant de meubles et lits, à St-Dizier.

On trouve quelquefois des variétés de répartition qui tiennent compte d'autres éléments de bénéfices tels que l'assiduité. Ainsi M. Gaiffe combinait autrefois le nombre d'heures de travail, le salaire et l'ancienneté.

Enfin on voit parfois intervenir des facteurs absolument étrangers au travail. Ainsi, chez M. Winckler, libraire à Leipzig, les célibataires touchent une part moins élevée que les hommes mariés. De pareilles distinctions sortent du cadre de cette étude.

5. Les modes d'emploi.

Quel emploi faire de la part des bénéfices qui revient à chaque ouvrier ? Il semble que cette question ne doive pas se poser. L'ouvrier n'est-il pas naturellement maître de disposer du salaire et des primes qui sont le fruit de son travail ?

C'est ici que la participation aux bénéfices se distingue du sursalaire ordinaire et qu'on voit son but original se dégager nettement : l'amélioration de la condition du travail par l'amélioration du sort des travailleurs. Or le but de la participation aux bénéfices étant ainsi précisé, il s'agit de savoir quel mode d'emploi lui est le mieux approprié. Mgr Korum, évêque de Trèves, ancien ouvrier mineur, avec qui nous eûmes l'honneur d'avoir un entretien, nous déclarait qu'à ses yeux la valeur de la participation aux bénéfices tenait à son emploi même : enseigner à l'ouvrier l'épargne, combattre les vices de son éducation économique, telle paraît être à l'éminent évêque la réforme la plus pressée à entreprendre. Si la participation aux bénéfices ne s'en inspire pas, elle n'aura pas été utile à l'élévation morale de l'ouvrier.

Le point de vue moral auquel se plaçait un évêque catholique est intimement lié au problème économique, et à ces deux titres il doit être une préoccupation constante de la part des industriels.

Il existe deux formes générales très distinctes de modes d'emploi :

Dans la première on considère la participation aux bénéfices comme un MOYEN, comme l'aliment d'une autre institution (caisse de retraite, de maladie) en laquelle elle se fond et disparaît.

Dans la deuxième la participation aux bénéfices est à elle-même sa propre FIN. En dehors de toute considération étrangère, le patron compte sur l'influence morale et la vertu éducatrice de cette institution ; les modes d'emploi ne prendront à ses yeux de l'importance, qu'en tant qu'il les jugera mieux aptes à fortifier cette influence morale et cette vertu éducatrice.

Étudions d'abord la participation aux bénéfices dans sa première fonction.

Certains patrons désireux d'annexer à leur usine des institutions patronales (Wohlfahrtseinrichtungen) hésitent à grever leurs frais généraux de subventions fixes. La Participation aux bénéfices leur apparaît comme le mode de dotation le moins dangereux. Le patron trouve un deuxième avantage à ce système : les ouvriers, sachant que cette dotation doit être gagnée, au lieu d'être acquise à tout événement, seront intéressés à accroître les bénéfices dans la mesure de leurs forces.

La participation aux bénéfices a donc permis de fonder et de soutenir des institutions de prévoyance qui sans elle n'auraient pas pu vivre. Une objection a souvent été faite contre ce système : Les diverses institutions de prévoyance sont de première nécessité, elles ne doivent pas s'alimenter à une source intermittente. Voici la réponse qui semble péremptoire : mieux vaut une caisse de prévoyance subventionnée avec des bénéfices que de n'en pas avoir du tout. Cette réponse est cependant loin de clore la controverse (1).

_____

(1) On peut objecter que les institutions patronales, en grevant les frais généraux, obligent le patron à se retourner d'un autre côté et à diminuer les frais de production, s'il veut réaliser les mêmes bénéfices qu'autrefois; mais ce raisonnement ne peut s'appliquer que 1° si les ouvriers sont organisés et peuvent forcer le patron à agir ; et dans ce cas, ils réclameront plutôt de hauts salaires que des institutions patronales ; 2° si une loi vient imposer cette charge, comme en Allemagne. — En dehors de ces cas, en effet, le patron n'étant pas contraint par une force plus puissante ne se croit

Parmi les patrons qui emploient les fonds de la participation en tout ou en partie à des œuvres collectives de prévoyance, on rencontre des industriels, qui, après avoir distribué des bénéfices au comptant à leurs ouvriers, ont trouvé avantage à changer de méthode. C'est ainsi que, d'après nos renseignements personnels, le Dr Morgenstern, fabricant de feuilles d'étain à Forchheim (Bavière), emploie aujourd'hui les 10 0/0 de bénéfices annuellement répartis à ses ouvriers à subventionner la caisse de maladie (autonome) de l'établissement (1), et l'apport du patron se trouvant ainsi supérieur à l'apport légal, les cotisations des ouvriers peuvent être réduites. Ce mode d'emploi succéda à une participation au comptant, qui, par suite de la diminution des bénéfices, ne donnait plus des parts suffisamment élevées.

Dans l'usine de M. Piguet, constructeur de machines à vapeur à Lyon, la participation a été également l'objet d'une transformation dans les modes d'emploi. Autrefois 15 0/0 des bénéfices étaient distribués individuellement au prorata des salaires. Depuis quelques années, le quantum est chaque année versé dans une caisse de retraites à l'effet de servir des pensions de 1 200 francs aux vieux ouvriers que leurs camarades proposent comme incapables de travailler (2).

On retrouve également chez plusieurs autres industriels, chez MM. Dieterlen et Steinheil à Rothau (Alsace) cette même évolution.

Elle est curieuse à constater, car on y voit des patrons, après

pas capable de supporter un accroissement de frais généraux et la participation aux bénéfices lui apparaît comme moins périlleuse.

(1) En Allemagne, d'après les lois d'empire, tous les ouvriers doivent verser à des caisses de maladie une certaine proportion de leur salaire, et les cotisations des patrons doivent être équivalentes. La retenue des salaires est déterminée chaque année par le conseil d'administration de la caisse, jusqu'à concurrence du maximum 4 0/0. Les agents du gouvernement vérifient chaque année l'état de la caisse et l'observation de la loi. Une caisse *autonome*, administrée en dehors de toute ingérence de l'État, ne peut être fondée que si elle offre aux ouvriers des conditions plus avantageuses.

(2) Les raisons de cette transformation ont été ici un but de prévoyance pour les ouvriers, et pour le patron un moyen de conserver dans son commerce les sommes attribuées aux ouvriers en attendant l'échéance des retraites.

quelques années d'expérience, faire dévier la participation aux bénéfices de son but originel, qui est d'être une institution distincte, autonome, le couronnement des œuvres de prévoyance et non le moyen contingent de les alimenter. On ne peut douter en effet qu'il y ait dans cet emploi des fonds au profit de la masse une véritable déviation des principes générateurs de la participation, un amoindrissement de son influence sur le travail personnel de l'ouvrier.

Dans une deuxième catégorie de modes d'emploi, le patron considère l'institution en elle-même, et non plus comme un moyen de se procurer des ressources pour annexer à son usine des œuvres de patronage. Dès lors, il sera disposé à remettre au comptant à chaque ouvrier la part qui lui revient dans les bénéfices ou, s'il ne le fait pas, l'affectation qu'il donnera à cette part aura surtout pour but d'accentuer la portée de la participation.

La solution la plus simple consiste à verser au comptant, entre les mains de l'ouvrier, sa part des bénéfices, telle qu'elle a été calculée d'après la répartition.

En général, l'ouvrier préfère à tout autre mode d'emploi cette remise immédiate en espèces et cela pour deux raisons principales : le désir de toucher de ses propres mains le fruit de l'effort qu'il vient de donner, et le sentiment d'indépendance vis-à-vis du patron.

L'ouvrier n'aime pas à faire un long crédit à son patron. L'effort lui coûte et il veut en être le plus tôt possible remboursé. De plus, il en connaît la valeur, et il reste sceptique sur la compensation qu'on lui promet, tant qu'il ne la voit pas réalisée en beaux écus « sonnants et trébuchants ». Il se défie des déchéances qui peuvent annuler rétroactivement tous ses droits. Même, si la déchéance est écartée des statuts, il ne se soucie guère d'une propriété dont il n'a ni la disposition, ni l'administration, ni, la plupart du temps, le droit de contrôler l'attribution. Aussi, certains patrons essaient-ils d'inculquer à l'ouvrier la foi en la participation aux bénéfices. Le paiement en espèces à la fin de l'année, ou, s'il est possible, tous les six mois, comme chez M. Nayrolles, réalise ce but (1).

(1) Les ouvriers de M. Borchert à Berlin avaient autrefois demandé que la participation aux bénéfices leur fût répartie tous les trois mois ; cette pré-

Parfois même certains industriels, désireux de dissiper entièrement tous les doutes et toutes les appréhensions de l'ouvrier, entourent le paiement en espèces, d'un cérémonial un peu enfantin. Autrefois Leclaire apportait un gros sac d'écus, aujourd'hui son disciple, M. Freese de Berlin, étale avec ostentation les pièces d'argent sur la table et invite nominalement chacun des ouvriers à venir recevoir sa part (1). L'effet de « cette distribution de prix », pour employer le mot de M. Leroy-Beaulieu, est, paraît-il, considérable.

L'ouvrier a le désir légitime de contempler et de « palper » les deniers qui récompensent son effort, et ce désir est encore accru par le peu d'attrait de l'épargne, dont le taux est trop faible pour le dédommager de ses privations présentes en le garantissant contre celles de l'avenir. Enfin, des habitudes funestes d'imprévoyance viennent accentuer ce besoin : l'emploi du produit de la participation est à l'avance escompté et dépensé ; le versement au comptant est le seul qui entre dans les vues au jour le jour de l'ouvrier imprévoyant.

La deuxième raison, qui porte l'ouvrier à préférer le paiement en espèces à tout autre mode d'emploi, est le sentiment d'indépendance vis-à-vis de son patron. L'ouvrier juge contraire à sa dignité personnelle de voir ses économies mises sous scellés et gérées par un homme qui, pour être son employeur, n'est pas son supérieur. Cette raison n'est pas seulement théorique, on en trouve heureusement des manifestations, chaque jour plus nombreuses dans le monde industriel. « L'ouvrier est émancipé, dit très justement M. Cheysson, et ne souffrirait pas aujourd'hui, que, même pour lui faire du bien, on portât atteinte à son indépendance dont il est fier et jaloux. Cette disposition un peu farouche et ombrageuse est celle de la plupart des esprits (2). » Et, d'après M. Charles Robert, un grand nombre d'hommes éclairés

tention inacceptable fut une des causes de l'échec retentissant de l'institution.

(1) M. Zinn, marchand de nouveautés à Boston, en faisait autant : mais depuis son départ, son successeur a supprimé le profit-sharing. Communication de M. J..., élève ingénieur des mines, au retour d'un voyage aux États-Unis.

(2) *Réforme sociale*, 1ᵉʳ juillet 1895.

ont aujourd'hui pour ligne de conduite de « marcher peu à peu d'un régime de tutelle vers l'émancipation et l'autonomie (1) ».

Les patrons doivent tenir compte de ces deux considérations qui dominent dans l'esprit des ouvriers, s'ils veulent faire de la participation aux bénéfices une véritable prime au travail. On constate d'ailleurs, qu'en fait, ils en tiennent compte. C'est ainsi qu'en Angleterre et aux Etats-Unis, où les ouvriers se refusent à toute ingérence des patrons dans leurs propres affaires, on trouve 27 maisons sur 35 aux Etats-Unis, et 41 sur 87 en Angleterre, qui versent la totalité de la participation en espèces. En France, le sentiment du self-government fait de grands progrès. On ne compte pourtant, d'après les statistiques de M. Trombert, que 29 maisons sur 107 qui versent la totalité de la participation en espèces. Un plus grand nombre versent au comptant une partie du quantum, faisant ainsi une concession aux désirs des ouvriers, tout en évitant dans la mesure possible les dangers du versement en espèces.

Le premier danger du versement en espèces est que l'inégalité des profits en modifie chaque année le montant. Or ces variations peuvent nuire à l'efficacité de la prime. Les ouvriers, ayant fourni une somme d'efforts constante, seront surpris de ne rien recevoir une année, alors surtout que les inventaires précédents leur avaient laissé un large *bonus*. Quelques industriels ont voulu parer à ce danger en créant une caisse de réserve où une partie de la participation est retenue les bonnes années, et restituée lorsque les mauvais jours apparaissent. De ce nombre sont MM. Chesse et Hœssly, filateurs à Schaffouse. Mais pour éviter un danger, il faut se garder de tomber dans un autre plus grave encore. Si le produit de la participation aux bénéfices est à peu près fixe, il finira par être escompté dans le salaire, lorsque l'ouvrier et le patron régleront le contrat de travail. C'est ce que faisait remarquer M. de Courcy : « Si les bénéfices sont à peu près constants et d'une certaine importance, la participation aux bénéfices deviendra un corollaire du salaire, elle réagira logiquement, fatalement sur le taux de la rémunération, en tendant à le réduire. Le capital aiguillonné par la concurrence industrielle sera

_____

(1) Discours prononcé en 1889 au Cercle de l'Esplanade des Invalides,

entraîné à diminuer la rémunération fixe de la main-d'œuvre. Voulût-il résister à cet entraînement, le travail lui-même, attiré par la participation aux bénéfices, viendrait s'offrir au rabais » (7ᵉ question, *Congrès international*).

Le deuxième danger du versement en espèces est de favoriser l'imprévoyance. Or l'imprévoyance est nuisible à la fois à l'ouvrier et au patron (1) et le seul remède est quelquefois la contrainte patronale affectant les fonds de la participation à un emploi que les ouvriers auraient dû leur donner de leur propre mouvement. Cependant, il n'est pas toujours possible d'appliquer ce remède.

En présence d'ouvriers, chez qui l'imprévoyance est une habitude invétérée (2), le patron est parfois obligé de céder et de payer les parts au comptant. S'il agissait autrement, il enlèverait toute espèce de signification et d'efficacité à l'institution (3). Ainsi la

(1) D'après M. Piguet, constructeur de machines à Lyon, lorsque la participation aux bénéfices était distribuée en espèces, les ouvriers gaspillaient les sommes qu'elle leur procurait ; et tandis qu'ils compromettaient leur avenir, ils étaient incapables de fournir aucun bon travail pendant toute une quinzaine. Les contremaitres de M. Mac Vitie d'Edimbourg se montrent hostiles au versement en espèces, pour les mêmes raisons.

(2) En Belgique l'imprévoyance et la désorganisation sont telles que les ateliers sont généralement obligés de fermer le lundi après-midi pour permettre aux ouvriers de se reposer de leur dimanche !!

(3) C'est ce que nous exprimait M. Bollinckx à Bruxelles : « Les fonds de la participation aux bénéfices, nous disait-il, sont absolument indispensables à nos ouvriers, qui ont à nourrir, en plus de leur famille, celle du cabaretier. Comme il y a, en moyenne, un cabaret par dix ménages ouvriers dans notre faubourg, les salaires se trouvent grevés d'un impôt de 1/10. J'ai proposé à mes ouvriers de retenir leurs parts, mais 8 seulement sur 250 ont accepté. Nous sommes donc obligés de combattre l'imprévoyance par d'autres moyens. »

Et il nous parlait de sociétés de tempérance, de conférences, de tracts populaires, répandus parmi ses ouvriers. Et en nous promenant dans les ateliers, nous apercevions, affichées sur les murs, des séries d'images véritablement propres à inspirer l'horreur de l'alcool. On voit un homme resplendissant de santé, se mettre à boire ; peu à peu il perd ses forces et sa jeunesse, ses yeux deviennent rouges et hagards, son teint livide, son corps décharné ; dans son ménage, autrefois heureux et coquet, la misère s'installe. Ses meubles sont saisis et vendus, ses enfants s'amaigrissent, sa femme meurt de chagrin et son dernier né la suit au tombeau. Puis vient l'expulsion par le propriétaire, et tandis que, chancelant, le père suivi de ses enfants descend dans la rue, il aperçoit un homme au gros

Wholesale Society écossaise distribuait autrefois la totalité du produit de la participation en espèces. S'étant aperçu des mauvais résultats, elle voulut l'affecter en totalité à un fonds de réserve. Elle se heurta à un refus, et dut se contenter d'en réserver la moitié, il fallut faire « la part du feu ».

Enfin, le versement des parts de bénéfices en espèces fait courir un troisième danger : pendant les premières années, il produit plus d'impression sur l'ouvrier, et est pour lui un stimulant plus énergique que les revenus de ces mêmes parts. Mais en fait, quand « le cap » des premières années a été doublé, la situation change complètement : l'ouvrier qui reçoit sa part en espèces ne voit pas sa position s'améliorer, ni son intérêt à la prospérité de la maison augmenter ; d'autre part le faible taux de la participation peut, en pratique, réduire à peu de chose cet intérêt. Il en est tout autrement de l'ouvrier dont les parts ont été retenues. Du jour où il sent son capital prendre consistance, il reconnaît les bienfaits de l'institution, et à mesure que les réserves des années écoulées s'accumulent, leur action combinée devient plus efficace, et le taux de la part annuelle paraît moins faible. Désireux de voir grossir encore son capital, le participant restera à l'usine et deviendra plus laborieux.

Ces considérations ont porté un grand nombre de patrons à abandonner le versement en espèces et à retenir les fonds de la participation dans les caisses de prévoyance.

D'ailleurs, en agissant ainsi, ils entrent davantage dans l'esprit de la véritable participation aux bénéfices. En effet, cette institution a une origine et un but différents de celui du salaire : gagné en dehors de la rémunération courante, le boni n'a de celle-ci ni la fixité, ni la fréquente périodicité ; il doit pourvoir à l'avenir, comme le salaire subvient au présent. « L'un est un élément de vie réparée, l'autre est un élément de vie normale. »

On peut faire à l'emploi prévoyant de la participation aux bénéfices, trois objections : la première est théorique. L'emploi de la part de bénéfices, dit-on, ne peut être imposé à un associé : lui

---

ventre, une chaîne d'or pendant à son gilet, l'air satisfait et repu ; c'est l'aubergiste au profit duquel il s'est ruiné.

seul doit avoir le droit de disposer de ses deniers. Mais en fait, l'ouvrier n'est devenu l'associé du patron que sur la proposition unilatérale de ce dernier et sous certaines conditions. Les situations de l'ouvrier et d'un associé ordinaire ne sont, d'ailleurs, pas identiques ; l'un a à administrer une fortune acquise, tandis qu'on veut en constituer une à l'autre.

On objecte en second lieu que les ouvriers ne sont pas toujours en mesure d'épargner. Il leur est dur de voir un sursalaire réservé pour l'avenir, alors qu'ils ne peuvent suffire au présent. Il leur est dur de se sentir propriétaires d'une fortune et de ne pouvoir en jouir, tandis que leur famille est dans le besoin.

Enfin, on fait à l'épargne imposée par le patron un grief que nous avons vu écarter par le versement des espèces. On le trouve formulé dans un « rapport sur la Compagnie des mines de Blanzy » par M. Ch. Robert : « Lorsqu'une espèce de Providence pourvoit à tous ses besoins, sans exiger de lui aucun effort, l'ouvrier cesse de compter sur lui-même ; il perd le goût de la prévoyance, de l'économie, parce qu'il n'en sent plus la nécessité. »

Les organisations de caisses de prévoyance que nous allons étudier tiennent plus ou moins compte de ces différentes objections. Quelques-unes se rapprochent beaucoup du versement en espèces ; dans d'autres, la tutelle patronale se fait beaucoup plus étroitement sentir. Comme types du premier groupe on peut citer les caisses de prévoyance, où la part de l'ouvrier est retenue, mais d'où elle peut être retirée à volonté : telle est celle de M. Laroche-Joubert. Le rôle du patron se borne à donner des conseils à l'ouvrier, à l'exhorter à ne pas faire de dépenses inutiles. Pour donner à l'ouvrier le temps de la réflexion et éviter les retraits précipités, celui-ci doit adresser sa demande de retrait six mois à l'avance et se prêter à une tentative de conciliation. Chez MM. Chesse et Hœssly à Schaffouse les parts des bénéfices sont également retenues, et pour diminuer le désir de les retirer, la part de l'année précédente n'est mise à la disposition des ouvriers que par tiers : en avril, en août et à Noël.

Jusqu'ici le patronage avait été seulement proposé : nous allons maintenant le voir imposé. Le patronage est imposé sous deux formes différentes ; dans le premier cas, la disposition du capital n'est accordée à l'ouvrier qu'après un certain délai, dans le second elle lui est toujours refusée. Ici, la condition de stage remplie, l'ouvrier est son maître, là, il reste patronné jusqu'à sa mort.

L'ouvrier n'a la disposition de son capital qu'à certaines conditions d'âge ou de services, et le produit de la répartition annuelle est capitalisé sur des livrets individuels et rapporte des intérêts. Il peut faire liquider son compte en cas de départ (1) ou avec l'autorisation du patron, s'il reste à l'usine (2). En cas de refus, l'ouvrier n'a pas la disposition de son épargne (3). On trouve des exemples de ce premier système chez M. Mermod, fabricant d'horlogerie à Ste-Croix. Le participant touche son capital dès qu'il quitte l'usine ou qu'il remplit les conditions statutaires. A la compagnie d'assurances *l'Abeille,* l'employé à demeure peut disposer de sa part dans une proportion qui croît avec son temps de service.

Ici l'ouvrier est assuré d'être un jour plein propriétaire de sa part de bénéfices ; la tutelle cesse dès que cessent les rapports entre patron et ouvrier ou lorsque, ce dernier étant arrivé à l'âge de la retraite, le patron n'est plus intéressé à le prendre sous sa protection.

Nous arrivons maintenant au second degré du patronage imposé, celui où l'ouvrier reste en tutelle après sa sortie de l'usine et jusqu'à sa mort. La libre disposition de son capital lui sera toujours refusée. Ce système s'appuie sur le principe suivant : l'ouvrier a besoin d'être patronné surtout après sa sortie de l'usine, lorsque les infirmités ou la vieillesse le rendent incapable de se suffire. Mettre le capital à sa disposition à un certain âge ne remplit ce but qu'imparfaitement ; il n'a pas appris à en jouir, il

---

(1) Nous faisons abstraction de la déchéance qui sera étudiée dans le chapitre suivant.

(2) Les autorisations ne sont données que dans des cas exceptionnels comme l'entrée en ménage, la naissance d'un enfant, l'acquisition d'une maison, la maladie, etc. Quelquefois un comité est juge des demandes.

(3) Lorsque la caisse de prévoyance n'est pas entre les mains du patron et que celle-ci est une caisse publique, les moyens préventifs sont remplacés parfois par des mesures répressives. Ainsi chez M. Adler, à Buchholz, l'ouvrier qui retire son épargne perd tout droit à la participation de l'année suivante.

faut donc lui continuer un appui moral et le mettre en garde contre lui même.

A cet effet, deux modes d'emploi ont été proposés : la pension à capital réservé et la pension viagère simple.

1° *Pensions à capital réservé.* — M. de Courcy, ancien directeur de la Compagnie d'Assurances, générales fut le promoteur du *patrimoine inaliénable*, et l'ennemi des pensions viagères qu'il déclarait égoïstes et anti-familiales. Le plus à plaindre n'est pas toujours l'ouvrier vieilli, entouré d'enfants qui gagnent à leur tour de quoi nourrir leur père, ce sont les veuves et les orphelins d'ouvriers morts dans la force de l'âge. Avec le système des rentes viagères, les primes déjà payées sont définitivement perdues pour la famille de l'ouvrier. Il faut rendre à la famille le fruit du travail dont le père n'a pas pu jouir de son vivant.

Aussi en même temps qu'il protestait contre la loi de 1853, sur le traitement des fonctionnaires, et réclamait des secours pour leurs veuves et leurs enfants, M. de Courcy donnait lui-même l'exemple dans la Compagnie d'Assurances générales.

Le système des livrets individuels pour retraites à capital réservé a été suivi par un grand nombre de compagnies d'assurances désireuses de rivaliser avec la Compagnie Générale dans l'amélioration du sort de leur personnel et intéressées à ne pas voir leurs employés attirés ailleurs par des conditions plus avantageuses. La spécialité de ces compagnies rendait d'ailleurs facile la création d'assurances pour leurs employés.

Outre les compagnies d'assurances, un certain nombre de maisons de banque (1) pratiquent ce système. Nous trouvons aussi quelques grandes usines, telles que celles de Fives-Lille et de Givors (Compagnie de Fives-Lille). Dans ces deux usines, le versement annuel à la caisse des retraites à capital réservé représente une moyenne de 8 à 9 0/0 des salaires.

Le moyen de liquider le livret de l'ouvrier tout en ne lui laissant pas la disposition du capital, consiste généralement dans l'acquisition de titres de rente sur l'Etat ou d'obligations de che

(1) Rolland Gosselin, agent de change à Paris, Société de dépôts et comptes courants, Vernes et C‍ⁱᵉ, banquier.

mins de fer et autres valeurs, dont les titres restent dans la caisse de la Compagnie, pour être remis aux héritiers. La Compagnie d'Assurances générales et l' « Union » ont adopté cette pratique.

Dans la plupart de ces caisses de prévoyance se trouvent des clauses qui en font ressortir le caractère patriarcal. Non seulement le capital est déclaré incessible et insaisissable à titre de donation alimentaire, mais l'ordre héréditaire lui-même est réglé par les statuts. Ainsi dans la maison de MM. Barbas, Tassart et Balas, le conjoint vient le premier, l'enfant légitime second, enfin vient ensuite l'ascendant. A défaut de ces héritiers, le capital retourne à la caisse de prévoyance.

Cette pratique montre que, dans la pensée des auteurs de ces statuts, la participation aux bénéfices ne confère pas un véritable droit de propriété, car l'ouvrier n'a pas de droit de disposer de sa part, même après lui.

2° *Pensions viagères*. — Tout le monde n'est pas d'accord avec M. de Courcy sur la supériorité des pensions à capital réservé. Certains industriels ont trouvé, même dans les cas où l'ouvrier a une famille, la retraite viagère préférable.

Leurs raisons sont les suivantes : la retraite de l'ouvrier avec réserve du capital est insuffisante quand ce capital est formé par de petits versements successifs. L'ouvrier n'a d'ailleurs qu'un devoir, élever ses enfants et leur apprendre à se tirer eux mêmes d'affaire dans la vie : il n'a pas à leur épargner un capital, il ne le peut pas. Pour éviter les inconvénients qui résulteraient de sa mort avant l'âge de la retraite, celle-ci est réversible sur la tête de la veuve et sur celle des enfants mineurs. Ainsi M. Thuillier verse 1/2 de la quote-part de la participation aux bénéfices à la caisse des retraites de l'Etat, pour constituer des pensions viagères à ses ouvriers.

Un modèle d'organisation de pensions viagères nous est donné par la maison Deberny (Tuleu successeur).

Il n'est pas une nuance qui n'ait été observée dans les règlements de la « Caisse de l'atelier (1) » et l'on pourrait croire à pre-

---

(1) Ces règlements ont été faits par M. Deberny père, qui, en disciple fidèle de Saint Simon, aimait passionnément la logique.

mière vue que le maniement en est compliqué, si les résultats ne venaient nous rassurer sur son excellent fonctionnement.

La Caisse d'atelier garantit des pensions aux ouvriers ayant plus de 55 ans, et plus de 7500 jours de travail pour les hommes, 6200 pour les femmes. La pension varie d'après le compte créditeur de retraite, de 1300 à 1800 francs pour les hommes, de 500 à 900 francs pour les femmes (1). .

L'ouvrier peut recevoir une pension partielle tout en continuant à toucher un salaire. On trouve ainsi des ouvriers qui ont en plus de leur salaire des pensions de 200 à 1700 francs.

Enfin dans un certain nombre d'exemples, la caisse de pensions subvient accessoirement à d'autres besoins : secours en cas de maladie, assurances en cas de décès, prêts au personnel (etc.).

3° *Assurances mixtes.* — La partie qui revient à l'ouvrier dans les bénéfices est le fruit de son travail personnel. Or ni les pensions à capital réservé, ni les rentes viagères ne lui permettent d'en disposer au mieux de ses intérêts. L'une enlève au produit de la participation le caractère d'une propriété personnelle ; l'autre sacrifie le patrimoine de la famille.

L'assurance mixte sur la vie remédie à ces inconvénients. En versant, dans une caisse d'assurances une annuité, sensiblement égale à la moyenne de ses parts annuelles de bénéfices, l'ouvrier s'assure un capital payable à une époque déterminée ou immédiatement aux héritiers en cas de décès avant le terme fixé. Cette assurance a sur la pension à capital réservé l'avantage de donner un jour à l'ouvrier la disposition d'un capital ; et tandis que la pension viagère s'éteint à la mort du père, c'est-à-dire au moment précis où la famille voit s'évanouir pour elle tout moyen d'existence, l'assurance mixte vient écarter la misère du foyer. Non seulement les déboursés du père vont être restitués à sa famille, mais les ravages de la mort seront, dans une certaine mesure, réparés. M. Guieysse a montré tous les avantages de ce système

---

(1) Ici encore on retrouve des clauses restrictives qui font ressortir le caractère patriarcal de l'institution. La retraite n'est réversible sur la tête de la veuve que si elle ne se remarie pas et si elle a une bonne conduite ; enfin si le patron juge que l'argent ne profitera pas aux enfants, il supprime la retraite et prend les orphelins sous sa tutelle.

au congrès international de 1889, et la Compagnie d'assurances *l'Union* le pratique depuis 1886.

Les pensions de retraites et les assurances n'absorbent pas toujours le produit intégral de la participation aux bénéfices, et une part est versée au comptant. On est parfois obligé de faire des concessions partielles aux tendances d'indépendance et d'imprévoyance de l'ouvrier, de concilier l'intérêt de son avenir avec son besoin de jouir du présent. Il y a pourtant à cette dualité d'emplois de la participation aux bénéfices une condition : chacune des deux sommes doit avoir une certaine importance, sinon, on se repentirait d'avoir voulu poursuivre deux buts à la fois et on n'en atteindrait aucun.

Parmi les maisons qui ont adopté ce système mixte, il s'en trouve quelques-unes que nous avons déjà eu l'occasion de citer : M. Chaix est l'exemple le plus connu : il résume pour ainsi dire les trois grandes divisions que nous avons faites dans ce chapitre : versement au comptant, épargne obligatoire dont l'ouvrier reçoit le remboursement à son départ ou à certaines conditions d'âge et de service, enfin épargne obligatoire dont la jouissance seule appartient à l'ouvrier à un certain âge. Un tiers de la participation aux bénéfices, soit 5 0/0 des bénéfices, est affecté à chacun de ces trois emplois (1). M. Freese de Berlin qui distribue toute la participation aux bénéfices au comptant nous déclarait que, lorsque le niveau de ses bénéfices le lui permettrait, il proposerait au comité et à l'assemblée générale des ouvriers d'évoluer vers ce dernier système, en consacrant moitié des fonds de la participation à la prévoyance. Il sera intéressant de connaître la décision des ouvriers à ce sujet.

Nous arrivons maintenant à un troisième mode d'emploi qui, pour un grand nombre d'esprits, est le but suprême de la participation aux bénéfices.

L'association aux profits doit conduire l'ouvrier à la copropriété du capital, comme le contrôle doit le conduire au partage de la direc-

---

(1) Chez M. Goffinon comme nous avons eu l'occasion de le voir, 1/2 est versé au comptant, 1/2 est mis en réserve. Il y a de semblables combinaisons pour les pensions viagères. Telle est la pratique dans la Compagnie de Suez.

tion. Le mode d'emploi, qui permettra d'atteindre le but rêvé, est l'acquisition de parts sociales de l'entreprise. Il faut distinguer tout d'abord de l'acquisition des parts sociales, le mode d'épargne où les parts du participant sont bonifiées d'un intérêt égal au dividende du capital. Elles ne courent le risque de l'entreprise que dans la mesure du dividende, mais aussi elles ne confèrent aucun droit de propriété sur l'entreprise. Les parts sociales donnent, au contraire, tous les droits d'un associé co-propriétaire sauf quelques restrictions dans l'administration et quelques privilèges dans les conditions de l'achat et dans les garanties.

Il y a deux modes d'acquérir des parts sociales au moyen de la participation aux bénéfices : le mode facultatif et le mode obligatoire. Sans doute les ouvriers peuvent acheter des actions au cours du marché ; mais dans l'espèce, les actions sont mises à la disposition des ouvriers au pair. Le mode facultatif a l'avantage d'attirer les ouvriers les plus économes et les plus sages ; et il se forme ainsi une sorte de sélection naturelle qui n'introduit parmi les associés que les meilleurs ouvriers.

Nous en trouvons un certain nombre d'exemples. — Le plus célèbre est celui de M. Laroche-Joubert. Une caisse de dépôts reçoit les parts de participation jusqu'à concurrence de 500 fr. Ces dépôts participent aux bénéfices, sans participer aux pertes. Lorsqu'un compte atteint 1000 fr. son propriétaire peut acquérir une part de capital. Désormais il participera aux pertes dans les limites de son apport, mais sa part de bénéfices sera double de celle qu'il avait dans la caisse des dépôts.

Parmi les exemples tirés du passé, rappelons celui de la maison Billon et Isaac. Les statuts contenaient une clause, par laquelle une moitié de la participation devait rester dans la caisse de l'entreprise à titre de dépôt obligatoire, pour être convertie en une action, aussitôt qu'elle s'élevait à 100 francs : l'autre moitié était payée en espèces (1).

Enfin il semble que quelques patrons se préparent à suivre cette méthode dans un avenir prochain. M. de Naeyer a l'intention de

____

(1) Par suite des circonstances extérieures, la maison ayant vu diminuer peu à peu le chiffre de ses affaires et ayant dû renvoyer la plus grande partie de son personnel, les actions ont été liquidées au pair et le produit a servi aux ouvriers à chercher ailleurs du travail.

mettre des actions de la société à la disposition de ses ouvriers, dès que les parts de ceux-ci deviendront exigibles, c'est-à-dire vers 1901 ; il voit dans la coopération le couronnement des institutions patronales. M. Vimenet, fabricant de feutres à Bruxelles, qui élabore des règlements de participation aux bénéfices pour le prochain exercice, y introduira une clause facultative d'emploi en actions de la société. Remarquons en passant que les exemples cités sont, en général, d'anciennes entreprises privées transformées en sociétés par actions, et dont le directeur, étant le principal actionnaire, peut imposer sa volonté en assemblée générale (1).

En dehors de ces cas, les sociétés par actions ne se montrent pas favorables à ce mode d'emploi. Tout d'abord, il n'est pas toujours possible, ni avantageux d'augmenter le capital social du montant des nouvelles actions acquises par l'ouvrier, et si les actionnaires ne veulent pas se dessaisir de leurs actions à un taux de faveur pour l'ouvrier, de son côté celui-ci n'est pas toujours disposé à devenir actionnaire. De plus, actionnaires et directeurs redoutent de voir siéger, à côté d'eux au sein de l'Assemblée, des hommes animés d'un esprit tout différent de celui d'un associé. Que les ouvriers deviennent seuls propriétaires et se constituent en coopérative de production, ou bien qu'ils ne soient pas représentés à l'assemblée des actionnaires, telle est l'alternative dans laquelle se retranchent les sociétés par actions.

Pour accomplir plus sûrement la première évolution certains patrons convertissent obligatoirement les parts des bénéfices en parts de propriété. Avec la conversion facultative en effet, il arrive, comme chez M. Laroche-Joubert, que les actions passent au bout d'un certain temps entre des mains étrangères, si bien que l'entreprise, après avoir évolué dans ses débuts vers la forme coopérative, retourne vers la forme anonyme. Godin signalait le danger à éviter lorsqu'il écrivait dans sa *Mutualité sociale* : « il ne faut pas que les bénéfices revenant aux travailleurs soient distraits de l'industrie, mais qu'ils servent à accroître les moyens d'action de l'association. »

______

(1) C'est la raison pour laquelle M. Borchert, avant son célèbre échec, avait voulu transformer sa maison en une société par actions dont il eût été le principal actionnaire.

L'obligation d'acheter des parts sociales a pour corollaire le remboursement de leurs parts aux associés qui quittent l'entreprise, sans que ceux-ci puissent s'y opposer et souvent ces parts sont frappées d'une déchéance partielle.

Les exemples les plus connus sont ceux de MM. Van Marken et Godin (1). A l'imprimerie Van Marken les actionnaires sont peu à peu remboursés de leurs actions sur les parts de bénéfices des travailleurs. Cette expropriation est obligatoire de part et d'autre.

A propos de cet emploi obligatoire une importante question se pose : est-il toujours de l'intérêt des ouvriers de voir leur part de bénéfices se transformer en parts sociales? Il y a deux dangers à redouter : l'ouvrier sera lié à l'entreprise soit par la crainte de perdre une partie de son capital, comme chez Godin, soit par les liens naturels de l'association : or cette situation peut à tous moments entraver sa liberté d'action, et le gêner dans ses réclamations de salaires.

Le deuxième danger est l'aléa de l'entreprise. L'industrie est nécessairement exposée aux risques et l'épargne ouvrière a besoin de sécurité. Rien de mieux, dit-on ; plus l'ouvrier sera intéressé à la prospérité de sa maison, — et peut-il l'être davantage que lorsque le sort de ses économies dépend du succès de l'entreprise — plus il sera stimulé dans son travail, et plus la maison prospérera. Ce raisonnement, que tenait M. Veyssier au Congrès international, n'est pas toujours confirmé par les faits. Une coopérative ne se soutient pas seulement par la bonne volonté de ses membres et l'on peut toujours concevoir des craintes pour l'épargne de l'ouvrier ainsi exposée.

Des garanties, telles que l'hypothèque que M. Bushill, imprimeur à Coventry, accorde à ses ouvriers sur ses propres biens, seraient très désirables ; mais il est douteux que cet exemple soit généralement suivi, car dans cette transformation de l'entreprise en coopérative le patron envisage aussi son intérêt.

(1) Chez Godin les parts de bénéfices sont portées au compte des participants, sous le nom de titres d'épargne ; ils servent à rembourser les capitaux engagés par le fondateur. Pour avoir droit à tous les privilèges conférés au titre d'associé, il faut être possesseur d'une part de 500 francs au moins. Si l'ouvrier quitte l'usine, il ne lui est remboursé en espèces que 50 0/0 de son titre d'épargne.

Le but du patron peut être, en effet, de se débarrasser dans de bonnes conditions de son affaire, comme le faisaient remarquer MM. Goffinon et Veyssier. Son fils ou son gendre sont peut-être incapables de succéder à la direction de l'affaire, et un étranger l'achèterait à un prix inférieur à sa valeur réelle, car l'avenir est incertain. Au contraire, grâce à l'emploi obligatoire en actions, le patron confie peu à peu son usine en pleine prospérité aux mains de ceux-là mêmes dont la collaboration a depuis de longues années assuré le succès de l'affaire.

Sous ces réserves formelles d'appréciation du but poursuivi, la participation aux bénéfices n'est-elle pas la voie normale qui conduit à la coopération ?

La plupart des coopératives ont échoué jusqu'à ce jour contre un double écueil : le manque de capacité de leurs directeurs et le peu de confiance qu'elles inspiraient à leurs ouvriers; en second lieu la pénurie de capitaux et de crédit. Elles ne prospèrent que dans les métiers qui se contentent d'une direction peu compliquée ou facilement contrôlée par les associés, et d'une mise de fonds peu considérable dans les débuts. Partout ailleurs, elles se transforment en entreprises patronales ou disparaissent au bout de peu d'années.

On espère remonter le courant au moyen de la participation aux bénéfices et voir les entreprises patronales se transformer en coopératives prospères. La plupart des dangers signalés plus haut disparaîtront en effet. La discipline et la confiance dans les chefs seront de tradition dans l'usine; l'ouvrier sera devenu peu à peu propriétaire de tous les capitaux nécessaires à l'exploitation, sans que les frais généraux soient grevés des charges d'un emprunt; il héritera d'une clientèle stable, qui depuis longtemps est en rapports avec lui ; de plus, il aura fait l'apprentissage des affaires comme participant, et s'il n'a pas encore joué un rôle actif dans la direction, du moins a-t-il pu en apprécier les difficultés, ce qui est pour un débutant une excellente initiation.

En effet les seules coopératives qui réussissent dans la grande industrie, en Allemagne, nous disait M. Hæntschke, sont des entreprises fondées et soutenues par un patron, qui en transmet la propriété à ses ouvriers, ou par un commerçant, qui dans son propre intérêt leur assure sa clientèle (1). En France, les maisons Godin et Laroche-Joubert sont des entreprises patronales à moitié transformées et prospères.

Malgré toutes ces raisons qui font de la participation aux bénéfices une des meilleures garanties de succès de la coopération, les exemples d'une pareille évolution sont extrêmement rares. On ne peut attribuer cette rareté qu'aux vices inhérents à la coopération de production ; néanmoins il semble que les ouvriers qui désireraient prendre la voie la moins hasardeuse pour faire un essai coopératif de quelque durée auraient avantage à devenir d'abord, par le moyen de la participation aux bénéfices, les associés d'un patron.

6. Déchéances.

Le contrat de participation de l'ouvrier aux bénéfices de son patron vient d'être examiné au point de vue des conditions auxquelles il est soumis et des avantages qu'il procure. Une dernière question se pose ici.

L'investiture du droit de participation est-elle, dans tous les cas, définitive ?

Le versement en espèces au comptant écarte toute difficulté. Il n'en est pas de même lorsque la part de l'ouvrier est retenue dans une caisse de prévoyance. On peut alors prévoir l'éventualité de la déchéance. Un premier point est certain : le droit de l'ouvrier reste ferme tant que celui-ci est au service du patron. A la présence dans l'usine, on assimile les absences indépendantes de la volonté, telles que les périodes de service militaire, le chômage ; M. Goffinon (2) va jusqu'à permettre aux apprentis de

____

(1) M. Haentschke nous citait, parmi les coopératives ayant réussi, une imprimerie à Dessau, fondée et soutenue par un pasteur dévoué ; et dans un autre ordre d'idées, différentes imprimeries soutenues par des directeurs de journaux locaux dans un but politique, enfin des brasseries fondées par des marchands de houblon afin d'écouler à bon compte leurs produits, etc., etc.

(2) Statuts de la maison Barbas, Tassart et Balas. Cette règle a eu pour but de permettre à l'apprenti de compléter son instruction par le traditionnel « tour du pays » et de rompre vis-à-vis de ses camarades avec son ancienne situation de *gamin*.

quitter la maison pendant un an à dater du certificat de capacité, sans perdre le droit aux sommes inscrites.

Mais plus délicate est l'hypothèse où l'ouvrier quitte l'atelier soit de son propre mouvement, soit sous le coup d'un renvoi. Dans ces deux cas, un grand nombre de patrons infligent au participant la réduction de son droit. Les arguments qu'ils invoquent à l'appui sont nombreux. En quittant l'atelier, disent ils, l'ouvrier atteste qu'il répudie la qualité d'associé, et, dès lors, il n'y a pas de raison de lui conférer les avantages d'une fonction dont il n'accepte pas les charges. A plus forte raison le renvoi est-il une preuve de son indignité. Sans la déchéance, ajoutent-ils, l'introduction de la participation aux bénéfices deviendrait une prime à la désertion de l'atelier ; on verrait l'ouvrier pressé d'argent quitter l'usine pour obtenir la liquidation de son compte. Mais surtout, les patrons ne peuvent se résoudre à verser aux mains d'un ouvrier, qui leur donne un sujet de mécontentement, une somme qui devrait être la récompense de ses bons services.

Au point de vue de la stabilité du personnel, les patrons attendent de la déchéance de bons résultats. L'ouvrier est pris dans un engrenage dès son entrée à l'usine, et cet engrenage se resserre chaque jour à mesure que les parts de participation aux bénéfices s'accumulent. Or, en même temps, l'ouvrier acquiert plus d'expérience des affaires et du travail, et si les concurrents lui font des offres plus avantageuses, son compte créditeur sert de cautionnement et fait contrepoids dans la balance.

Pour la même raison, la limite de l'exigibilité de la participation est reculée, non seulement à une certaine durée de services, mais à un âge, 60 ou 65 ans (1), où l'ouvrier, étant sur son déclin, commencera à perdre de la valeur aux yeux des concurrents.

En pratique les cas de déchéance totale ou partielle sont assez nombreux. A la Compagnie d'Assurances générales, le compte du participant se liquide à 25 ans de services et à 65 ans d'âge. Tout agent dont le compte est liquidé prend l'engagement d'honneur de n'accepter les offres d'aucune autre compagnie (2).

(1) Quelquefois cet âge est la seule condition requise indépendamment de la durée des services.

(2) Si le participant meurt ou devient incapable de travail avant l'âge fixé, son compte peut lui être également remis.

Dans un grand nombre de compagnies d'assurances la même règle prévaut. Chez M. Chaix la déchéance est partielle. Le quantum ayant été divisé en trois parts, la troisième seule fait l'objet d'une déchéance, si l'ouvrier quitte l'imprimerie avant 60 ans d'âge ou 20 ans de présence. Les effets de la déchéance sont ici très atténués, car elle ne porte que sur une partie de la participation : de plus les conditions d'âge et de service ne sont pas exigées cumulativement (1). Les mêmes règles sont appliquées dans l'ancienne maison de M. Goffinon. Chez M. Tuleu, les parts des ouvriers, qui ont de 3 à 10 ans de services, subissent une déchéance de 1/2 jusqu'à 1/10 s'ils demandent la liquidation.

Enfin on trouve dans presque toutes les applications du système de participation aux bénéfices de petites déchéances, qui en assurent le bon fonctionnement. Ainsi chez M. Chaix, chez M. Freese, etc., les ouvriers, qui ne demandent pas la liquidation de leur compte après leur départ, en sont déchus au bout d'un an, et leur part revient à la collectivité.

Les ouvriers font aux clauses de déchéance de nombreuses objections. Ils se trouvent liés à l'usine par des liens trop étroits (2). Or ils revendiquent comme un droit la liberté d'aller livrer leur travail où il leur plaît, même pour le simple plaisir du changement. Ils allèguent aussi que souvent des raisons très sérieuses — salaire plus élevé, journée de travail plus courte, réduction du temps de chômage, voisinage de l'habitation, etc. — les déterminent à changer d'atelier. En second lieu ils se plaignent de ce que la

_____

(1) On remarque que le produit des déchéances y est assez considérable. Il est versé au troisième compte des ouvriers, sauf si ce compte dépasse 5000 fr.

(2) Il est intéressant de comparer à ce point de vue la déchéance et l'admission différée. En premier lieu les conditions sont subordonnées à une durée différente. La déchéance est encourue généralement pendant 20 ans de services et jusqu'à 60 ans, tandis que le stage varie de 2 à 5 ans. De plus l'ouvrier qui est sur le point d'être admis a sans doute un grand intérêt à rester ; mais l'intérêt est beaucoup plus pressant encore quand il sait qu'en partant, il perdrait un capital déjà inscrit à son nom. La différence en théorie n'est peut-être pas très grande, en pratique l'ouvrier voit dans un cas un bénéfice à s'assurer, dans l'autre une fortune à conserver. En supposant des conditions d'exigibilité égales aux conditions de stage, pour une même somme l'ouvrier trouverait au système de l'admission immédiate avec déchéance un avantage : son droit devient exigible en cas de décès.

déchéance encourage le patron au renvoi des vieux serviteurs à la veille du jour où ils vont toucher leur capital. Les patrons ont senti la force de cette dernière objection, et, pour qu'on ne leur prête pas des intentions qu'ils n'ont pas, ils stipulent généralement que le produit des déchéances profitera à l'ensemble des ouvriers. Mais cet emploi même a été l'objet des critiques les plus vives. Les trade-unions n'accepteraient jamais la déchéance, faisait remarquer M. David Schloss au Congrès international ; à plus forte raison n'accepteraient-elles pas un pareil emploi. Faire profiter les ouvriers du produit des déchéances, c'est faire de chacun d'eux le rival intéressé de ses compagnons d'atelier. Or il est de l'intérêt de la classe ouvrière d'atténuer le plus possible ces sentiments mauvais d'égoïsme, que la concurrence de la misère fait naître quelquefois.

Dans quelle mesure ces griefs sont-ils fondés et les motifs des patrons sont-ils acceptables ? La question a toujours été très débattue ; adversaires et partisans de la déchéance pourraient tour à tour invoquer en leur faveur les vœux du Congrès international de 1889. « Le congrès émet le vœu que la déchéance ne soit plus inscrite dans les conventions relatives à la participation aux bénéfices. » « Le congrès reconnaît que l'organisation d'une caisse de prévoyance ou de retraites peut comporter dans l'intérêt même du personnel l'application de cette déchéance, à la condition que son montant reste à la masse, et que, pour éviter tout arbitraire, les cas de déchéance soient déterminés par le règlement. »

A notre avis, il paraît peu digne d'un patron de punir un de ses ouvriers du seul fait qu'il a trouvé une position meilleure. D'ailleurs, l'ouvrier est supposé aussi fournir un surcroît de travail, dans l'espoir de toucher un jour la part de bénéfices inscrite à son nom. Son livret représente la seule rémunération de ce travail ; il n'est pas délicat non seulement de s'enrichir aux dépens d'autrui (1), mais d'appauvrir autrui (2).

(1) On a vu que le patron ne s'approprie généralement pas le produit des déchéances.

(2) On peut répondre à cela que l'ouvrier connaissait cette clause de déchéance, et qu'il a accepté, en contractant, toutes les conditions du contrat. Cette objection est plutôt théorique que pratique. En fait le contrat de participation n'est pas débattu avec l'ouvrier.

Mais le patron lui-même peut trouver au système de la déchéance de graves inconvénients. Il est en effet piquant de constater que le lien qui enchaîne l'ouvrier au patron entrave en même temps le patron. Pour ne pas paraître abuser de sa situation, il ne pourra pas se montrer trop rigoureux et se verra obligé de garder de mauvais collaborateurs. « Pour avoir sa liberté complète vis-à-vis de l'ouvrier, nous disait M. Erklentz, constructeur de machines et conseiller intime de l'empereur d'Allemagne, le patron ne doit être ni son débiteur, ni son créancier. »

De plus, la clause de déchéance est de nature à empêcher la participation aux bénéfices de produire de bons effets, car les ouvriers ne voudront pas donner un supplément d'efforts, dont ils ne seront pas sûrs de toucher un jour la récompense.

Tout au plus, devrait-on admettre une exception en faveur des banques et compagnies d'assurances. L'employé est en rapports directs avec la clientèle ; il peut l'entraîner à sa suite dans une compagnie concurrente ; étant au courant des pratiques financières, il peut les divulguer. Ici la déchéance est une peine, mais une peine en rapport avec le dommage causé (1). Aussi, en fait, les directeurs de compagnies d'assurances, qui pratiquent la participation aux bénéfices avec déchéance, n'usent de ce droit de résolution que si leurs employés vont dans une compagnie concurrente. S'ils quittent pour tout autre motif, la déchéance ne leur est pas appliquée. Ainsi en est-il dans la compagnie d'Assurances générales de Paris (2).

Au Congrès international de 1889, M. Charles Robert justifiait la déchéance au nom de la prévoyance : « Si toute déchéance, disait-il, était rendue impossible, il faudrait renoncer à organiser dans les fabriques tout un ordre d'institutions de prévoyance et d'épargne qui impliquent la permanence. Les règlements de ces caisses constituent pour l'ouvrier un mode de jouissance. »

Il est facile de montrer par de nombreux exemples que la déchéance n'est pas une condition nécessaire de la prévoyance. Les caisses de retraites de l'Etat, les caisses communes aux éta-

---

(1) Elle se rapproche beaucoup en cela du cautionnement que M. Poensgen, grand industriel à Düsseldorf, fait verser par ses chefs de services, pour lui être acquis, au cas où ils iraient offrir leurs services ailleurs.

(2) Communication d'un employé de la compagnie.

blissements d'une même industrie (mines de houille de Belgique)
permettent à l'ouvrier d'emporter son livret d'un endroit à l'autre.
M. Charles Robert, d'ailleurs, tout en essayant de justifier dans
certains cas la déchéance, n'en a pas reconnu la nécessité, et en
1891, il a réussi à faire écarter la déchéance des règlements de la
Compagnie d'assurances, *l'Union*. Nous constaterons en terminant,
avec M. Cheysson, que « cette clause heurte tellement l'état des
esprits, qu'elle est sur un grand nombre de points mise en échec
et forcée de reculer. Depuis 1889, elle a continué sans cesse à
perdre du terrain ».

7. Le Comité consultatif.

Un certain nombre de patrons qui pratiquent la participation
aux bénéfices se sont réservé l'interprétation et l'exécution du
contrat.

D'autres établissements, au contraire, ont voulu que les deux
parties en cause fussent appelées à surveiller l'une et l'autre l'application des statuts, donnant ainsi à l'association un caractère
plus contractuel. Le comité consultatif est l'organe qui réunit le
patron et l'ouvrier pour la discussion de leurs droits.

Le rôle de ce comité peut être plus ou moins étendu. Quelquefois tous les intérêts communs ou divergents des patrons et ouvriers sont de sa compétence : question de salaires, règlements
d'atelier, administration de caisses de prévoyance, etc. ; seul le
principe de la direction reste au-dessus de toute discussion. Parfois au contraire les attributions des comités se bornent à l'administration des caisses collectives.

Nous n'avons pas l'intention d'étudier la vie du comité dans
toutes ses manifestations ; nous nous bornerons à observer le
rôle qu'il joue dans le fonctionnement de la participation aux
bénéfices. L'étude des faits nous permettra ensuite de tirer quelques conclusions sur son utilité et son avenir dans les limites de
ce rôle.

On remarque tout d'abord que la participation aux bénéfices et
le comité semblent s'appeler l'une l'autre et se compléter, car tous
deux impliquent dans une certaine mesure de bons rapports
préexistants et les entretiennent. Beaucoup de patrons hésitent

à donner aux ouvriers une voix consultative sur les questions de salaires, de règlements d'atelier ; il n'en est pas de même pour une institution créée dans le but d'associer les intérêts et de les confondre, et où la confiance est la condition du succès. La participation aux bénéfices voit ainsi s'accroître ses bons effets.

Le comité a pour mission de prévenir tout conflit en dénouant à l'amiable les difficultés et en conciliant les intérêts. Les points qui peuvent dans la participation aux bénéfices prêter à litige sont, avons-nous vu, les questions d'admission, de contrôle, de répartition, d'emploi et de déchéance. La fixation du quantum n'est pas de la compétence du comité, car c'est l'acte initiateur de la participation aux bénéfices, c'est-à-dire essentiellement un acte de direction (1). Il a aussi à interpréter le règlement, à l'améliorer et à accorder dans les cas particuliers les dispenses nécessaires. Le comité est d'ailleurs consultatif, non pas parce qu'il ne peut pas prendre de décisions, mais parce que le patron reste, en fin de compte, maître de ne pas les ratifier, en supprimant ou en modifiant l'organisation de la participation aux bénéfices.

Dans la pratique, le comité se compose généralement de représentants des trois classes de travailleurs : la direction, les employés ou contremaîtres et les ouvriers. A tant faire que d'établir le régime représentatif, on veut être logique et ne pas confier par exemple à des employés le soin de représenter les ouvriers.

On rencontre cependant quelques exceptions (2).

Les membres du comité sont quelquefois élus par leurs camarades (3) ; mais souvent on craint que le choix des ouvriers ne porte sur un délégué dont l'esprit peu conciliant serait incompatible avec le but d'un conseil de conciliation (4), et le patron déter-

(1) Tel, en droit administratif, l'acte du gouvernement échappe à tout recours.

(2) Chez M. Baille-Lemaire par exemple, le comité se compose de 6 contremaîtres.

(3) Ainsi dans l'imprimerie Gounouilhou à Bordeaux les participants élisent au scrutin secret cinq d'entre eux.

(4) A Munchen Gladbach, Prusse Rhénane, le D' Pieper, secrétaire de l'Arbeiterwohl, nous racontait que, dans un comité de la région, les ouvriers ayant, à la suite de mauvaises années, suspecté la bonne foi des délégués chargés de prendre leurs intérêts dans la question des salaires, avaient élu l'année suivante des meneurs à mandat impératif.

mine lui-même dans les statuts les règles à suivre pour ce choix.
C'est ainsi que, dans la maison Barbas, Tassart et Balas, les deux
plus anciens employés et les cinq plus anciens ouvriers sont membres de droit du comité. On s'arrange en général pour que la
direction et les employés choisis par elle, et qui représentent ses
intérêts, forment la majorité (1). Le patron est, d'ordinaire, président de droit.

Il existe des comités dans un grand nombre d'établissements
pratiquant la participation aux bénéfices et leurs attributions sont
variées. Un exemple très curieux est fourni par la maison
Freese à Berlin. C'est le type du comité le plus compréhensif que
nous ayons rencontré dans notre enquête. Toutes les attributions
qui peuvent appartenir à un comité s'y trouvent concentrées. Aussi
croyons-nous intéressant d'en exposer le fonctionnement.

M. Freese, fabricant de jalousies, emploie 80 ouvriers permanents (2). Le comité de l'atelier (Auschuss) se compose du patron
président, de quatre membres choisis par lui, dont deux principaux
employés, un contremaître et un ouvrier, enfin de sept délégués
des ouvriers, en tout douze membres. L'élément ouvrier y est en
majorité. C'est, nous disait M. Freese, la seule manière d'attirer
au comité la sympathie du personnel. Ce comité a des attributions
législatives, contentieuses et administratives. Il propose les modifications à apporter aux règlements. Il vote l'emploi à donner aux
fonds de la participation, les conditions d'admission. Ainsi, comme
nous l'avons vu, c'est lui qui a voté tour à tour l'extension de
l'institution aux ouvriers passagèrement employés (3) et le versement immédiat des fonds. On remarque cependant que l'autorité patronale est sauvegardée dans son principe essentiel, la

(1) Il n'est pas parlé des cas où le patron lui-même choisit les délégués des ouvriers, comme dans la Société des tissus de laine des Vos-
ges, car un semblable comité ne peut pas, quelle que soit d'ailleurs sa
composition, avoir le rôle et l'influence des conseils que nous étudions.

(2) En été ce nombre est porté quelquefois à 150.

(3) Il est assez curieux de voir les ouvriers permanents de l'atelier voter
eux-mêmes l'extension de la participation à des camarades provisoire-
ment embauchés. Ils diminuent en effet leur propre part, car le quantum
demeure invariable. On ne peut expliquer cette décision que par l'esprit
essentiellement théoricien du socialiste allemand qui aime à pousser jusqu'aux extrêmes limites la logique des principes.

fixation du quantum. De plus, M. Freese a le droit de s'opposer
aux décisions du comité et il n'accorde le contrôle des livres qu'aux
employés (1). Le comité juge toutes les réclamations relatives à
l'application du règlement de la participation aux bénéfices. L'ouvrier peut d'ailleurs, s'il le préfère, recourir à la juridiction du
patron, mais il ne peut pas en appeler de l'un à l'autre. Enfin le
comité administre plusieurs caisses de prévoyance, notamment
une caisse de secours alimentée par le produit des amendes et la
moitié des bénéfices revenant aux ouvriers ambulants et que
ceux-ci ne réclament pas à la fin de l'année. Il en est de même
d'une caisse d'épargne qui reçoit les retenues que les ouvriers
s'obligent à faire — 50 pfennigs par semaine en été, 30 en hiver
- à l'effet de se constituer une petite réserve pour les . dépenses
traditionnelles de Noël.

Le comité existait avant l'introduction de la participation aux
bénéfices et c'est aux rapports de confiance qu'il avait développés
dans l'atelier qu'il faut attribuer le succès de cette dernière institution.

A côté de la fabrique de M. Freese, on pourrait citer dans
toutes les usines d'Allemagne, que la participation aux bénéfices y
soit ou non en vigueur, le comité légal chargé d'administrer les
caisses de secours et de maladies ; ouvriers et patron s'y trouvent
représentés et décident des prélèvements à opérer sur les salaires, et des secours à distribuer (2). La participation aux bénéfices
trouve donc une organisation déjà existante qui facilite ses débuts
et qui devient rapidement l'organe naturel de sa marche normale.

En Angleterre les comités mixtes sont relativement peu nombreux ; les chefs de syndicats sont en rapports journaliers avec
les patrons pour tout ce qui touche aux intérêts de leurs ouvriers.

Ils forment ainsi avec les patrons des espèces de comités où
chaque partie s'organise en toute liberté, sans entente préalable, et
les mandataires ont d'autant plus d'autorité qu'ils représentent le

(1) Toute question de salaire échappe également à sa compétence.
(2) Il y a également en Allemagne un grand nombre de Vertrauenaus-
schüsse ou d'Aeltensten Collegien, comités de confiance, collèges d'ouvriers, qui ont pour but et pour effet d'améliorer les rapports entre patrons
et ouvriers.

groupement naturel des intérêts communs de l'ouvrier, groupement qui s'étend au delà des limites artificielles d'une usine.

En France enfin, le comité a trouvé un terrain très favorable. MM. Tuleu, Chaix, Gounouilhou, Delalonde, Lecœur, Petillat etc. ont soumis la réglementation et l'application de la participation aux avis d'un comité.

Les avantages de ces institutions en elles-mêmes et comme annexes à la participation aux bénéfices y sont très apparents. M. Tuleu nous les exposait : « Le comité, nous disait-il, a été créé par mon prédécesseur et beau-père, M. Deberny, dans le but de faciliter le fonctionnement de la participation aux bénéfices, et de gérer les caisses de l'atelier où sont versées les parts de chaque ouvrier jusqu'au moment de la liquidation. Mais peu à peu le rôle du comité s'est élargi et il est devenu tout naturellement l'interprète des ouvriers dans toutes leurs réclamations.

« Moi-même je soumets à son examen toutes les demandes qui me sont adressées. Aux séances, nous discutons familièrement de toutes les questions à l'ordre du jour, en ayant soin de laisser un délai de trois mois entre la proposition et la décision, de manière à laisser à chacun le temps de la réflexion. Il résulte de ces rapports personnels avec nos ouvriers une meilleure intelligence de nos intérêts réciproques, le désir et le moyen de les concilier, enfin l'estime et la confiance mutuelles. En résumé, j'apprécie surtout la participation aux bénéfices à raison du comité auquel elle a donné naissance. »

Une réserve toutefois s'impose : le comité ne réussira que si, comme chez M. Tuleu, l'esprit qui préside à son fonctionnement concorde avec le but même de l'institution. Il faut, de la part du patron, le désir d'avoir avec ses ouvriers des rapports loyaux, sans arrière-pensée. Des apparences de liberté et d'indépendance ne trompent pas longtemps les ouvriers et leur font bientôt considérer le comité comme une institution dangereuse, inventée par un artificieux patron pour les exploiter plus à son aise, sous le couvert d'une grande impartialité.

Le patron bien intentionné fera bien de se mettre à l'abri de ces soupçons par une attitude très libérale. Alors le comité produira tous les fruits et on pourra dire avec M. Cheysson (Trombert, *Guide pratique*, p. 203) : « Cette politique est sage, elle calme les susceptibilités ; elle multiplie les contacts qui détendent les rapports et dissipent les préventions réciproques ; elle soulage la responsabilité des patrons et tire parti de concours précieux ; elle fait l'éducation administrative des ouvriers ; elle donne un aliment utile à leur activité et les intéresse au succès des œuvres qu'ils gèrent. »

MÉMORANDUM SUR L'ASSOCIATION INDUSTRIELLE ORGANISÉE DANS LA MINE DE HOUILLE DE WHITWOOD (YORKSHIRE) PENDANT LES ANNÉES 1865 A 1874, PAR MM. ARCHIBALD ET HENRY CURRER BRIGGS.

Pendant la période de dix années, antérieure au 1er juillet 1863, la mine de Whitwood avait eu à subir quatre grèves qui, dans l'ensemble, avaient duré 78 semaines. La situation était grave pour les patrons et les ouvriers.

En novembre 1864 la maison Henry Briggs, Son and Company devint une société anonyme. Les anciens patrons gardaient deux tiers des actions; l'autre tiers devait être réservé de préférence aux contremaîtres et aux mineurs employés dans la maison, ainsi qu'aux clients. En outre la clause suivante était insérée dans les statuts : « afin d'associer plus intimement encore le capital et le travail, les fondateurs de la société recommanderont aux action-naires, dans tous les cas où leur dividende dépasserait dix pour cent, de distribuer aux employés et ouvriers la moitié de cet excédent en la répartissant proportionnellement aux salaires reçus dans l'année ». Voici le tableau de la répartition faite entre les ouvriers pendant les années 1867 à 1874.

Dividendes distribués au travail.

30 Juin 1867	2700 livres sterling.
— 1868	2150 —
— 1869	3462 —
— 1870	1740 —
— 1871	1745 —
— 1872	5250 —
— 1873	14256 —
— 1874	6048 —

En fait les ouvriers ne se partageaient pas également les béné-fices, car ceux d'entre eux qui étaient actionnaires recevaient un « bonus » double de celui de leurs camarades.

En 1872 le prix du charbon monta rapidement, et la situation des mineurs devint excellente : outre un dividende de 5250 livres sterling, ils obtinrent une hausse de salaires variant de 27 à 30 0/0.

En même temps que les patrons accordaient cette hausse de salaires, ils posaient en principe que, dans tout système d'association des patrons et des ouvriers, le capitaliste a droit de recevoir, pour ses capitaux, un intérêt équivalent à celui des entreprises concurrentes, et ce droit est la contrepartie de celui qu'ont les ouvriers de réclamer un salaire égal à celui de leurs camarades des autres ateliers; aussi, à l'avenir, le dividende des actionnaires, à prélever avant toute répartition entre ouvriers, devait être fixé à 15 0/0 au lieu de 10 0/0.

Les ouvriers acceptèrent ces conditions.

Au 30 juin 1873 le prix du charbon et le taux des salaires avaient continué à monter, et la hausse de ces derniers atteignait environ 50 0/0 de leur taux originaire. Pendant le second semestre de l'année 1874, une réaction commença et les prix du charbon baissèrent ; une réduction des salaires devint nécessaire, et les patrons en avisèrent les ouvriers quinze jours à l'avance ; une grève qui devait durer quatre semaines éclata aussitôt et les mineurs du charbonnage de Whitwood y participèrent.

Cette grève mécontenta vivement les actionnaires ; ceux-ci ne dissimulèrent point leur hostilité à l'égard d'un système qui admettait au partage de leurs profits des ouvriers restés fidèles aux méthodes anciennes de guerre contre le capital. Aussi les directeurs annoncèrent-ils à contre-cœur que le partage des bénéfices n'aurait plus lieu à l'avenir, puisque les mineurs en suivant les indications du comité exécutif de leur syndicat, avaient indiqué qu'ils n'étaient plus disposés à se considérer comme liés envers la Compagnie.

MM. Briggs exposent dans leur mémorandum, que, parmi les raisons de l'échec de leur tentative, on a allégué à tort qu'ils avaient empêché leurs ouvriers d'entrer dans le syndicat des mineurs. Cependant ils avaient espéré que l'association des ouvriers et des patrons donnant tout ce que le Trade-unionisme pouvait honnêtement demander, les ouvriers remplaceraient graduellement par l'entente *avec* leurs employeurs l'entente *contre* ceux-ci (would gradually substitute combination *with* their employers to combination *against* them). Aussi de leur côté MM. Briggs s'étaient-ils abstenus d'entrer dans aucun syndicat des propriétaires de mines.

Jusqu'à l'été de 1868 les ouvriers semblèrent entrer dans les vues de leurs patrons ; mais à cette époque ils commencèrent à manifester le désir de s'affilier à l'Union sous prétexte que la Compagnie, donnant à la fois le salaire normal dans le district et une part dans ses bénéfices, cet acte attestait que les ouvriers des entreprises rivales étaient bien fondés dans leurs réclamations d'une hausse de salaires.

Nous vîmes bien que, si les ouvriers avaient raison de s'affilier à l'Union afin d'obtenir une hausse de salaires, il allait être aussi de notre devoir de nous affilier avec les employeurs voisins afin de lutter contre cette hausse.

Jusque vers la fin de l'année de 1872 il n'y eut aucune contestation sérieuse avec l'Union des mineurs. Un incident futile mit le feu aux poudres. L'assemblée annuelle des actionnaires était fixée au 19 août et, par l'effet d'une simple coïncidence, cette date était aussi le jour du grand meeting de l'Union des mineurs ; aussi des ouvriers de la mine Whitwood demandèrent congé. Comme les autres mines, ou du moins certaines d'entre elles, ne chômaient pas, les patrons refusèrent ce congé, expliquant qu'ils ne pouvaient proposer à l'assemblée des actionnaires de distribuer aux ouvriers plus de 5000 livres sterling, le jour même où la conduite de ceux-ci allait démentir leurs témoignages sur l'esprit d'association qui unissait les employeurs et les employés. Aussi un avis fut-il affiché, informant les ouvriers que ceux d'entre eux qui chômeraient, ce jour-là, seraient déchus de tout droit à aucun *bonus* pour l'avenir. Malgré cet avis, un tiers des mineurs chôma, mais comme l'harmonie semblait renaître, on leur restitua néanmoins, l'année suivante, leurs privilèges anciens.

Vers cette époque les prix du charbon s'élevèrent rapidement et les salaires montèrent en conséquence. Il est inutile de discuter la question de savoir si la hausse des prix causa la hausse des salaires ou si ce fut l'inverse. On ne peut douter que l'initiative ait été prise par les propriétaires de mines et une fois le branle donné, le mouvement continua sous l'action de l'accroissement des achats de charbon et de la diminution de la production : la hausse des salaires rendait les mineurs moins ardents au travail.

Au cours de l'exercice, qui se termina le 30 juin 1873, et qui fut marqué par une prospérité extraordinaire, toutes choses se passèrent sans difficultés. En réalité le mal grandissait chaque jour ; quelques propriétaires des mines du voisinage, désireux d'attirer de nombreux mineurs, afin de profiter des cours exceptionnels de la houille, et remarquant que le *bonus* distribué par nous à nos ouvriers les engageait à ne pas nous quitter, eurent l'idée d'offrir une certaine somme en sus du salaire normal du district, disant que « cette prime correspondait au *bonus* de la mine Briggs ». Ainsi se trouvait confondue l'affirmation de quelques-uns de nos ouvriers : que le *bonus* correspondait en réalité à une retenue sur les salaires hebdomadaires, retenue qui était restituée à la fin de l'année.

L'élévation même des sommes réparties entre les ouvriers à titre de « bonus », bien que contribuant à rendre la combinaison populaire, fut, dans une certaine mesure, la cause de son échec. En effet elle fit mépriser les « bonus » de moindre importance qui furent distribués par la suite, et cela d'autant plus, que les salaires gagnés par les mineurs étaient encore très élevés.

Un détail technique du travail (emploi du crible) fut l'occasion d'un conflit aigu ; et à un meeting des ouvriers, l'unanimité des mille mineurs présents, à l'exception de trois ou quatre, se prononça contre la requête du patron en dépit d'un grand discours du directeur, M. Archibald Briggs. Après une grève de quatre semaines, l'assemblée semestrielle des actionnaires tenue au mois de février 1876, supprima toute participation des ouvriers aux bénéfices. Un grand nombre des mineurs eux-mêmes avaient exprimé ce désir ; ils préféraient être traités comme les ouvriers des autres mines et ne pas subir ce qu'ils croyaient être une retenue sur leur salaire présent en vue d'une restitution éventuelle.

MM. Briggs terminent leur rapport en ajoutant que si la méthode du partage des profits avait été maintenue en vigueur, on n'eût pu, depuis cette époque, distribuer aucun dividende aux ouvriers à raison de la situation critique de l'industrie minière. MM. Briggs concluent en faisant allusion au défaut d'éducation économique des milieux ouvriers.

BIBLIOGRAPHIE

France.

Almanach de la Coopération française (Paris, rue Christine, 1).

André (Louis) et Guibourg (Léon). — Le Code ouvrier (Paris, Chevalier-Marescq).

Audiganne. — Les ouvriers d'à présent, Paris (Lacroix, 1865) (*Journal des Economistes*, 3e série, XXV, 1874).

Barberet. — Le travail en France. *Monographie professionnelle*, Paris, (Berger-Levrault).

Beaune. — Participation aux bénéfices du commerce et de l'industrie.

Bernardot. — Familistère de Guise et son fondateur Jean-Baptiste Godin (Guise, Baré).

Blanc. — La propriété des mines et la participation aux bénéfices (*Revue politique et parlementaire*, 1 septembre 1894).

Block (Maurice). — Les facteurs de la production et la participation de l'ouvrier aux bénéfices de l'entrepreneur (Paris, Guillaumin, 1886).

Block. — La participation aux bénéfices. Examen critique d'une proposition de loi (*Journal des Economistes*, 1892).

Bonne. — Répartition des bénéfices entre les ouvriers et le patron (Paris, Delagrave).

Bonniot-Pouget. — Rapport sur la participation organisée dans ses ateliers (Journal l'*Emancipation* du 15 mars 1890) (Nimes, 2, Esplanade).

Brelay. — La participation et le malentendu social (*Bulletin de la participation aux bénéfices*).

Bulletin trimestriel de la participation aux bénéfices.

Castelin. — La participation aux bénéfices et la théorie du salaire (*Réforme sociale*, XXV, 1893).

Cazeneuve (Albert). — Les entreprises agricoles et la participation aux bénéfices (Paris, Guillaumin, 1889). — *Bulletin de la participation*, t. XVI, 1894,

Comte de Chambrun. — Aux montagnes d'Auvergne. Mes conclusions sociologiques. — Aux montagnes d'Auvergne, nouvelles conclusions sociologiques (Paris, Calmann-Lévy).

Clarard. — Notice sur les artèles russes. Compte rendu de l'office du travail (Paris, Imprimerie nationale, 1893).

Commission administrative. — Ville de Paris, Imprimerie municipale, 1882,

Commission extra-parlementaire. — (Paris, Imprimerie nationale, 1883).

Cornil (Georges). — Du louage de services ou contrat de travail (Paris, Thorin, 1894).

Constant (Charles). — De la participation aux bénéfices (*Journal des Prud'hommes*, 1891).

Courché. — Essai sur les questions de travail (Paris, Guillaumin. — Le Havre, Delevoye, 1883).

De Courcy (Alfred). — Vraie question sociale (Paris, Angers, 1871). — Caisse de prévoyance des employés et des ouvriers et les pensions de l'Etat (Paris, Armand Auger, 1872). — Querelle du capital et du travail (*Le Correspondant*, 1872 et le *Moniteur des Assurances*, 1872). — Capital et travail. Lettre à M. Chaix (Paris, Imprimerie Chaix, 1872). — Encore les caisses de prévoyance (*Moniteur des Assurances*, 1873). — Institution des caisses de prévoyance (Paris, Armand Auger, 1876). — Le droit et les ouvriers (Paris, Pichon, 1885). — Participation aux bénéfices et le patrimoine transmissible (*Economiste français*, mars 1881). — Articles du *Bulletin de la participation*, t. VII et de la *Revue des institutions de prévoyance*, t. I. — Enquête de la commission extra-parlementaire sur les associations ouvrières (Paris, Imprimerie nationale, 1883, t. II et III).

Crouzel. — Sur la participation des ouvriers aux bénéfices, considérée au point de vue du droit (Paris, Thorin, 1885).

Destonet. — Du bail à colonat partiaire (Paris, 1885, thèse).

Dubois (Frédéric). — Rapports sur la participation (*Bulletin de la participation*, t. XII et XIII). — Congrès de la participation (Paris, Chaix, 1890).

L'Economiste français.

Engel Dollfus. — Etudes sur l'épargne, les institutions de prévoyance et la participation aux bénéfices (Mulhouse, Dethoff, et Paris, Hachette, 1876).

Enquête du 10e groupe de l'Exposition universelle de 1867 (Rapports du jury international, tome XIII).

Enquête parlementaire dite de 44. Procès-verbaux au *Journal officiel* à partir de février 1884.

Enquêtes décennales de la Société industrielle de Mulhouse faites en 1878 et en 1888 (Mulhouse, V. Bader ; Paris, Lacroix et Berger-Levrault).

Exposition d'Economie sociale. — Enquête. Instructions et questionnaires (Paris, Imprimerie nationale, 1887).

d'Eichtal. — Participation facultative et obligatoire (Paris, Guillaumin, 1892).

Fougerousse. — Patrons et ouvriers. Réformes introduites dans l'organisation du travail par divers chefs d'industries (Paris, Chaix, Guillaumin, 1880).

Fournier de Flaix. — Les artèles russes (*Economiste français*, 9 février 1893).

Gauthier. — La participation obligatoire devant les Chambres (*Bulletin de la participation*, tome VI, Paris, Chaix, 1886). — Le travail ancien et moderne (Paris, Chaix, 1884).

Génie civil (Annales du). — 1891, article de Georges Berger.

Gibon. — La participation aux bénéfices et les difficultés présentes (Paris, Guillaumin, 1892).

Godin. — La mutualité sociale (Paris, Guillaumin, 1881).

Guibourg et André (déjà cité). — Le Code ouvrier (Paris, Chevalier-Marescq).

Guieysse. — La participation aux bénéfices, les retraites et l'assurance (*Economie sociale*, conférence, 1889).

Comte d'Haussonville. — Le combat contre la misère (*Revue des Deux-Mondes*, décembre 1885).

Husson. — L'industrie devant les problèmes économiques et sociaux (Paris, Marchal et Billard ; Tours, Arrault, 1888).

Journal des Economistes.

La Follye (de). — La question sociale. Intérêts communs entre patrons (Paris, *Société bibliographique*, 1889).

Lamy. — Rapport sur les travaux du jury de l'Exposition universelle d'Anvers (Paris, imprimerie Maréchal et Montorier, 1885). — Rapport sur les travaux de l'Exposition de Chicago (Paris, Imprimerie nationale, 1894).

La Tour du Pin (marquis de). — Participation aux bénéfices (*Revue de l'Association catholique*, XVI° année).

Lavergne (Bernard). — Evolution sociale (Alençon, Guy).

Lavollée. — Les classes ouvrières en Europe (Paris, Guillaumin, 1884).

Leclaire. — Nombreux comptes rendus sur les résultats de la participation aux bénéfices dans son industrie (Paris, Bouchard-Hazard, 1840, 1848, 1865 et diverses autres dates).

Lederlin, directeur de la blanchisserie de Thann. — Rapport et notes sur les institutions patronales de son industrie (Nancy, Berger-Levrault, 1889 ; Paris, imprimerie Chaix, 1889).

Le Rousseau. — Association de l'ouvrier aux bénéfices des patrons (Paris, Hachette, 1886).

Leroy-Beaulieu (Paul). — La question ouvrière au XIX° siècle (Paris, Charpentier, 1886).

Levasseur (Emile). — Histoire des classes ouvrières en France depuis 1789 (Paris, Hachette, 1867). — Discours d'ouverture du Congrès international de la participation aux bénéfices en 1889.

Marteau, directeur du tissage de laine de Thillot. — Rapport sur les institutions économiques de son industrie (*Bulletin de la Société industrielle de Reims*, Reims, 1889, Imprimerie Masson-Girard).

Mascarel. — Etude sur la participation aux bénéfices (Angers, Burdin).

Matrat. — L'avenir de l'ouvrier (Paris, Guillaumin, Paul Dupont, Sandoz et Thuillier ; Genève et Neufchâtel, Sandoz, 1884).

Maze (Hippolyte). — Vrais caractères de la coopération et de la participation aux bénéfices (*Revue des institutions de prévoyance*, V, 1891).

Méplain. — Traité du bail à portion de fruits (Moulins, 1850).

Ott (A.). — La participation des ouvriers aux bénéfices des patrons (*Journal des Économistes*, 4e série, XXV, 1885).

Comte de Paris. — Les associations ouvrières en Angleterre (Paris,
Gesner-Baillier, 1869). — De la situation des ouvriers en Angleterre (Paris,
Michel Lévy, 1873).

Pascaly. — Les syndicats professionnels et la participation (*Devoir*, XVII).
— La participation obligatoire (*Devoir*, XVII).

Passy (Frédéric). — Leçons d'économie politique faites à Montpellier
(Paris).

Quiquet (Franklin). — La participation aux bénéfices à la Compagnie
transatlantique (*Revue des institutions de prévoyance*, V, 1891).

Robert (Charles). — Considérations générales sur le groupe X (Rapport
du jury international de 1867, t. XIII). — Suppression des grèves par
l'association aux bénéfices (Paris, Hachette, 1870). — La question sociale
(Paris, Sandoz et Fischbacher, 1873). — Le partage des fruits du travail
(Paris, Sandoz et Fischbacher, 1873). — Biographie d'un homme utile.
Leclaire peintre en bâtiments (Paris, Sandoz et Fischbacher, 1878).
— Nombreux mémoires et conférences publiés par le *Bulletin de la par-
ticipation*.

Réforme sociale. — Paris, rue de Seine.
— 1re série, t. VI, p. 274-403. — VIII, p. 130, 337, 404. — IX, p. 334. — X,
p. 107, 124, 440.
— 2e série, I, p. 137, 395, 613. — IV, p. 306. — VI, p. 314.

Revue des institutions de prévoyance.

Rogé. — Appréciation sur la participation (Nancy).

Sahler. — La participation aux bénéfices et ses résultats pratiques
(Paris, *Annales économiques*, 4, rue Antoine Dubois).

Sarrut. — Législation ouvrière de la troisième république (Paris, Marchal et Billard).

Seydoux. — Chef d'industrie de peignage et tissage au Cateau. —
Rapport sur les institutions patronales de ses usines pour l'Exposition
universelle de 1889 (Le Cateau, Imprimerie Samulen et Roland).

Simon (Edouard). — La participation aux bénéfices et les associations
ouvrières en France (Paris, 1885).

Steinheil. — La république et la question ouvrière (Paris, Fischbacher,
1873). — Nos devoirs envers les ouvriers de l'industrie moderne (Paris,
Fischbacher, 1881). — 42 années de participation collective des ouvriers
aux bénéfices d'une manufacture de coton (Paris, Buttner-Thierry, 1887).

Tuleu-Deberny. — Appréciation de son œuvre (Paris, Deberny
et Cie).

Trombert. — La participation aux bénéfices, traduction de Buhmert
(Paris, Guillaumin, 1888). — Guide pratique pour l'application de la
participation aux bénéfices (Paris, Guillaumin, Chaix, 1892). — Les appli-

cations pratiques de la participation aux bénéfices (Paris, Guillaumin, Chaix, 1896).

Valaray. — Participation des employés et ouvriers aux bénéfices. Historique en France et dans les autres pays, d'après Bœhmert (*Journal des Economistes*, 4 juin 1880).

Allemagne.

Arbeiterfreund (journal de l').

Bœhmert. — Die Gervinnbetheiligung Untersuchungen über Arbeitslohn und Unternehmergewinn (Berlin, Brockaus, 1878). Traduction française par Trombert (Paris, Guillaumin, 1888). — Ses écrits dans l'*Arbeiterfreund*, la *Social Correspondenz*, le *Volkswohl*. — Enquête de la Société d'Economie sociale d'Eisenach sur la participation aux bénéfices (Leipzig, Dunker et Humblot, 1874).

Frommer (Heinrich). — Die Gewinnenbetheilung, ihre praktische Anwendung und theoretische Berechtigung auf Grund der bisher gemachten Erfahrungen (Leipzig, Dunker et Humblot, 1886).

Goltz (von Der). — Die ländliche Arbeiterfrage und ihre Lœsung (Dantzig, Kofmann, 1871 et 1874).

Hæntschke. — L'œuvre de Godin (Berlin, Walther et Apolant).

Jannash. — Die Strikes, die Cooperation, die Industrial Partnerships (Berlin, Dunker).

Kalle. — Massregeln zum Besten der Fabrik Arbeiter.

Kasscher. — Traduction de Gilman (Leipzig, Wartig, 1891).

Lalance (Membre du Reichstag allemand) — Formation du capital chez l'ouvrier de manufacture (Mulhouse, Bader, 1874).

Prince-Smith. — Ueber Arbeiter Actionäre (*Vierteljahrschrift für Volkswirthschaft*, 1865).

Runge. — Ueber die Betheiligung der Arbeiter am Reingewinn industrieller Unternehmungen (Breslau, Marnschke).

Scheffer. — Betheiligung am Gewinne und Nationalversorgung (Brunswick, Vieweg).

Schiff (Paul). — Zur Gewinnbetheiligungsfrage (Berlin, Walther).

Volkswolh (das). — *Bien du peuple* (Journal du).

Wirminghaus. — Das Unternehmen, der Unternehmergewinn, und die Betheilung der Arbeiter am Unternehmergewinn (Iena, Fischer, 1886).

Zeit (die Neue). — Stuttgard, Dietz, 1886. Article de Mme Joséphine Braun.

Angleterre.

Bushill, de Coventry. — Profit sharing and the labour question (Londres, Methuen et Cie).

Cairnes. — Some leading principes of political economy newly expounded (Londres, Macmillan and Cº, 1874).

Cooperative News (the) (Cooperation street, Manchester).

Drage (Geoffroy). — Royal commission on labour. Foreign Reports (Londres, Eyre and Spottswoode).

Fawcett (Henri). — Manual of political economy.

Greening. — The present position amd prospects of partnership of industry (Manchester).

Hall. — Lecture sur Leclaire (Manchester, 1880).

Hart (Miss Mary). — The organisation of labour (1886, Decorative cooperator's association, 405 Oxford Street, London W).

Holyoake. — Partnerships of Industry (Londres).

Lowry Wittle. — Rapport sur la participation présenté au parlement anglais par le Board of Trade (Londres, Eyre).

Rawson. — Profit sharing (Londres, Stevens and sons).

Schloss (David). — Profit sharing, rapport présenté par le Board of Trade, Labour Department (Londres King and son, 1894). — Methods of industrial remuneration (Londres).

Schuttleworth. — Profit sharing (Londres, Gee and Co).

Sedley Taylor. — Profit sharing between capital and Labour (Londres Kegan Paul, Trench and Co, Paternoster square).

Stanley Jevons. — An industrial Partnership (London, 1, Adamstreet, Adelphi, 1870).

Stuart-Mill. — Principles of political economy (Londres, Longmans, Green Beadon and Dyon, 1873).

Thornton. — On Labour.

Vansittart Neale. — Godin. A Lecture (London, Macmillan and Co, 1880).

Walker (William). — Christianized Commerce ; consecrated Wealth (Londres, Harris and Co, 1888).

Belgique.

Cornil (Georges), avocat à Bruxelles. — Du louage de services ou contrat de travail (Paris, Thorin, 1894).

Delvaux (Henry). — Faut-il appliquer la participation ? (Liège, Grandmard Dondes).

Potoin. — Etude sur la participation (*Revue de Belgique*, 1890 et 1891).

Revue de Belgique.

Etats-Unis d'Amérique.

Barn. — The labor Problem (New-York, Harper and Bros, 1886).

Cushman (Ara). — Adress upon a plan of profit sharing (Auburn). — Employer and Employed (*Bulletin Association américaine*, Boston, 5, H. Ellis).

— Enquête faite par le Journal : *The age of Steal* sur la participation aux bénéfices et la coopération.

Gilman (Nicholas). — Profit sharing between employer and employed (Boston, Houghton, Muffin and C⁰, 1889, Paris, Guillaumin). — Socialism and the American spirit.

Nelson. — Profit sharing (St-Louis de Missouri, 1887).

Robinson. — Comment les profits industriels doivent être répartis (*The new Englander and Yale Review* for December, 1886).

Withon Calkins (Miss Mary). — Sharing the profits (Boston, Ginn and C⁰, 1888).

Wright Caroll. — Profit sharing (Boston, Wright and Potter, 1886).

Hollande.

Huet. — Brochures diverses sur la coopération du patron et de l'ouvrier et l'association du capital et du travail (Amsterdam, Van Hanteren, 1869. — Amsterdam, Fimke, 1871. — Leuwarden, Van Belkum, 1879).

Van Marken. — Question ouvrière à la fabrique néerlandaise de levure et d'alcool (Paris, Imprimerie Chaix, 1871).

Italie.

Avogadro (Achille). — Per la pace fra capitale et lavoro (Côme).

Cossa (Luigi). — Répertoire bibliographique de la participation aux bénéfices (Bologne, Fava et Garagnani).

Huraut. — Capitale e lavoro (Naples, Richter, 1886).

Manfredi. — Traduction de l'ouvrage allemand du Dr Bœhmert (Milan, Dumollard, 1880).

Morpugo. — La partecipazione del profitto (Gênes, Sordo-Nuti).

Rabbeno (Ugo). — Les sociétés coopératives de production (Milan, Dumollard, 1889).

Rossi (J.). — Lavori pubblici et la Societa operai in Francia (Florence, Ufficio della Rassegna nazionale, 1889).

Valentini. — La partecipazione del lavoro negli utili e le casse di previdenza (Milan, 1885).

Vigano. — La fraternité humaine. Traduction par Mme Jules Favre (Milan, Pietro Agnelli, 1873. — Paris, Guillaumin, 1880.

Suède.

Leffler. — Différents systèmes de salaire (Stockolm, Samson).

Suisse.

Enquête zurichoise d'utilité publique sur la situation des ouvriers de fabrique par Bœhmert (Zurich, Schabeliz, 1868).

Enquête sur la condition des ouvriers et les institutions manufacturières de la Suisse par Bœhmert (Zurich, Cesar Schmidt, 1873).

Moschell. — Participation des ouvriers aux bénéfices (Paris, Guillaumin ; Genève, Richard, 1870).

Secretan. — La civilisation et la croyance (Paris, Alcan).

Billon et Isaac. — Participation des ouvriers aux bénéfices des patrons (Genève, Gevry, 1877).

TABLE DES MATIÈRES

CHAPITRE IV

CHAPITRE V

CHAPITRE VI

CHAPITRE VII

La participation est en **contradiction** avec l'organisation nécessaire de l'industrie moderne, **p. 222.** — *Les ouvriers repoussent toute rémunération collective,* p. **223.** — Ni le patron, ni les ouvriers ne veulent devenir des associés, **p. 224.** — *Le salaire est une barrière protectrice,* p. 226. — *Il existe d'autres moyens plus sûrs d'atteindre le triple but visé par la participation,* p. 229. — Aucun **mécanisme** ne peut dispenser l'homme d'**être** sage et vaillant, p. 232.

ANNEXES

Imp. C. Saint-Aubin et Thevenot. — J. THEVENOT, successeur, St-Dizier (Haute-Marne).

« MUSÉE SOCIAL ». — Publication mensuelle ayant pour objet de faire connaître les travaux de la Société et les documents rassemblés par elle, contenant un *Bulletin bibliographique* où sont insérés les *Comptes-rendus d'ouvrages envoyés à titre gracieux.*

Numéros parus en 1896-1897-1898.

N°°   Série A. — (*Tirée à 5.800 exemplaires.*)

1. Le Musée social ; organisation, services.
2. Le Trade-Unionisme et les causes de son succès.
3. Discours de M. Pickard, président de la Fédération des mineurs de la Grande-Bretagne à la réunion annuelle de cette association, le 14 janvier 1896.
4. Les syndicats du bâtiment en Angleterre.
5. Fête du travail du dimanche 6 mai 1896.
6. Septième congrès international des mineurs (Aix-la-Chapelle), (25-28 mai 1896), suivi d'une notice sur M. Thomas-Burt, membre du Parlement anglais, président du Congrès.
7. Les ouvriers de la construction navale en Angleterre, leur syndicat et leur secrétaire général, M. Robert Knight.
8. Le 29° Congrès national des syndicats ouvriers britanniques, tenu à Edimbourg du 7 au 12 septembre 1896.
9. Les ouvriers des docks et entrepôts en Angleterre.
10. Une grève dans l'industrie de la confection à Berlin, 1896.
11. Les unions professionnelles en Belgique (projet de loi).
12. L'industrie dans la Russie centrale.
13. La réforme des caisses d'épargne devant le 9° congrès du crédit populaire à Lille, 1897 (Discours de M. Lepreux).
14. L'industrie de la couture et de la confection, à Paris.
15. Le mouvement syndical en France et le congrès de Tours, 1896.
16. Les mineurs européens, à propos de leur 8° congrès.
17. La fédération internationale des marins et des travailleurs des ports et entrepôts (juin 1896 — juin 1897).
18. Le crédit agricole dans la province de Parme.
19. Congrès de la législation du travail à Bruxelles, 1897.
20. Le Vooruit. La coopération et l'organisation socialiste en Belgique.
21. Enquête sur les législations relatives au droit d'association. Réponses au questionnaire général sur le droit d'association.
22. Enquête sur les législations relatives au droit d'association. Réponses au questionnaire spécial sur les syndicats professionnels.

N°°   Série B. — (*Tirée à 1.700 exemplaires.*)

1. Questions législatives. Projet de loi sur la responsabilité des accidents du travail, voté par le Sénat le 24 mars 1896 (une bibliographie de la question, extraite du catalogue de la bibliothèque du Musée social, est jointe en appendice).
2. L'assurance contre le chômage involontaire en Suisse.
3. 4° Congrès socialiste international (Londres, 1896).
4. La démocratie socialiste en Allemagne et la question agraire au Congrès de Breslau.
5. L'assurance obligatoire contre le chômage à Saint-Gall (Suisse). Suppression de la caisse de chômage.
6. L'assurance sur la vie et les habitations à bon marché.
7. Questions agricoles. Les baux à complant dans la Loire-Inférieure.
8. La grève des employés de chemins de fer en Suisse, 1896-1897.
9. Concours sur la participation aux bénéfices : Rapport fait au nom du jury par M. Levasseur, de l'Institut.
10. Le mouvement trade-unioniste aux Etats-Unis, par M. J. W. Sullivan, délégué de la Fédération américaine du travail au Congrès des trade-unions anglaises d'Edimbourg, en 1896.
11. L'assurance contre les maladies et les accidents en Suisse.
12. Un settlement anglais. Notes sur Toynbee Hall.
13. Les gens de mer et les ouvriers du port de Hambourg, avant et pendant la grève de 1896-1897.
14. Le Congrès de la protection ouvrière à Zurich.
15. La Fédération des travailleurs du Livre.
16. Voyage d'un économiste en Ukraine.

CONFÉRENCES DE L'ANNÉE 1897-98

PUBLIÉES EN BROCHURES IN-8°

21 décembre. — M. BLONDEL. — L'essor économique de l'Allemagne depuis 1870.

11 janvier. — M. Ed. FUSTER. — Le socialisme d'État en Allemagne
et la législation sur les accidents du travail.

25 janvier. — M. FLEURY. — L'union des mécaniciens en Angleterre
(Amalgamated Engineers).

8 février. — M. Maurice DUFOURMANTELLE. — Les associations
coopératives en Allemagne et leur développement par l'action de l'initiative privée.

15 février. — M. de SAINTE-CROIX. — La fédération des colonies
britanniques et sa question sociale.

1er mars. — M. Ed. FUSTER. — Les syndicats ouvriers en Allemagne.

15 mars. — M. BLONDEL. — Les transformations sociales de l'Allemagne contemporaine.

29 mars. — M. Maurice DUFOURMANTELLE. — Du concours donné
aux associations coopératives en Allemagne par l'État et par les caisses
d'épargne.